U0113658

历史传记小说丛书

白居易传

酒狂引诗魔
悲吟到日西

杨武凤
刘敬堂
著

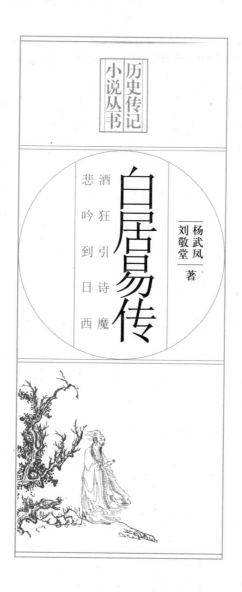

中国文史出版社

图书在版编目（CIP）数据

酒狂引诗魔，悲吟到日西：白居易传 / 杨武凤 , 刘敬堂著 .

——北京 : 中国文史出版社 , 2021.12

（历史文化名人传记小说丛书）

ISBN 978-7-5205-3416-1

Ⅰ . ①酒… Ⅱ . ①杨… ②刘… Ⅲ . ①白居易（772-

846）—传记 Ⅳ . ① K825.6

中国版本图书馆 CIP 数据核字 (2021) 第 246713 号

责任编辑： 徐玉霞

出版发行：中国文史出版社

社　　址：北京市海淀区西八里庄路 69 号院　　邮　　编：100142

电　　话：010-81136606 81136602 81136603（发行部）

传　　真：010-81136655

印　　装：廊坊市海涛印刷有限公司

经　　销：全国新华书店

开　　本：16 开

印　　张：23

字　　数：400 千字

版　　次：2022 年 8 月第 1 版

印　　次：2022 年 8 月第 1 次印刷

定　　价：69.00 元

目录

第一章　国运不济，逢乱世天才降临
家训忠君，劝归顺谋士立功

1

一场突如其来的"安史之乱"，让立国已有百余年的大唐王朝，从"开元盛世"渐渐走向衰落，李氏皇室权威受到重创，宦官开始当权，军阀割据出现苗头，拥有兵权的藩镇开始藐视甚至觊觎皇帝的宝座了。

那位开创了"开元盛世"的唐玄宗李隆基，亦称唐明皇，传位于太子李亨，被尊为太上皇。回到长安，被软禁于宫中，于代宗大历二年（767）在悔恨、悲愤和疾病交加中，崩于冷寂的宫中。

唐玄宗是大唐第七代君主，他与历代帝王相比，既有聪慧的出类拔萃，也有昏庸的登峰造极，是集明君与昏君、万世之功与社稷罪人于一身的封建帝王。

"安史之乱"虽然是突发的历史事件，其实已在唐玄宗执政时期埋下了社会动乱的种子。大唐传统的府兵制已遭到破坏，在边境设置八个节度使，他们不但拥有军权，而且掌握着财权，在开元天宝年间，政治日渐腐败，社会矛盾突出，藩镇势力增强。

天宝十四年（755）冬，胡人安禄山身兼平卢、范阳、河东三镇节度使，以奉密旨诛杀左丞相杨国忠为借口，从范阳（今北京西南）发动叛乱，率十五万军队一路南下，先攻占了东都洛阳，次年即在洛阳称帝，国号燕，年号圣武，不久，又攻下了京城长安。他又指使他的部将史思明北上三郡。唐玄宗连夜逃出长安，逃往四川。

护卫唐明皇的禁卫军发生了哗变，官兵们认为造成"安史之乱"的罪魁祸首是宰相杨国忠和杨氏四姐妹，她们是杨玉环及韩国夫人、虢国夫人、秦国夫人，要求唐玄宗下旨：诛杀杨氏家族。当杨国忠和杨氏三夫人被杀后，将士们认为贵妃杨玉环不除，则军心不安，唐玄宗只好赐死杨玉环！杨玉环在寺院的屋梁上，用一条白丝带悬梁自尽了。

就在唐玄宗逃亡途中，皇太子李亨在甘肃的宁武（今宁夏）宣告即位，并组织兵马讨伐叛军。至德二年（757），安禄山被其子安庆绪所杀，郭子仪和李光弼联合回纥兵力十五万人收复了长安。

史思明杀了安庆绪后，回到范阳，宣告为大燕皇帝，年号顺天，并发兵进攻洛阳，不久，又被其子史朝义所杀。次年，史朝义逃往莫州，他看到自己的部将纷纷投降了唐军，知道已无力回天，只好自刎而死。

历时七年多的"安史之乱"，就此画上了句号。

这场动乱，不仅阻挠了历史前进的车轮，也给天下百姓带来了深重的灾难，还出现了许多视死如归的英雄，如书法大家颜真卿、以琵琶击打安禄山的梨园弟子雷海青等，他们都受到了当代和后世的顶礼膜拜，成为中华民族的一种文化基因代代薪火相传；还留下了一些传说趣事，如在马嵬坡上，杨玉环死而复生的猜想，发生在长生殿里的秘密，还有派出的工匠在海岛上见到了她，等等。

就在马嵬坡事变后的十六年，一个叫白居易的男孩出生了。

2

唐代宗大历七年（772）正月，纷纷扬扬的雪花正漫天飞舞，河南的新郑县城已笼罩在白茫茫的迷蒙之中。城东通往东郭庄的一条大路，也被皑皑白雪覆盖，路面的坑洼和路边的沟壑都没了踪影，显得空灵而祥和。东郭庄家家户户的大门上都贴出了新春楹联，泛着红光。一片辞旧迎新的喜庆景象。

在这静谧而祥和的氛围中，突然从白府传了一声婴儿的啼哭，随之是一阵欢声笑语，恭贺道喜之声不绝于耳。

白家的老爷白锽在他六十六岁的古稀之年，终于盼来了又一个孙儿的出生。多子多孙多福啊！他和老伴薛氏都笑得合不拢嘴了。此时，他心满意足地端着茶杯踱进了书斋，他要给他的长子白季庚写一封报喜的家书，因为白季庚现在不在新郑，他任左武卫兵曹参军，前不久曾写信回来，说可能调任宋州司户参军。白锽自然希望这个儿子能步步高升。白锽共生五子，五子都有出息，不是进士便是明经及弟，还有四人官至县令，可谓个个出人头地、光宗耀祖。

虽然白锽有五个儿子，但白季庚是长子，长子的发展对他的兄弟姐妹们具有示范和引领作用，长子的前程更关乎家族的兴衰。

白锽，字确钟。自幼好学，善属文，尤工五言诗，已有文集十卷。他十七岁时，明经及第，入仕为官，被授予鹿邑县尉、洛阳县主簿、酸枣县令等职。在酸枣县令任上，有善政，得到节度使令狐彰的重用，令狐彰军府中大事小情，多征询白锽的意见。白锽任期满后，令狐彰奏报朝廷授予他殿中侍御史、内供奉、赐绯鱼袋，充滑台节度参谋。后来，白锽曾因令狐彰的一些过失，规劝过他，但令狐彰没有听从，白锽感觉继续跟随他可能不会有好的结果，便写下一封离职书，托人转给令狐彰，不辞而去。次年，白锽被选拔授予河南府巩县令。在任期间。他以清直静理闻于一时。他为人宽厚平易、少言寡语，但在大是大非，或关乎邪正时，则能仗义执言，一点也不含糊，是个有原则、有底线的人。

他在信中告诉长子白季庚，儿媳妇陈氏为他又生了一个孙子，家中一切都好，不要记挂。他鼓励白季庚即便身处乱世，也要洁身自好，特别是要辨识时务、分清主次，不可一叶障目，做出后悔终生甚至贻害全家的事。

其实，白锽对这个儿子的叮嘱是有其深意的。作为大唐的中层官吏，白季庚效忠于朝廷，也感激皇恩浩荡。鼎盛时的大唐帝国，疆域扩大、经济繁荣、政治稳定、国泰民安，加之历史悠久，文化方面又是百花齐放。儒学虽然是正统主导地位，但道、释二教也依然并存，而与域外民族的交往又促进了多民族或区域性的宗教的传播，如景教、伊斯兰教、摩尼教、火祆教等。火祆教又名拜火教，沿丝绸之路从西域传入，在陕西、山西、河北、河南一带盛行。

不知从哪一代起，白氏家族开始深受火祆教的影响。该教除信奉善思、善言、善行外，极其重视血统，信徒的入教礼，由教士主持，首先要检查孩子父母的宗教信仰。亲生父母双方都是拜火教徒的，孩子才能入教，即使是从小收养的孩子也不能入教。对血统的重视还体现在近亲结婚上。他们认为近亲结婚是最佳的婚姻形式，而且不仅仅是兄妹，甚至包括母子和父女。大唐帝国的开放和兼收并蓄，让各种文化思潮和宗教并存，也不可避免地影响着这个刚刚出世的婴儿家庭及其成长环境。他的父亲与母亲其实就是甥舅关系。父亲已经四十四岁了，母亲才十八岁，年龄的差距并不为奇，而近亲婚姻大多会造成遗传性疾病，但也有极小概率可能造就天才，这个刚刚出生的婴儿，可能就是这样的幸运者。

白锽对儿子的叮嘱也体现了他的担忧，"安史之乱"时，玄宗被哗变的士兵逼迫赐死了贵妃杨玉环，才保得自家的性命。似乎是打开了潘多拉魔盒，自那以后，犯上、越位者越来越多！

就在这个婴儿出生后的第三天，京城长安又传出了一个惊人的消息：回纥使者擅自离开鸿胪寺（相当于外交部），肆意抢劫财物甚至强抢民女，主管治安的衙役出面制止时，回纥人不但殴打了衙役，还派三百骑兵攻打金光门、朱雀门，导致宫门皆关闭不能开，直到代宗皇帝派中使去与他们晓谕协调，他们才停止骚扰。

此后不久，回纥人又在大街上追逐长安县令，抢走了他的坐骑，而长安县令竟声都不敢言，只好骑着别人的马走了。朝廷的权威已一日不如一日了。

这之后，幽州又发生了军乱，节度使被杀，卢龙经略副使朱泚受其弟朱滔蛊惑，自立为留后，即节度使继承人，然后才派人报告朝廷，代宗皇帝只得下旨任命他为幽州节度使。

白锽是担心在动荡的时期，白季庚拿捏不准方寸，一失足则成千古恨啊！

其时，白锽的担忧不无道理。白季庚正任左武卫兵曹参军，他是天宝末年的明经出身，入仕为官，被授萧山县尉，即萧山主管刑事司法的长官，后改任左武卫兵曹参军，负责户籍、税赋及仓库进出等的官职，无疑是提升了。如果他的顶头上司对朝廷起了二心，那他白家的身家性命就着实堪忧了。

所幸，白季庚没有让父亲失望。他后来又得以提拔为宋州司户参军，还因劝说叛将归唐立下大功。

此时的白锽正沉浸在又添一孙的喜悦之中。虽说前面陈氏已经为白家生了一个白幼文，是长房长孙，现在已经三岁，可以满地跑了，小孙子的出生，又为白家平添了新的欢乐。白锽希望，这个孙子虽然生逢乱世，却能居有定所、衣食无忧、乐观豁达。他给小孙子取名居易，字乐天。他把这一想法和祝愿都一同写进信里，寄给了远方的长子，希望他能理解父亲的一番苦心。

白锽的这个孙子，也确实聪明伶俐，惹人怜爱。他在七个月时，有一天，乳母抱着他在客堂里玩乐，客堂的一面墙上，挂满着书屏字画。祖父白锽正从门外走进来，口中还一边念念有词道："知之为知之，不知为不知，是知也！"乳母怀中的白居易，竟伸出小手，指着书屏上的一个"之"字，口里哇哩哇地叫着，不知所云。白锽见状，故意逗他说："你也认识字么？哪个是'之'呀？"

小居易听了，再一次举起手来，指了指那个"之"字。白锽见了，高兴地将他接过来，抱在怀里亲了一口，说道："哎呀，莫非你真的认识这个'之'字么？没人教你呀！那好，要是你能再指出一个字，爷爷我就认定你是个天才了，好不好？你再指个'无'字让我看看！"

想不到，小居易竟真的在书屏中找到了一个"无"字。这个"无"字，可不是现在这样的简写体，那可是繁写的，笔画够多了，不像"之"字那么简单好记呀。

白锽以为他是碰巧，又试了几遍，竟是屡试不爽！白锽禁不住心花怒放，他高兴地说："咱白家真的出了个天才呀！"

白家虽只是中下层官宦，却世代都是诗书传家的门第。白锽感谢上天眷顾，他跪到祖宗灵位前上香祷告，祈愿白家薪火相传、文脉赓续！

3

唐代宗大历七年（772）正月十八，天刚放亮，东郭村白府的大门就打开了。白锽让家人先在大门外边的空地上轻轻洒了一些水，又用长柄扫帚打扫了一遍，他回到院子里，查看桌椅是否摆放妥了，当里里外外查看了一遍之后，才从夫人手中接过褓褓中的小孙子，一边端详一边说道："今天你要抓周啦，看你会抓些什么？"

夫人连忙提醒他，天色尚早，亲戚们还没来，院子里寒冷，让他抱着小孙子回房歇着。

白锽听了，连忙掀开棉布门帘，回到了他的书房。

抓周虽是民间的一种风俗，但大户人家甚至皇室宗族也都十分重视，当婴儿满了一周岁时，家人在庆贺他的"百岁"时，也将笔砚、书籍、银锭、官印、珠宝、算盘、花朵等物品摆放在他的周围，看他会抓哪样物件。如果抓到了官印，孩子长大后会任官职；如果抓到了算盘，孩子将来会从商经营；如果抓到了珠宝，孩子将来会成为富商。

白府今天的抓周仪式，不但白家的老老少少都要参加，还要接待白家的亲戚们，这也是家族难得的聚会。

白夫人一大早就在灶房里忙碌起来，蒸好了白面馍，又安排人开始杀鸡、洗菜、切肉，将洗净的酒杯酒壶整整齐齐摆放在几乘大方桌上，当一切杂活都安排好了，她又仔细地巡视了一会儿，脸上露出了甜甜的笑意。

此时的白锽坐在书房中，一面抱着小孙子，一面回忆着为小孙子起名的往事。

那一年的三伏天，连续下了半个月的连阴雨，村前的那条小河一夜暴涨，漫过了堤岸，流进村里，很多人家的灶台都泡在水里了，家中的床铺漂在水面上。白家的书房也进了水，他连忙抱起书柜的书籍，跑出了大门。被淹的人家只好在地势较高的坡地上搭起了草棚子，用砖头垒成灶台做饭，人们在树上拉起绳子，晒干衣裳被褥，家家户户苦不堪言。

水灾过后，白锽还在书房里翻阅典籍，想给未来的小孙子取个名字，他忽然想起了杜甫的《茅屋为秋风所破歌》，不由得吟哦起了"安得广厦千万间，大庇天下寒士俱欢颜"。就在此时，家人来报，说有位道人在门前化缘。他连忙将他请到前厅，让人为他盛上刚刚做好的饭菜。

当道士得知他还在为小孙子取名时，他感叹了一句："贫道无家可居，也知道世人居家不易啊！若东郭村的百姓们能安居乐业，则天下的百姓就能安居乐业了！"

白锽听了，心中豁然开朗起来，对呀，只有安居容易了，百姓才会安居乐业！于是，他命人取来纸笔，工工整整地写下了"居易"两个楷体大字！

4

喜鹊叫，贵客到。辰时刚刚到，前来祝贺小居易抓周的亲朋好友都被请到了白家的大厅中。厅堂中央的四乘并排的大方桌上，铺了草席，在草席的四周摆放着一本《诗经》、一尊木雕的赵子龙立像、一只散发着酒香的罐子、一个拳头大的银元宝、一匹刚出窑的三彩骆驼、一个墨盒和旁边的一支毛笔、一只灰不溜秋的陶埙、一只涂上红彩的小铃铛……

白锽将小居易趴放在草席的中央，人们站在四周，指着眼前的物品大声叫着他的名字，他却趴在那里不为所动，有人摇了摇铃铛，他只转头看了看，并未爬过去。忽然，他转过身子，目不转睛地望着那只灰不溜秋的陶埙，爬了过去，伸了左手把陶埙抓在手里，又伸右手紧紧地抓住了那册《诗经》，就在他转身的时候，却将那只酒壶碰倒在了地上，酒壶摔碎了，前厅里飘荡着一阵酒香。

酒狂引诗魔 悲吟到日西——白居易传

当周围的人发出阵阵欢笑声时，白锽的眼里有一丝不易察觉的忧虑，他连忙抱起小孙子，招呼众人入席……

5

好景不长，白锽一向硬朗的身板不知怎么地，在第二年春上就开始干咳不止，延请郎中，煎熬草药，一连吃下七八付药，不仅不见好转，后来竟卧床不起了。到五月三日，便驾鹤西去了。

此时的白居易还不到两岁，并不懂得人间生离死别的意义。正如白锽所担忧的一样，社会越来越动荡不安。四月，朔方（今宁夏）是国之北门，因连年战争，士卒死伤甚多，十仅剩一。西边有吐蕃吞并了河西、陇有之地，聚集了羌、浑之兵，势力大增，屡次入侵，为国之大患。这年的九月，循州刺史哥舒晃（哥舒翰子）举兵反叛，杀岭南节度使吕崇贲，占据了广州及循、潮等州。代宗皇帝派兵平叛，整整用了十年时间。

白居易在祖母薛氏和母亲陈氏的关照下，特别是他的外祖母陈白氏的精心陪护下，正在度过他无忧无虑的童年时光。六岁时，他便进入塾馆读书。也是在这一年，祖母薛氏仙逝，年轻的母亲陈氏带着白居易和哥哥白幼文，还有三弟白行简及四弟、妹妹等人仍居住在祖父留下的白府大院中，幸有外祖母陈白氏也在一处生活，帮助照料家务，才使一家的生活不致杂乱无章。父亲为官常年在外，但婶娘及堂兄弟们都住在一处，相互之间也多有照应。

6

大历十四年（779），唐代宗李豫病重，消息传出后不到十天的时间，已病入膏肓，无法上朝，十八天后就驾崩了，享年五十三岁。五月，德宗李适继位。

其实，唐代宗李豫是唐朝的第八个皇帝（武则天和殇帝不计在内）。他是一个有所作为的明君，在政治、军事方面都有所建树，历史上的评价颇高。

李豫是唐肃宗的长子，出生在东都上阳宫，十五岁的时候被诏为广平王。年轻时的李豫就是一个仁孝温恭、宇量弘深之人，他勤奋好学，深得其祖父唐玄宗的喜爱。"安史之乱"爆发，唐玄宗逃往四川避难，唐肃宗在众人的拥戴下登基为帝，此时的李豫是兵马元帅，在战场上冲锋陷阵，先后收复洛阳、长安两京。后被立为皇太子。

后来唐肃宗病重，李辅国处死张皇后及越王等人，唐肃宗被吓死，李豫在宦官丞相李辅国的拥立下，登基为皇，称唐代宗，次年改国号为建中。

代宗登基后就除掉了李辅国。李辅国是唐肃宗时期的心腹及左右手，后来还拥立了唐代宗，可谓是一代功臣。但是李辅国独揽大权，手握兵权，目中无人，恃此骄横，干预朝政，让代宗很是不满。唐代宗一登基就把目标定在李辅国身上，派人将之杀死，除去了朝廷一大祸害。

唐代宗处理完李辅国后，开始亲政，部署平叛，荡平余孽，平定了"安史之乱"，举国同庆。

这时候的大唐已经是内忧外患，特别是内部矛盾尤为严重，仆固怀恩叛唐向吐蕃，吐蕃再次卷土重来直捣长安。郭子仪再次出兵，力挽狂澜，但是整个唐朝的国力已经用尽了。

自从"安史之乱"后，朝廷封赏大批安史降将和平叛功臣为节度使，各节度使拥兵割据，不听中央号令，史称"藩镇"。唐德宗继位后，决心削平藩镇。

也就是在这样的大环境中，公元780年，白居易的父亲白季庚由宋州司户参军授彭城县令，母亲陈氏封颍川县君。继汴州李灵耀叛唐后，坊州又遭到了吐蕃兵的袭击。严酷的政治气候，让白季庚不敢有丝毫怠慢，他日日关注着时局的变化，体察各州郡及边境的动态。

当时徐州为东平所管辖，节度使李正已死后，其子李纳封锁消息，擅

酒狂引诗魔 悲吟到日西——白居易传

领军政。直到八月，李纳才发丧，向朝廷谋求继任节度使的职位，因未得到唐德宗李适的许可，李纳便起了反心，举兵攻打宋州。而此时的徐州刺史李洧，正是李正已的堂兄，他对侄子李纳的叛逆行为颇为不满，但又拿不定主意。彭城正在徐州治下，而白季庚与李洧的私交非常好，若李洧与侄子一心反唐，则白季庚处境不妙，他感觉白家世受皇恩，应该忠于朝廷，不能做乱臣贼子。

白季庚看准了时局，也打定了主意，他连夜赶到徐州府衙，面见李洧。此时的李洧正处于模棱两可、无法定夺之中，白季庚对李洧说："当今天子曾对大臣言说'藩镇本无资以为乱，都是借我土地、假我位号，以聚其兵。过去每因其请而下令同意，反而为乱日甚。可知爵命不能止乱而只能助乱'。可见当今天子聪慧英武，想使天下太平，故不愿藩镇子孙世袭，你若追随侄子，即便李纳起事成功，你也仍只是他手下之臣，还落个叛臣贼子之名；何况朝廷必发兵来讨伐，那将灾祸临头啊！"

他竭力劝说李洧归顺朝廷，李洧认为白季庚的话有道理，便听从了他的意见。

这年十一月，李纳率兵攻打徐州，而徐州没有兵马。白季庚鼓励李洧向朝廷告急求援，又与李洧一道急招官民一千余人坚守城池42天之久，直到德宗派几路兵马赶来援救。徐州之围解除后，江淮漕运得到疏通，京城的粮备等物资得到保障。

徐州保卫战，白季庚可谓立了大功，德宗褒奖白季庚，自彭城令擢拜徐州别驾，赐绯鱼袋，仍充徐泗观察判官。

7

大功告成后，白季庚想到了在老家里等待自己的妻儿。他带领几个随从回到了新郑县白府，一家人欢天喜地迎出了府门。小居易缠着父亲问这问那，还兴奋地向父亲报告说自己早已识得音韵了！

白季庚高兴地拍着小居易的脑袋说："好哇，好好学，学好了声韵，将来就能吟诗作词了。"

白季庚是接妻儿到自己的官邸去居住的，儿子们都已长大了，老大幼文十三岁了，老二居易十岁，第三个儿子行简也已经五岁了，正是读书的年纪。因为公务繁忙，路途遥远，聚少离多，对他们的关心照应太少，现在终于可以弥补了。

可是一波未平，一波又起，大唐帝国一直处于风雨飘摇之中。

建中二年（781）八月，襄阳节度使梁崇义叛唐，发兵攻江陵，后屯兵于襄州、邓州。李希烈奉朝廷之命率兵沿汉江而上，与诸道兵会合讨伐。李希烈率军大败梁崇义，梁崇义与妻投井自尽！脑袋被割下送到京师。但是李希烈打败梁崇义后，却把襄州城占为己有，不听朝廷之命，还自称天下都元帅，并大肆掳掠襄州城，德宗皇帝不得不又派兵去对付李希烈。

也是在这一年，成德节度使李宝臣死，其子李维岳要求继承节度使，被唐德宗拒绝。于是李维岳联合魏博、淄青、山南东道等镇起兵谋反。次年秋，南线主力李希烈又造反，自称兴王（后称楚帝）。

唐德宗发泾原军东征，泾原军在东征时途经长安，又造反，逼得唐德宗逃出京城。

在京的检校太尉朱泚又造反，自称为秦帝。

一时间中华大地上除了一个大唐皇帝，还有四个王、两个皇帝，可谓热闹非凡。

时局的动荡，总让人提心吊胆。父母都不在了，为了与家人团聚方便，也为了躲避战乱，白季庚将妻儿从老家河南新郑县迁来徐州，把家安置在不远处的符离（今安徽宿州一带）。符离是一座依山傍水的小镇，距离徐州百余里路，有平坦的官道可通行马车，来往十分便利。一条濉河四季潺潺、清波荡漾，自西向东穿镇而过，

白季庚在这里置了一处房舍，就在濉河与沱河相交的三角地带。白居易一家人就在这里开始了新的生活。其间，除了两次避难到越中外，白居

酒狂引诗魔　悲吟到日西——白居易传

易在这里度过了他快乐的少年时代，同时也经历了他人生第一段与异性之间的感情，那是他最刻骨铭心的一段初恋爱情，一段影响了他一生的情感和文学创作的经历。

第二章　河边嬉戏，童言无忌显真心
　　　　　书案攻读，废寝忘食立大志

1

　　春季的潍河和沱河水流轻缓，两河四岸菜花飘香。十二岁的白居易刚从学馆回家，在潍河岸边，老远看到一个小小的身影，在花草丛中蹦蹦跳跳，时隐时现。他好奇地跑过去，发现是个七八岁的小姑娘，正在追逐一只漂亮的花蝴蝶。他对小姑娘说："你这样是追不上它的！"

　　小姑娘回头来笑着问："为什么呀？"

　　白居易："因为它会飞，你不会飞呀！"

　　小姑娘气馁地坐在地上，喘了口气说："我认识你！"

　　白居易好奇地说："我没见过你呀！"

　　小姑娘说："你就住在那里。"说着，手指了指不远处高坡上的一处院落。

　　白居易问她："你住在哪里呢？"

　　小姑娘指了指旁边的小矮屋，说："我家在那里！"

　　白居易说："原来我们是邻居啊！我怎么从没见过你呢？"小姑娘说："你念书忙嘛，没有工夫见到我呀！我可是天天看到你去学堂呢！"

　　白居易问："你咋不去学堂念书呢？"

　　小姑娘："我爹我娘都说了，只有男娃娃才念书的，我娘让我学做女红，男娃不用学做女红，只有女娃才学做女红。"

　　白居易点了点头。

　　"刚才那只蝴蝶好漂亮，我就想抓住它，照它的样子绣一只蝴蝶在我

酒狂引诗魔　悲吟到日西——白居易传

的鞋子上。"

白居易感觉这个小妹妹挺有意思，就说："它能飞，你又不会飞，你抓不到它的。要不哪天我帮你抓一只吧！"

小姑娘："那你会飞吗？"

白居易十分肯定地点点头，说："嗯！先生说了，只要我肯用功读书，我会飞得很高很高的！"小姑娘相信了他，十分崇拜地望着他，说道："你真行！"

白居易很高兴小妹妹对他的信任，他决定明天放学时就帮她去捉一只好看的花蝴蝶。

白居易正要往家走去，又听小姑娘说道："他们都说你父亲是个大官，是吗？"

白居易回头对她点点头，说："嗯！我以后也要当我父亲那大的官，也许比他还大哩！"

小姑娘眼睛亮晶晶的，充满羡慕和敬佩。白居易自豪地说道："先生说了的，学而优则仕！"

看着小姑娘似懂非懂，更加崇拜地望着自己的样子，白居易心里十分高兴，他兴奋地说道："今天太晚了，我怕我娘着急，明天你在这里等我吧！"说完，就往家中跑去了。

第二天，白居易放学后，果然在河边又看到了那个小姑娘，她在那里正在追逐一只蝴蝶。白居易连忙跑过去，拉住小姑娘的手，说道："你不能这样追，我们悄悄地跟着，看它在哪里停下来，然后轻轻地过去，捏住它的翅膀才能捉住它。"

小姑娘点点头，听话地跟在白居易的身后。

这时，一只粉色花蝴蝶翩翩飞到一朵金灿灿的野雏菊上，小姑娘跟在白居易身后，悄悄地靠近雏菊，只见白居易伸出一只手，一下子就轻巧地抓住了蝴蝶的翅膀！小姑娘高兴地跳起来，拍着手喊道："抓住了，抓住了！"

可是，当白居易将手里的蝴蝶递给她时，她却犹豫着不敢接过去。她仔细地看着在白居易手中挣扎的粉色蝴蝶，摇了摇头，说："我们还是放了它吧！"

　　"你不是很想抓住它吗？怎么不要了？"白居易问她。

　　小姑娘眨巴着一双大眼睛，摇了摇头说："我不想要了，你看它多可怜呀，它也一定想回家去，你放了它吧！"

　　白居易说："那你不想照着绣花了吗？"

　　小姑娘说："我看到了它，就知道怎样描花形了，求求你，放了它吧！"

　　白居易也被小姑娘的善良感动了，他连忙轻轻地松开手，蝴蝶跌跌撞撞地飞走了，两个人缓缓地舒了一口气。

　　白居易感觉这小姑娘心眼好，便说："我叫白居易，字乐天。你叫什么名字？"

　　小姑娘说："我叫湘灵。字乐天是什么意思？"

　　白居易说："字就是又一个名字，乐天就是无忧无虑的意思！"

　　小姑娘的眼睛里再次燃起了羡慕的光芒，白居易陶醉在这样的目光之中。他希望能天天见到湘灵，听她说话，看到她的眼神，心里有一种莫名的快乐。

　　从此以后，白居易下了学堂，都要在河岸与湘灵碰上一面，说上几句话，或者告诉她学堂先生今天讲了什么课，学堂里发生了什么有趣好玩的事。而湘灵也告诉白居易，今天她在家绣的花又多了一片叶子、一朵花瓣，或者又学会了一首乡村小曲。说着，还哼起新学的曲调，柔美的声音，让白居易听得入神。白居易告诉她，将来自己可以为她写歌词，她想唱什么，他都可以为她写出来！

　　小姑娘听了，连连点头。

2

　　在符离的日子，美好而温馨。随着时光渐渐地流逝，白居易和湘灵也在慢慢地长大。

白居易的学习日益精进。父亲回家的频率，明显比在新郑的次数多了，也带给他更多人情世故和外界的信息；而父亲与同僚友人间的交往，也有意无意中熏染着他，让他看到了一个在学堂里看不到的外面的世界。

　　一次公休，父亲从徐州官衙回来，带着他们兄弟三人去集镇上游玩。一路上，父子四人欢欢喜喜跨过了河桥，来到正街上，他们要到各种商铺采买了母亲交办的货物：针头线脑、布料佐料，也买了一些笔墨纸砚。

　　一处开阔地中正在进行骑射游猎。只见一群青年女子，个个短装铠甲、英姿勃发地骑在马上，等待着一声号令，她们便打马飞奔起来。一位红装金甲的女子弯弓搭箭，扭身俯在马背上，向天空中射出一支利箭，那利箭直冲云霄。一队大雁正飞越天空，只听"嘎"的一声，一支大雁摇摇晃晃地坠落下来。人群中顿时爆发出热烈的欢呼声。

　　白居易心中不停地赞叹，心想这女子真英豪，我身为男儿更应该学得一身本领，将来好报效朝廷呀！他还想再多看看，大哥白幼文已在催促他，说父亲带着三弟已到另一处人群多的地方去了。他只得跟随大哥往前走，这时，耳边传来悦耳的琵琶曲调，是教坊内的舞娘们正在表演胡人的歌舞。那欢快的乐曲让白居易不由自主地停下了脚步，他撩起门帘向里内窥视，正瞄见了那抱着琵琶拨弄琴弦的乐工和踏着乐曲起舞的女子。她们着盛装、挽高髻、点绛唇、乐如滚珠、舞似旋风，看得白居易入迷了。大哥只得拉着他的胳膊，来到父亲身边。此时父亲正在看一场蹴鞠比赛，还兴致盎然地对小弟讲解着蹴鞠的规则。

　　等这场蹴鞠比赛完后，父亲领着他们弟兄进到了一家酒馆。叫过店小二，要了几样菜肴，父子四人就吃了起来。也许是逛饿了，白居易弟兄大快朵颐，一盘烧鸡很快就吃得肉末不剩了！

　　父亲指着那空盘子，说："你们可知这是什么？"

　　三弟白行简抢答："一盘鸡呗。"

　　父亲呵呵地笑了，说道："这可不是一般的鸡呀，你们没吃出不同吗？"

　　大哥说："是跟我们平常吃的不同，好吃多了！"

　　父亲说："这就对啦，这可是这一带有名的菜，叫符离红鸡，用的可是这一带野生的麻鸡，烧好后还要在表面淋上一层红曲，所以味道不同于平常我们家里做的烧鸡啊！"

白居易说："那以后让母亲也这样做来吃吧。"

大哥却说："人家这种做法肯定是祖传的秘方，比如这红曲是怎么做出来的？一定是有讲究的吧。"

父亲笑着点头，却并不说什么。

白居易说："那以后，父亲常带我们来这儿吃不就得了！"

父亲大笑，说道："好吃的东西多着呢！我总不可能带你们吃一辈子吧？你们自己的前程得自己奔，学而优则仕嘛，所以你们一定要好好读书，考取了功名才能有好的前程，也才能过上自己想要的生活，还能光宗耀祖啊！"

弟兄三人连忙点头。

出得酒馆，恰逢一户人家大办婚事，迎亲的队伍走在街上绵延数里，彩旗招展、锣鼓喧天。八抬大轿正从白居易父子身边走过，轿夫们故意颠簸晃荡，轿帘时时晃得掀起，人们得以窥见轿里盛装而娇羞的新娘。白居易突然感觉，里面的新娘仿佛长大了的湘灵！那骑在轿前红马上、胸前佩戴着大红花的新郎，仿佛就是自己。

父亲已带着他们走到一家店铺里，白居易知道，他们要在这里挑选母亲吩咐采买的布匹。此时，他的注意力却被店铺前的斗鸡吸引住了。只见两只红冠花公鸡已经斗得头破血流、羽毛散乱，却仍在各自主人的吆喝鼓动下怒目圆睁地不依不饶，拼死搏斗着。白居易心下有些不忍，希望它们的主人能唤回它们，不要再战了，不过是为了主人的一次欢心，或者是为了帮主人赚得一份钱财，就这样浴血奋战、不顾生死地与无冤无仇的对手厮杀拼命，白居易为它们感到心痛！唉，这也许就是畜生的命吧！他痴痴地想着这些时，大哥又来拉他走开了。

父子四人欢天喜地回到家中时，已是掌灯时分了。吃完晚饭，大家都各自回屋歇息，但父亲却发现白居易房间里的灯光还亮着。他走进房间，发现白居易正埋头书案上读书。他爱怜地抚着儿子的肩，说："乐天，今天一天很累了，你早点歇息吧！"

白居易站起身来，回答父亲说："父亲说过，要想过上自己想要的日子，就得自己努力刻苦学习，孩儿的学习还不够刻苦。"父亲听了，赞许地笑了。

父亲假未休满就回徐州了，因为有差使前来报信：说苏州刺史韦应物大人要来巡察，催促父亲快回衙府准备迎接。

白居易多次听父亲说过这位韦应物大人，说他出身豪门，十五岁起以三卫郎为唐玄宗近侍，出入宫闱，扈从游幸。早年行为豪纵不羁，横行乡里，乡人都饱受其苦。"安史之乱"后，玄宗逃亡蜀中，国难家困时，韦应物才开始立志读书，他少食寡欲，常"焚香扫地而坐"苦读经书。最终得以重用。白居易也已知道，这位韦大人的诗文享誉一方，深得仕子们推崇，包括学堂里讲课的先生都十分敬仰他。

3

父亲走后，兄弟们的生活又恢复了平静。这天去学堂的路上，突然远远地见一队人马逶迤而来，两边鸣锣开道的衙役高喊着"闪开，让路"，"回避"和"肃静"的旗仗，威仪森严。一顶官轿在众人簇拥下从白居易身边走过。白居易听到旁边有人议论，说这是韦大人巡视来了，好大的排场啊！白居易心里涌起了强烈的羡慕。他希望自己将来有一天也能做到苏州刺史这样的大官，而要成为这样的大官，首先要通过科举考试取得功名。但是，因为"安史之乱"后，国库已越来越空了，朝廷的录取名额每年都在减少，所以，不是最优秀的人才，很难踏上仕途。自此以后，白居易学习更加刻苦了。韦大人的排场，也常常浮现在他的脑海中，成了他日后博取功名的奋斗目标。多年之后，他果真实现了少年时的梦想。

在这天放学的路上，他又遇到了在河边洗衣的湘灵，也许她是故意在这里等着自己。白居易心里一阵欢喜。他悄悄走到湘灵身后，拍了一个响巴掌，湘灵吓了一跳，回头看到白居易，嗔怪地将水撩到了他脸上，两人不禁哈哈大笑起来。

湘灵问白居易，怎么好几天没见他人了。白居易说因为父亲回家休假，嘱他弟兄们放学尽早回家，所以这几日他放学后没往这边弯路走，而是着急地径直回家了。

湘灵才知道，原来白居易以前都是绕着远路过来，故意来见她的。她脸上泛起了羞涩的红晕。她看到白居易的嘴角竟然长了一块疮，关切地问道："你的嘴怎么啦？"

白居易抚摸着自己的嘴角，说："咳，没事。就是天天读书累的！"

湘灵惊奇地说："读书还能读得嘴角生疮呀？我一直以为读书比我们做活轻松多了，没想到也这么辛苦啊！"

白居易看着湘灵红彤彤的面颊和活泼灵动的眉眼，想起了那天在路上窥见的新娘子娇羞的颜容，激动地对湘灵说："我一定要早点考取功名，步入仕途，将来可以风风光光地……迎娶你！"

湘灵听到白居易这样大胆直露的表白，心扑腾腾地乱跳起来，既幸福又羞怯。但她无不担忧地说："你们家那么高的门第，我哪里配得上你啊！"

白居易说："我会说服他们的。"

白居易心里知道，他家与湘灵家确实差距太大了，父母是讲究门当户对的，这不仅仅是在自己家里，整个大唐都是一个讲究出身、郡望、注重门第的社会。现在虽然比从前宽松了许多，但自家的情形他是明白的，祖父、父亲都是"明经"出身，严格遵从家学礼法。这样的家庭，是很难突破门当户对观念的。白居易虽然嘴上安慰着湘灵，其实，他的心里已蒙上了一丝不安的阴影。

湘灵和白居易的担忧不是空穴来风，自魏晋南北朝时兴盛的门伐制度，也就是士族，在政治、经济、文化及社会生活等方面拥有着特权。门伐制度不仅统治着人们的行为，而且支配着人们的情感选择。士族为保证其特权，极力避免与庶族混淆，虽然随着科举制度的推行，旧士族不得不依靠科举入仕，而科举偏重"词科"之选，旧士族擅长"明经"一科。白居易

酒狂引诗魔 悲吟到日西——白居易传

的祖辈、父辈，都是"明经"出身，到白居易这辈，便不得不顺应大潮，改变传统，学习诗词，现在的情形比前朝要开放许多，但如何改变父母的观念，已成为他面临的巨大难题。

他想，最直接的路径还是自己勤学，通过科举取得功名，然后再来说服父母，那时也许更有说服力。

白居易的学习更加用功刻苦了。他不仅早就谙识了音韵，写得了诗词，让先生和同窗都佩服羡慕不已，而且也写得一手好文章，并且对音律也有了特殊的感悟。

第三章 文坛大家，含讥讽居大不易
诗意少年，赋新咏满座皆惊

1

贞元元年（785）白季庚加封检校大理卿，依前徐州别驾，仍知州事。

在此前，因为泾源兵变，朱泚攻占长安并称帝，逼得德宗带领皇亲国戚们逃往奉天，朱泚又围攻奉天。最后，虽然是朝廷取得了胜利，但是大唐天子的威严完全扫地，中央权力进一步削弱，应对地方的藩镇割据，更显得无心无力。唐德宗成为第三位逃离长安的皇帝，他从此不再信任宰相，对带兵的将领也有猜忌，开始重用身边的宦官了。

在这样的大背景下，白居易一家，有时是避战乱，有时是跟随父亲白季庚，之后就在苏州、杭州两地旅居，大部分时间，他还是待在符离。

这天放学，白居易迫不及待地来到河边的小树林中，湘灵正好洗完了一篮子衣物。白居易急切地告诉她，自己要随父亲去苏杭了！

湘灵听了，痴痴地望着白居易说道：“乐天哥哥，你再不回来了吗？”

白居易说：“怎么会呢？我很快就会回来的！我要去外边看世界，长见识，最好能结识一些大人物，然后，我就会回来的，我不会忘记你在这里的！”

湘灵听了，半天无语，她的眼里有迷蒙，也有泪花，她想说什么，可一句话也说不出来，默默地目送他离开了河岸。

毕竟是少年，心中对父亲新官邸和新居所的向往，还有对自己未来的

酒狂引诗魔　悲吟到日西——白居易传

憧憬，让他暂时还没有意识到分离会带给他的相思之苦。他匆匆地与湘灵告别后，便与家人一道踏上了东去的道路。

2

与父亲来往密切的，大都是饱学之士，白居易耳闻目睹了达官贵人的气派，也明白了要想踏入仕途，除了勤学苦读外，还得要有名师权要的引荐。他希望能有一个赏识自己的人，并得到他的引荐。有一天，他无意中听人说有个叫顾况的人，曾在长安做过官，他与苏州刺史韦应物大人的关系相当不错。白居易心想，要是能得到这位顾大人的赏识，再通过他的举荐，也许自己能很快地踏上仕途。

在中国的古代，重人不重文。某人的文章诗赋一经名人推荐，作者立刻身价百倍。

左思出身寒门，未成名时，欲赋三都，曾受到大文豪陆玑的讥讽，他用十年工夫，终于写成三赋，但时人并不识货，无人问津。他便以赋谒宰相张华，张华嘱他请名家作序，左思便向大名士金甫谧求序，序成后轰动京城，多相传抄，于是才有了洛阳纸贵的美谈佳话。

刘勰写成《文心雕龙》后，却受到冷落，于是，他背着自己的书稿，守候在宰相沈约经过的路旁，终于见到了沈约。沈约十分欣赏他的作品，并向时人推荐，于是，刘勰和他的《文心雕龙》便名满天下了。

到了唐代，重人不重文的风气尤烈，学子们在科举之前，先把自己的作品写成卷轴，投送到朝中的显贵手中，若得到了他们的赏识和赞扬，便有考中进士的可能，这叫"行卷"。

白居易决定去"行卷"。

他整理了几篇自己得意的诗词，准备以此作为敲门砖，去敲开那些达官贵人的大门，也就敲开了自己通往仕途的大门。

这天清晨，白居易早早地起床，认真地梳洗一番后，穿上母亲为他做的一身新衣出门了。他早就打听好了顾况大人的家，他走上前去，郑重地敲响了顾府大门。

顾家的家丁开了大门，看到是一个十五六岁的少年，不由得问他："你干吗？没事儿一边玩去！"

白居易却朗声答道："我有事！我是专门来拜访顾况顾大人的，我要向顾大人求教！"

家丁见这少年口齿伶俐，衣着整齐，知道不是顽劣之辈，便接过了他递来的名帖，进去通报。白居易忙对他施礼，说道："有劳您驾了！我只是个无名晚辈，因仰慕顾大人的声名，特来拜访，希望能得到前辈的指教！"

顾况是当时颇具声望的诗人，白居易知道他心性高傲，担心自己无名分、年少小，会遭拒绝，所以特意说明是仰慕者来求教的。

顾况进士出身，此时正任镇海军节度使幕府判官，年已五旬，慕名登门求教者众多。

顾况幼年跟随其叔七觉和尚接受佛经的熏陶，在进士登第之前，于儒学之外，还与佛教、道教中人士多有交往。其中就有诸多有名望的诗人、诗僧。白居易就读过他的诗：

> 花落深宫莺亦悲，上阳宫女断肠时。
> 君恩不闭东流水，叶上题诗寄与谁？
>
> ——《叶上题诗从苑中流出》

这首诗讲述了顾况的一段广为流传的佳话，即"红叶传情"，说的是唐天宝年间的一个秋天，身在洛阳的年轻诗人顾况，拾得从皇家宫女所居上阳宫水道流向下水池（今洛阳市西下池村）的一片红叶，叶面上有宫女题写的哀怨诗句：

一入深宫里，年年不见春，

聊题一片叶，寄与有情人。

——天宝宫人《题洛苑梧叶上》

　　诗人顾况立即被这首哀怨的情诗打动了心扉，萌动爱意的诗人，也赋诗一首写在红叶之上，并绕过红墙，将这片红叶从上水池传进宫内，竟然真的和那位题诗的宫女取得了联系。此后，顾况便和这位宫女经常凭借红叶传送爱恋的心声。不久"安史之乱"暴发，官兵为抵挡叛军进行了为期60天的"洛阳保卫战"，最终失败。顾况趁战乱找到那位与他传诗的宫女，逃出了上阳宫，二人结为连理。从此红叶被视作坚贞不渝的爱情象征，传咏至今。这段爱情故事，也流传天下。

　　在白居易心里，还有个小小的秘密，那就是那位不幸又万幸的宫女不知长得啥样，这次登门拜访，要是能一窥其姿容，那就太幸运了！

　　就在他胡乱瞎想之际，家丁来了，引领白居易进入府内。

　　顾况正斜倚在书斋的躺椅上闭目养神，白居易进前施礼，口称："晚生白居易拜见顾大人，有劳赐教！"

　　半晌，顾况才睁开眼皮瞟了一下白居易，又抬起手来，将手边茶几上的名帖举到眼前看了看，嘴角露出一丝轻蔑的坏笑，问："你就是白居易？"

　　白居易谦恭地答："正是晚生！"

　　顾况故意地轻轻叹口气，说："唉，米价方涨，百物皆贵，居亦弗易啊！何况还白居？！"

　　来之前，白居易想过很多种求见顾大人的情形，想过他外出不在家、想过他拒绝见面，也想过他如何考问他诗词歌赋的一些基本问题，他准备了各种应对的方法，唯独没有想到过，顾大人会以他的名字为题来戏谑他，而且戏得这般地巧妙而有趣！咳！这名字我都用了十几年了，祖父给起时就是让我将来飞黄腾达时能居大容易嘛。可是，这样的话，如何能在此时此刻说出口呢？一时间，白居易窘在那里，不知如何作答了。

　　顾况见这少年站在一边，面红耳赤地不知所措，心里一得意，便欣欣然地哈哈笑了。他问："既是学作诗的，把你写的诗稿拿给我看看吧！"

白居易赶忙从袖中抽出了准备好的一卷诗稿，双手恭敬地递给顾况，顾况接过诗稿来细细地翻看着，开头一篇是《赋得古原草送别》：

> 离离原上草，一岁一枯荣。
> 野火烧不尽，春风吹又生。

顾况读到这里，突然被诗中的思辨哲理惊艳到了，他站起身来感叹道："哎呀！有这样的诗句，居天下又有何难啊！老夫前面所讲，不过是戏言啊！"

白居易紧张的心情一下放松下来了。

顾况拍着白居易的肩，让他坐下来，与他聊起了诗歌创作的一些感悟。他教导白居易，写诗要注重诗歌的思想内涵和它的教化作用，谈到兴致高昂时，他吩咐家人备菜置酒，留白居易与自己一起用膳。白居易也不客气，二人便在花廊下小酌对答，好不欢畅。

3

自此以后，顾况每有宴饮雅集，常领着白居易去见识一些社会名流达人，还把白居易的诗才介绍给他们。渐渐地，白居易的这首《赋得古原草送别》，便在朝野传播开来，他的名气也随着诗歌的流传，而广为人知了。

在一次文人的雅集宴上，顾况又邀约了白居易参加。这次也是顾况做东，地点就在顾府内。顾况先是把那首《赋得古原草送别》的诗高声朗诵一篇，又详细地解读了一次，然后把白居易引到众人面前。他介绍说，这就是这首诗的少年作者，将来一定是一个超出我等各位老朽的诗坛新秀！众人见顾况如此地推举白居易，又欣赏到了他的不凡之作，当然都对他刮目相看，大家邀他一同赋诗作对。少年白居易在这样的场合，当然是谦逊恭谨的。几个长辈文人便开始喝酒，酒后又比拼着才气地吟诗作画。

顾况除了是有名的诗人之外，还是出了名的大画家，他在画画上的"大"名，真是名不虚传啊！他作画，不同于其他任何画家，是用画笔一笔一笔地描画出来的。白居易早就听说过他的怪异画法，这次，他有幸能见识到传闻中的顾大人画画，他心里好一阵激动啊。

顾况作画前要做一系列的准备。只见他指挥着家中的丫鬟和家丁们，将几十幅画绢拼在一起，用糨糊粘牢，放在大堂中央的地面上，又抬来了大大小小的盆子和桶放在一边，白居易好奇地凑到近前看，原来那里面装的全是磨好的墨汁和各色颜料！白居易正惊异于这样大的耗费时，一队十几人的鼓乐手整齐地从侧厅进来，排在了厅堂的一边，打头的一位鼓手敲响了第一声鼓点，鼓乐手们一起吹起了号角、擂响了战鼓，仿佛千军万马奔向战场！

突然，厅堂外面响起了山呼海啸般的呼喊声，白居易原本就被这鼓乐声震撼到了，这突然而起的呼喊声，更让他有心惊肉跳的感觉。他走到厅门边向外瞭望了一下，却见一群身着鲜艳的五彩衣衫的人群，不知什么时候已经围在了厅堂外围，正齐声高喊着，仿佛是为顾况加油鼓劲，呐喊声甚至要盖过鼓乐声，人声、乐声，一浪高过一浪，就在这最沸腾的时刻，顾况出场了！

白居易看得目瞪口呆，他常听人说顾况画画时的与众不同，没想到会是这般的喧嚣与兴师动众，真是让他大长见识了。只见一个丫鬟将一条锦缎递给顾况，顾况将它缠在了头上，然后开始踏着鼓点和着乐声，在一片呐喊声中围着画布转圈，仿佛一种宗教在作法事。随着鼓点越来越密集，乐声也越来越快速，人们的呼喊越来越短促，顾况的圈子也转得越来越迅急，白居易有些担心，顾大人酒后这般地动作，会不会晕倒。顾况却一连转了十多圈儿，转得自己血脉偾张，灵感乍现。

只见他舀起墨汁和其他颜料，随意地泼到画布上，然后拿出一条长的绢布，一头放在刚刚泼过色彩的画布上，问来客有谁愿意出来帮忙。一个刚刚还在吟诗的雅士主动站了出来，顾况示意他坐在绢布上面压住，自己则拽住绢布的另一头来回拖动。画布上的颜料随着拖动的动作被慢慢地抹开了，这样也能作画？白居易心中疑惑不解，但随着颜料在画布上铺陈开来，一幅画作的雏形也慢慢地展现在众人眼前。顾况这时候才拿起画笔，趴在画布上，在一摊摊大块的色彩上勾勒点抹，山峰出现了，溪流出现了，郁郁葱葱的树木出现了，随着这些景物的显露，大家纷纷发出了惊叹之声。这是在点睛！往画布上泼色彩谁都会，但点睛却展现了画家的功力。

终于，一幅大型的山水画展现在众人面前。白居易舒了一口气，心里既佩服又惊叹。

这时，有人提议让顾大人画一幅美人图，又有人看着顾况面上渗出的汗，说："顾大人今天累了，不如大家以美人为题，各人吟诗吧。"

不知是谁说了句："顾大人对白居易推崇有加，不如让我们再见识一下白居易的才气吧！"

白居易心里有点慌乱，但好在听清了人家说的是"以美人为题"，他略一定神，幸好此前自己曾以王昭君为题写过两首诗，于是，他轻轻地拿起笔来，很谦虚地将《王昭君二首》端端正正地写在了纸上：

一

满面胡沙满鬓风，眉销残黛脸销红。

愁苦辛勤憔悴尽，如今却似画图中。

二

汉使却回凭寄语，黄金何日赎蛾眉。

君王若问妾颜色，莫道不如宫里时。

4

王昭君，名王嫱，出生于汉元帝时期的南郡秭归县宝坪村（今湖北宜昌兴山县昭君村），其父王穰老来得女，视其为掌上明珠，兄嫂也对她宠爱有加。王昭君从小聪明伶俐，琴棋书画无所不能。公元前三十六年，汉元帝下诏天下遍选秀女，十六岁的王昭君成为南郡首选。她泪别父母乡亲，

酒狂引诗魔 悲吟到日西——白居易传

登上雕花龙凤官舟，顺着香溪进入长江，然后又穿过秦岭，一路跋山涉水，行程三个多月终于来到京城长安。

但——宫中自有宫中的规矩，汉元帝后宫有美人三千，他哪里能够个个都见面？于是就形成一个规矩：由宫中画师把这些美人的像画下来，再呈给皇帝来挑选。

为了得见天颜，美女们纷纷贿赂画师，让他将自己的面容画得端庄俊美。天生高傲的王昭君不愿这样，画师毛延寿就在她的画像上涂上了破败之像的一笔，王昭君最终没有被元帝召见。

后来匈奴前来求亲，汉元帝将王昭君选去和亲。临行送别时，元帝才发现原来宫中还有这等美女，他后悔之极，但已不能反悔，只能忍痛赐给昭君大量的锦缎玉器后，送她出塞。王昭君再次踏上远行的征程，这次不比上次离家进京，这一去，路程万里，远嫁异域，再也无回乡之日！父母和家园俱将抛散了！一路上黄沙滚滚、马嘶雁鸣，王昭君心绪难平，遂于马上弹奏《琵琶怨》。凄婉悦耳的琴声、美艳动人的女子，使南飞的大雁忘记了摆动翅膀，纷纷跌落于平沙之上！从此以后，落雁成为王昭君的雅称。

王昭君一路风尘劳顿、风餐露宿，终于抵达草原，成为匈奴人的宁胡阏氏。昭君和匈奴呼韩邪单于共同生活了三年，生下一子，呼韩邪单于去世。王昭君曾向汉廷上书求归，汉成帝敕令"从胡俗"！依游牧民族收继婚制，即父死后，子可娶其非亲生母为妻的风俗，王昭君再嫁呼韩邪单于的长子复株累单于，两人共同生活十一年，育有二女。

昭君出塞后的几十年时间里，汉匈双方一直保持了友好和睦关系。不但结束了匈奴多年的分裂和战乱，而且为中原王朝的大一统奠定了基础，也加强了双方文化的交流。

王昭君的故事成为因促进民族团结而传颂千年的美好故事，但是，作为生命的个体，一个十几岁的女孩子，远离亲人，远离家乡，嫁到遥远而陌生的草原，语言、风俗、饮食等，种种不适不可谓不艰辛。她的念家之情、思归之意，有谁能理解？

白居易揣摩昭君的心思说：使君啊，汉皇若是问起我的颜容，你可千万不要说我现在不如在宫中时的样子啊！把昭君思归之切，跃然表现在纸上了！

才刚刚十七岁的白居易，能够这样婉转而真切地描摹出昭君的心态，让人读来感动落泪，众人纷纷赞叹白居易的才情，同时也佩服顾况的识人之术与爱才之心。

就这样，在顾况的大力举荐之下，白居易凭着自己的才气，渐渐地被当时的诗坛文士们认可并接受了。

酒狂引诗魔 悲吟到日西——白居易传

第四章　情窦初开，祖制难违情难禁
　　　　父兄离散，家道中落心无依

1

贞元四年（788），白季庚加封检校大理少卿，依前徐州别驾，当道团练判官，仍知州事，期满后，又除检校大理少卿，兼衢州别驾。

贞元五年（789）时，大唐皇帝德宗下诏：四序嘉辰，历代增置，汉从上巳，晋纪重阳，或说襄除，虽因旧俗，与众共乐，咸合当时，朕以春方发生，侯及仲月，勾萌毕达，天地和同，俾其昭苏，宜助畅茂，自今宜以二月一日为中和节，以代正月晦日，备三令节数，内外官司休假一日。

这就是以皇帝的名义规定的一个节日，表示春天来了，万物复苏。从此人们在这一天出门踏青、挑野菜，结伴郊游。蛰伏了一冬的人们，因此有了普天同庆的感觉。

作为一个有志于走上仕途，以自己的所学本领效力于国家治理的青年，十七岁的白居易感受到了新春的勃勃生机。他不甘居于人后，在众人都大唱颂歌的时候，他也要放声一唱，于是，他在这一天，提笔写下一篇歌颂时政的《中和节颂》：

乾清而四时行，坤宁而万物生，圣人则之，无为而无不为。神唐御宇之九叶，皇帝握符之五载，夷夏咸宁，君臣交欣。有诏始以二月上巳日为中和节，自上而下，雷解风动。翌日而颂乎四岳，浃辰而达乎八荒。於戏！中和之时义远矣哉！惟唐之兴，我神尧子兆人而基皇德，太宗家六合而开帝功，元宗执象而薰仁寿之风，代宗垂拱而阜富庶之俗。焉弈乎，赫赫煌煌，八圣重光，以至于我皇……献《中和颂》一章，附于唐雅之末。颂曰：

权舆胚浑，元黄既分。煦妪细缊，肇生蒸民。天命圣神，是为大人。大人淳淳，为天下君。巍巍我唐，穆穆我皇。纂承九叶，照临八方。四维载张，两曜重光。齷齪唐虞，趑趄羲皇。乘时有作，焕乎文章。乃建贞元，以正乾坤。乃纪吉辰，以殷仲春。吉辰伊何，号为中和。和维大和，中维大中。以畅中气，以播和风。萌芽昆虫，昭苏有融。如斡元化，如运神功。於戏德洽道丰，万邦来同。微臣作颂，垂裕无穷。

2

贞元七年（791），白季庚以检校大理少卿兼襄州别驾（管辖今湖北襄阳、谷城、光化、南章等地）。白居易回到了符离，与母亲兄弟们在一处生活。

白居易回到家乡的第一件事，就是想见到湘灵。

他刚帮母亲清理安顿好车马行装，就出门去转悠了。离开符离三年了，这里没有什么大的变化，家里庭院有留守的家丁照看，花草树木仍然繁茂。他顺着门前的小道走下山坡，前面就是湘灵的家了。不知道她现在在干什么呢？长成什么模样了？眼睛还是那样清纯会说话吗？他心心念念地往前走着，忽然，一阵清脆悦耳的歌声随着清风袅袅地飘来。白居易心想：还是这远离都市的山川美景养人啊！唯有如此的青山绿水才能孕育出如此美妙的歌喉啊！他禁不住朝着歌声飘起的地方望去。

河岸桥边，一篷绿柳丛中，有一处重重叠叠的房舍，偶尔有鸡鸣和狗吠声传来，白居易知道，湘灵的家就在这个村舍之中。上午的阳光洒满了大地，温暖和煦，一家碧窗下，端坐着一个十五六岁的如花女孩，她在认真地绣着手中的绣品，时而仔细端详绣出的花样，时而轻声哼唱一曲，这情景让白居易看得有点呆了，正凝思时，少女却停了手中的活计，抬头来，看到了白居易！她惊喜地从屋子里奔了出来。原来她就是湘灵！

两个年轻人的心怦怦地跳着，他们一前一后来到了从前经常见面的树丛中，这里曾是他帮她捉蝴蝶的地方，河水潺潺，碧草青青，缤纷的蝴蝶

酒狂引诗魔 悲吟到日西——白居易传

翩翩起舞，一切仿佛还是儿时的情形。唯有身边的人儿不再是"骑竹马"和"折花剧"的孩童了。湘灵白皙的面颊上有红霞笼罩，眉似山青、唇如花瓣，白居易握着她的手，口中喃喃吟哦着：

> 娉婷十五胜天仙，白日嫦娥旱地莲。
>
> 何处闲教鹦鹉语，碧纱窗下绣床前。
>
> ——《邻女》

这是他在回符离的途中打的腹稿，现在终于唱出了心声。

湘灵好像并未听清吟的什么，她低低地问道："乐天哥哥，什么时候回来的？还走吗？"

白居易说："我昨晚刚刚到家，今天就急着来看你，你……长成大姑娘啦！"

湘灵低着头，笑了，说道："乐天哥哥刚才自顾自地说什么呢？"

原来她注意到了呀！白居易倒有点不好意思起来，他灵机一动，答道："我想起了大诗人李白的一首诗：妾发初覆额，折花门前剧。郎骑竹马来，绕床弄青梅。同居长干里，两小无嫌猜。我们也是同居长干里，两小无嫌猜吧！"

湘灵笑着点头，说："后面呢？"

"十四为君妇，羞颜未尝开。低头向暗壁，千唤不一回。十五始展眉，愿同尘与灰。常存抱柱信，岂上望夫台。"白居易本想逗一下湘灵，说她已长成大姑娘，该女大当嫁了，突然，他感觉到了什么，便不再言语。

湘灵感觉到了他的为难，低声说道："乐天哥哥，我知道你心里在想什么，我们都还小，不着急的，我能等的。"

白居易听了，感动地将她的手紧紧握在自己手心里。

其实，他前次听到过父母的一次对话，说的就是关于他的终身大事。父亲的意思是白居易已到了男大当婚的年龄，在适当的时候，可以对他提议相亲的事了，母亲则说，咱家乐天这么聪慧，一定要选一个门当户对人家的好闺女，才配得上。

父亲——自己公务繁忙，让母亲多操心　下。

原本白居易想趁此机会对父母说说自己的想法，可是听到母亲的一番话后，便没敢开口。他有点担心，担心这事一旦说开，母亲不同意怎么办？母亲的性格向来执拗，弄僵了更难扭转。再等一等，也许会有机会的。

实际上，对于一件不确定的事，因为过于担心结果不如意，人总是难免会拖延着。其实，这是一种逃避。但是，现在面对湘灵的通达与体贴，他反而感觉到了自己的软弱，他决心寻找机会，向父母诉说自己的心事。

3

向父母诉说自己的心事，成了白居易的一桩心事。他等待着机会，同时他牢记父亲的教诲，更不忘自己的初衷，他要继续刻苦攻读，以期早日取得功名，也许等自己取得了功名，父母就会遂了自己的心意！

在苏州、杭州游学期间，他长了见识，也知道了外面的世界精彩纷呈。他徜徉在诗与爱情的海洋之中，虽然是瞒着父母与湘灵私下相好，但恋爱带来的意气风发却是丝毫都掩盖不住的。他把这充沛的精力用在攻读学业上，"昼课赋、夜课书，间又课诗"，同时在紧张的学习之外，每天都要挤出一点时间来与湘灵见上一面，说上几句话。他与湘灵约好了，每天的黄昏时分，他们就在小时候捉蝴蝶的老地方相见，那里正好有一丛茂密的小树林，可以遮挡住人们的眼光。

有一天，白居易家的老仆蔡老伯请假，到镇上看望他从军还乡的侄子，侄孙子刚满周岁，叔侄二人从中午一直对饮闲聊到下午时分，蔡老伯才起身返回。他酒喝得高兴了，回来的途中没从桥上直接走坡道回白府，而是绕到了河岸边的小树林里，残阳余晖刚刚散尽，树林清静幽闭。老伯坐到一块石头上歇息。突然，不远处传来了一阵话语声，那声音还有点耳熟呢！

酒狂引诗魔　悲吟到日西——白居易传

男的说："顾大人那画画的气势，我从未见过，你要在场，你准会被震撼到的！"

女的说："我哪有那福分呀，顾大人家那场面可不是随便什么人能见识到的呀！"

男的说："你放心吧，将来我考取了功名，还会有更大的前程等着我的，那时，我会带你见识更大的场面哩！"

女的说："嗯，我会等着你的！乐天哥哥，你说话可得算数啊！"

听到这里，蔡老伯突然明白了为啥这声音听来这么耳熟，原来是东家的二公子啊。他真想看清楚那女子什么模样儿，但天已渐暗，那声音是从树林后面的草丛中传来的，他无法看清楚，只得故意咳嗽了两声后，站起身朝着上坡的路上走去了。

白居易与湘灵分手后回到家时，已是夜幕时分了。他敲开家门，开门的正是蔡老伯，仿佛是故意等着他似的。蔡老伯笑着问他："二公子回来啦！我可瞧见你啦！难怪你天天要出去，这么晚才回来！告诉老伯，那女子是谁家的姑娘啊？"

白居易正要辩解说老伯你弄错了时，母亲却在花廊下说话了："乐天，这么大的事，你为什么不告诉娘？"

白居易心中一惊，但转念一想，事情总是要对父母说的，这不正好也是一个机会吗？于是，他便告诉母亲说，女孩叫湘灵，自己与她认识已经多年了，一直很喜欢她，希望母亲大人首肯，能成全儿子多年的一桩心事！

母亲问："她是哪家的女孩子？"

白居易如实回答："就是坡下村子里的那个女孩！"

陈氏一听这话，立刻就冷下脸来。她知道，这坡下村都是一般的贫民人家，大多从事耕种或商贩，最好不过是以小作坊式劳作为生，几乎没有官宦或读书人家，她怎么会让自己的儿子与这样家庭的女孩结亲呢？

对于一向门第观念深重的大唐社会来说，虽然经历了"安史之乱"，门第的森严壁垒有所松动，但大的环境特别是人们的思想观念还是根深蒂固的，很难在短时间内淡化。更何况陈氏还受家庭固有的宗教信仰影响，作为拜火教的后裔，她早已形成了坚定的维护种族纯粹和血统正宗的观念。

陈氏十五岁就嫁给了白季庚，十六岁生下了长子白幼文，十八岁生下白居易，后面又生了两个儿子。无论是从前还是现在，她从小所受到的教育和熏陶都是良贱不得通婚。这都是写进了法典《唐律疏议》的啊，怎么可以更改！

陈氏当即斥责白居易："我儿难道不明白婚姻大事须有父母之命媒妁之言的道理么？即便你想要自主择妻，也得遵从门当户对的古训吧！你这样自作主张，不单是我，就是你父亲也是绝对不会认同的！《唐律疏议》里说：'人各有偶，色类须同，良贱既殊，何宜婚配。就是说，每个人都应该有配偶，但必须门当户对，种族与贵贱之间既然有差别，是不可以结婚的。"

白居易虽然知道母亲会反对，但听到母亲亲口说出这一番话，而且这般地振振有词，他的心还是遭到了一次重击。他知道母亲生性倔强，个性刚烈，他不敢申辩，只得弯腰向母亲深鞠一躬，便回到了自己的房中。

白居易躺在床上不能入眠，眼前尽是湘灵疑虑和担忧的目光。他辗转反侧，心痛又无奈，想到母亲说过的《唐律疏议》，难道那里真的就是母亲讲的那些吗？他心有不甘。这么多年，尽在经文和诗词歌赋方面用功了，对于唐律花的功夫太少，但进士科考除了经文和诗词歌赋外，也是要考策问的，策问就是对时下国家的政治、经济、法律、军事、政务、漕运、盐政等等方面的知识和见解。白居易立即起身，来到父亲的书房去找到了一本《唐律疏议》仔细地翻阅起来。

果然在《户婚律》篇中，他看到了母亲所讲的话："人各有偶，色类须同，良贱既殊，何宜配合。"这就是禁止良贱通婚的法律依据啊！白居易的心更沉痛了，不仅是禁止，对违禁者还有具体的处罚规定，如第一九一条规定："诸与奴娶良人女为妻者，徒一年半。女家减一等。离之。其奴自娶者，亦如之。"第一九二条还规定："诸杂户不得与良人为婚。

违者，杖一百。官户娶良人女者，亦如是。良人娶官户女者，加二等。"即士庶之间也不能通婚。

白居易越看越郁闷，越看越心疼湘灵。终于，他在《户婚律》第一八八条中找到这样一句话："诸卑幼在外，尊长后为订婚，而卑幼自娶妻，已成者，婚如沃。"就是说，子孙在外缔结婚姻，如果是在尊长为之订婚之前，就承认其婚姻的合法性。这一句话，让白居易看到了一丝希望。他想只有早日考取了功名，能够在外自立生活，才能为自己的爱情赢得机会。

白居易的学习更加努力刻苦了。

4

当白居易与学友们一道日夜诵读、互相问答、钻研学习时，他的小弟白幼美，九岁时，在一次戏水时，淹死在门前的小河里了！

母亲陈氏哭得昏死过去。一家人怀着无比的悲痛，将他安葬在了符离城南郊外。此后，母亲常一个人发呆，口中对幼美念念有词，常自责没有照顾好他，性格也变得更加倔强，甚至有点不可理喻了。

也许是老来思骨肉，白季庚感觉到子女培育的重要，他要将白居易兄弟接到自己的官舍去，好亲自陪伴和照料他们。

白居易又不得不与湘灵告别了。他告诉湘灵，自己又将离开符离，去父亲的官舍襄阳留居一段时间，这其间自己还是以求学为主，为两个人的将来努力。他还告诉湘灵说："襄阳是大诗人孟浩然的故乡，我一定要去看看是什么样的山水养育了这样的大诗人，看看他诗中的描绘与大自然的真容有何异同。"

白居易还告诉湘灵："孟浩然，字浩然，是襄阳人，他是盛唐时很有名的大诗人。他主要写山水田园诗，由于从来都没有入仕，因此被称为孟山人。"说到这里，白居易望着湘灵自信地表白："在这一点上，我一定不会像他那样，我是肯定要考取功名的！"

湘灵望着白居易，也坚定地点头说："乐天哥哥这么努力，我相信你一定能的！"

白居易满足地继续说："孟浩然出生在盛唐时代，早年充满斗志，可是在仕途之中遭遇了很多坎坷，就是在失望和痛苦之后，依然还能够自重，不问世事，并且归隐起来。他的诗大多描述自己旅行时的心情，没有太多愤世嫉俗的词语，更多的就是自身的感受。连李白都称赞他'高山安可仰，徒此揖清芬'！杜甫说他清诗句句尽堪传！我一定要去看看他生活的地方！"

湘灵虽然并不知道白居易说的这几个人有多么了不起，但李白、杜甫却是常从乐天哥哥嘴中冒出来的人名，她知道，连他们都称赞的人，一定也是一位了不起的大诗人了。

白居易怀着对湘灵的依恋不舍和对未来的向往，与家人一道踏上了旅途，来到父亲为官所在的襄阳。在路途中，他时时思念起心上人，为她一连写下了情意浓浓的三首诗：

寄湘灵

泪眼凌寒冻不流，每经高处即回头。
遥知别后西楼上，应凭栏干独自愁。

寒闺夜

夜半衾裯冷，孤眠懒未能。
笼香销尽火，巾泪滴成冰。
为惜影相伴，通宵不灭灯。

长相思

九月西风兴，月冷霜华凝。
思君秋夜长，一夜魂九升。

酒狂引诗魔　悲吟到日西——白居易传

在父亲身边，白居易见识了官场及文坛的文人雅士，他的人生定位也更加明确了。闲暇时，他与一帮学子们游览当地的古迹胜景，不久，还去寻访了孟浩然的故居、故乡，可惜没找到他当年隐居的地方，只看到鹿门山上树林森森。他回来后，怅然地写下了一首《游襄阳怀孟浩然》：

> 楚山碧岩岩，汉水碧汤汤。
>
> 秀气结成象，孟氏之文章。
>
> 今我讽遗文，思人至其乡。
>
> 清风无人继，日暮空襄阳。
>
> 南望鹿门山，蔼若有余芳。
>
> 旧隐不知处，云深树苍苍。

欢乐的日子总是过得特别快。父亲在公务之余常陪伴他们兄弟左右，让他们感受到了亲情的可贵。可是父亲身体一直时好时坏，到贞元十年（794）五月二十八这一天，他终于走完了他66年的人生之路，在襄州别驾任上永远地离开了人世，也永远离开了白居易母子们。

一家人怀着无比的悲痛，与同僚们在襄州别驾的官舍，举行了祭奠。将白季庚安葬在襄阳城外的一处荒地上，料理完后事后，按照当时的风俗，还得守孝三年，期间不得有婚嫁，不得嬉戏歌舞，不得饮酒作乐，以素食为主。

父亲去世后，家中一下失去了顶梁柱，生活顿时陷入了困境，母亲因忧思过度，性情越发地乖张起来，常丢三落四的。亏得有外祖母在帮衬料理着家务，经济上只能靠着父亲生前的好友时常接济一点，勉强可以度日。

三年的守孝时间结束后，哥哥白幼文得到了一个赴饶州浮梁县任主簿的机会。主簿相当于县政府的办公室主任，属于最下层的官员。其时，他早已按照父母之命娶妻成家，长兄长嫂如父母，白居易的哥哥白幼文担负起了养家的重担。

白家又回符离住了些日子后，陈氏便安排举家迁到洛阳居住，洛阳毕竟是东都，城市繁华，且白居易的祖父白锽曾在那里当过官，有一定的社会基础和人脉资源，还有一些远近亲戚们也都在洛阳。

其实陈氏这样的安排，是有她双重考虑的，一方面确实洛阳是东都，离长安也较近，经济发达，又是公公曾经做官处，现在还有不少的亲戚也在那里；另一方面，她已看出白居易对那个坡下村的女孩不是一般的上心，她几次向他提起亲戚们前来提亲，让他去相个亲，好歹去看一看也行，可他总有无数个理由把这相亲的事给搅黄了。她明着告诉乐天，不要希望她能同意那个坡下村的女孩子进白家的大门！他虽不再争辩，却也不再向她求情了。她担心这样住在符离，他们总能有机会相见，时间长了更是难分难舍，即便是硬性地让他们生生分离，他的脑子又会不会憋出病来呢？所以，搬迁到洛阳正是个一举两得的安排。

白季庚不在了，家事虽也有自己的母亲陈白氏帮助操持，但儿子们的婚姻大事更让陈氏操心了，如果白季庚尚在，凡事可以让他拿主意，他不在了，她没有人可商量，只能更加坚定地遵从祖传的规矩办事，才可保住这个大家庭的安稳。

但是，对于深陷情网的白居易来说，这一次离开符离，完全不同于前几次的远行，让人有对新生活和对未知世界的憧憬。这一次离开符离，让他非常伤感，一方面是父亲永远离开了人世，他们失去了家中最有力量的护佑，从此后就要面对孤儿寡母的生活窘境，全家的生活肯定会陷入困顿之中，去洛阳，依靠那里的叔伯亲戚们接济，实际上是一种被迫和无奈的选择，他不知道自己的前途命运如何，更不知道他与湘灵将会面对怎样的命运安排；而不离开符离，则自己尚无独立生活的能力，更无养家的本领，以目前的情势来看，恐怕只能先随家人搬离符离了，这一去，真不知哪年哪月才能再见到湘灵啊！

酒狂引诗魔 悲吟到日西——白居易传

白居易怀着从未有过的复杂心情与湘灵泪别。白居易从河边柳树上拆下几根柳条，编了一顶柳叶帽，轻轻地戴在了湘灵的头上，这无言的话语，聪慧的湘灵当然能够明白，这是他们共同的美好记忆，因为在此之前，白居易曾对她讲述过有关灞桥柳的故事：

灞桥是长安城东的一座古桥。它建造于汉代，是座木梁石柱墩桥，它用四段圆形石柱卯榫相接，形成一根石柱，由六根石柱组成一组轻型桥墩，墩台上加木梁并铺设灰土石板桥面。春秋时期，秦穆公称霸西戎，将滋水改为灞水，并修建了这座桥，并称其为"灞桥"。灞桥一直居于关中交通要冲，它连接着西安东边的各主要交通干线。为长安冲要，凡自西东两方面入出崤、潼两关者，路必由此经过。后人在桥两边广植杨柳。大唐朝廷又在灞桥上设立了驿站，凡送别亲人好友东去，一般都要送到灞桥后才分手，并折下桥头柳枝相赠。久而久之，"灞桥折柳赠别"便成了特有的习俗。大诗人李白曾叹道"年年柳色，灞陵伤别"；岑参也说过"初程莫早发，且宿灞桥头"；孟浩然也曾在灞水冒雪骑驴寻梅花，说"吾诗思在风雪中驴子背上"。

经过历代墨客骚人妙笔的润饰，日久天长，灞桥竟被人们称为"断肠桥""销魂桥"。因送别到此为止点，也有人称之"情尽桥"。而古人折柳赠别，是大有深意的。因为"柳"和"留"为谐音，既表达依依不舍的情感，也寓意人去他乡，宛如柳木随遇而安、发展壮大。"昔我往矣，杨柳依依；今我来思，雨雪霏霏"。灞桥折柳赠别那种离愁别绪和深情厚谊，就被定格了下来。每当早春时节，柳絮飘舞，宛若飞雪，就形成了"灞桥风雪"景观，这就是著名的"关中八景"之一。

白居易对湘灵讲述这些典故时，没有想到自己有一天也会让这个故事中的情形再现到自己的生活中来，尽管桥不是那座灞桥，柳也不是那里的杨柳，但是离愁别恨却是这般地相通相同啊！

湘灵不可能去送白居易，二人就只能在这里这样悄悄地离别了！真是让人心痛。湘灵眼里含着泪水，轻声地对白居易说："乐天哥哥这次走了，什么时候再回来？我给你做一双厚底的鞋，以后好行万里路吧！"

白居易却摇了摇头，沉默了，他自己也说不清什么时候能回来了。

在河桥上，二人一步一回头地难舍难分，他看见湘灵将那顶柳叶帽抱在怀中，泪流满面的神情，不由得加快了脚步，朝家中跑去。回到家中，蔡老伯问他话，他也顾不得回答，直接进到自己房中，趴在床上，满脸的泪水不住地流淌，却不敢哭出声来。满眼满脑全是湘灵的样子。这一夜，他辗转反侧不能入睡，想着湘灵也一样的伤心失眠。子夜刚过，他就起来了，坐在书书桌前写下了一首《潜别离》：

> 不得哭，潜别离。不得语，
> 暗相思。两心之外无人知。
> 深笼夜锁独栖鸟，利剑春断连理枝。
> 河水虽浊有清日，乌头虽黑有白时。
> 惟有潜离与暗别，彼此甘心无后期。

6

白居易按母亲的吩咐，前往哥哥幼文任职的上饶州浮梁县。一路上，他心无所系，为生计发愁，也为母亲一再变得古怪的性情焦虑；既为自己的前途担忧，更牵挂着心中的恋人。在一个月圆之夜，他独坐在运河中的小船仓里，等着天亮后继续航行，孤苦的心情无法排遣，便提笔写下了两首诗：

其一
感秋寄远

> 惆怅时节晚，两情千里同。
> 离忧不散处，庭树正秋风。
> 燕影动归翼，蕙香销故丛。
> 佳期与芳岁，牢落两成空。

其二

将之饶州，江浦夜泊

明月满深浦，愁人卧孤舟。

烦冤寝不得，夏夜长于秋。

苦乏衣食资，远为江海游。

光阴坐迟暮，乡国行阻修。

身病向鄱阳，家贫寄徐州。

前事与后事，岂堪心并忧。

忧来起长望，但见江水流。

云树霭苍苍，烟波澹悠悠。

故园迷处所，一念堪白头。

7

在浮梁小住了一段时间后，哥哥拿出了他积攒的积蓄，让白居易带回家中。白居易深知哥哥才进入仕途不久，俸禄很是微薄，不忍心接受，但哥哥执意要他带上，说家中母亲和弟妹们生活一定很拮据，这只能稍解燃眉之急，希望弟弟能早日取得功名，成家立业，那时这一大家人就有希望了。

白居易低下了头，哥哥的话勾起了他心中的忧愁，哥哥知道他的心事，但是，他自己也是遵从父母之命媒妁之言而成的家，又能对弟弟有什么帮助呢？他说："乐天，咱们还是听从母亲的旨意吧，古人说的话总是有道理的，何况天下父母哪一个不是为了自己的孩子好呢？你还是别再惦记那个坡下村的姑娘了吧！天下门当户对的人家也有好姑娘的嘛！"

人生三十而立，他已经二十七岁了，终身大事一直未决。白居易不能驳兄长的话，只是心中受着煎熬。母亲为此无数次地唠叨过他，哥哥当然清楚，他一直没答应母亲为他安排的各种相亲。实际上，他就是以这种无言的方式抵制着母亲，希望母亲能念在他宁愿不婚，也要坚守自己心爱的份上，能首肯他与湘灵的那一份真情。可是，母亲似乎比他更坚定，仿佛宁愿他终身不娶也不愿意接受一个贫民的女儿走进白府的大门。只能暗暗地抗争，以先立业再成家为由拒绝母亲的安排和亲戚朋友的好意。

临行前，白幼文又背来一大袋米，让白居易带回家中，战乱年间，粮食比什么都珍贵。那年行营副元帅李怀光叛唐，德宗皇帝逃到梁州，后来关中闹饥荒，百姓只得蒸蝗虫食，虽然父亲让他们母子躲避战乱到了符离，但粮食的宝贵却深入他幼小的心灵。他告诉白居易："常言道：手中有粮，心中不慌；兵马未动，粮草先行。你路上虽然苦点累点，但母亲一点会高兴的！"

白居易默默地点头，将米袋从哥哥肩头接过来，扛在了自己的肩上。白幼文又从袖中抽出几本书来，塞进了白居易的包袱中，说："这几本书对你将来参加乡试是有用的，好好用功，我等着你的好消息！"就这样，白居易背着米袋和书本，踏上了回洛阳的路途。

途中，白天，看到各处抛荒的农田，夜晚，一轮皎月独悬天际。白居易想到母子兄弟们散落在几处居住，不得团圆，不禁感慨万千，写下一诗《望月有感》，寄给了哥哥幼文：

自河南经乱，关内阻饥，兄弟离散，各在一处，因望月有感，聊书所怀，寄上浮梁大兄、於潜七兄、乌江十五兄，兼示符离及下邽弟妹。

时难年荒世业空，弟兄羁旅各西东。
田园寥落干戈后，骨肉流离道路中。
吊影分为千里雁，辞根散作九秋蓬。
共看明月应垂泪，一夜乡心五处同。

这里的大兄自然是指哥哥白幼文，七兄和十五兄都是白居易的堂兄弟，他们分别在於潜和乌江任职，还有堂弟妹们在符离和下邽。

诗写定后，仍觉未能完全表达出自己的所思所感，又写下了《伤远行赋》，将一路上的艰辛描述记录下来，同时也表达了对有病在身的外祖母的担忧和对母亲的惦念：

贞元十五年春，吾兄吏于浮梁。分微禄以归养，命予负米而还乡。

出郊野兮愁予，夫何道路之茫茫。

茫茫兮二千五百里，自鄱阳而归洛阳。

朝济乎大江，暮登乎高岗。

山险歧兮路屈曲，甚孟门与太行。

枫林郁其百寻，涵瘴烟之苍苍。

其中阒其无人，唯鹧鸪之飞翔。

水有含沙之毒虫，山有当路之虎狼。

况乎云雷作而风雨晦，忽（阙）霭兮不见日阳。

涉泥泞兮仆夫重腿，陟崔嵬兮征马元黄。

步一步兮不可进，独中路兮彷徨。

噫！昔我往兮，春草始芳；今我来兮，秋风其凉。

独行踽踽兮惜昼短，孤宿茕茕兮愁夜长。

况太夫人抱疾而在堂，自我行役，谅夙夜而忧伤。

惟母念子之心，心可测而可量。

虽割慈而不言，终蕴结于中肠。

曰有弟兮侍左右，固就养而无方。

虽温清之靡阙，讵当我之在傍。

无羽翼以轻举，羡归云之飞扬。

惟昼夜与寝食之心，曷其弭忘。

投山馆以寓宿，夜绵绵而未央。

独展转而不寐，候东方之晨光。

虽则驱征车而遵归路，犹自流乡泪之浪浪。

第五章　金榜题名，沐皇恩雁塔刻字
　　　　蟾宫折桂，宴群贤曲水流觞

1

这次白居易离开浮梁回家后，将大兄幼文交给的俸禄和米交给母亲，又去看望了外祖母和家中的弟妹家人。数天之后，他就离家到了宣州，去参加即将举行的乡试，那是他人生中的第一次重要的考试。

当时的科举考试主要有贴经、墨义、口试、策问、诗赋。贴经就是填空题，墨义就是简答题，若当面口答就是口试，策问就是论述题，考查考生的真才实学，而诗赋则考查考生活学活用的能力。早年间，最高级别科目是秀才，名额极少，要求地方官推荐和主动报考，若是考生未达到要求，还要向推荐的地方官员和参加考试的考生问罪！这样一来，大多数人不敢报考，地方官也不敢推荐，秀才尤其稀少。后来，被唐高宗废止。白居易科考时，就以进士和明经两科为主，尤以进士为重。明经考察对儒家经典的背诵和记忆能力，相对比较容易。进士科先杂义，次口试，次策问。策问是指应试者当场回答主考官所出的各种方略和时务问题。

白居易牢记父亲和哥哥的教诲，他知道许多达官贵人甚至宰相，大多是进士出身。他将一步一步地通过这条艰难的科考之路踏上人生的旅途。显然，这条路的艰难更甚于今天的高考，因为名额更为稀少，但是，万人挤过独木桥的情形，丝毫没有让胸怀经世治国之志的白居易胆怯。

因为战乱的绵延，原来两年一次的朝廷科考常被中断，又因为父亲的

酒狂引诗魔　悲吟到日西——白居易传

去世，为人之子的白居易守孝在家，丁忧三年不得参考，现在，他多年寒窗的苦读，必将厚积薄发地脱颖而出！

乡试只是小试锋芒，他的《射中正鹄赋》和《窗外列远岫诗》被宣歙观察使崔衍所赏识，崔衍推举白居易到长安去参加进士试。

按惯例，常科的考生有两个来源，一个是生徒，一个是乡贡。由京师及州县学馆出身，而送往尚书省受试者叫生徒；不由学馆而先经州县考试，及第后再送尚书省应试者叫乡贡，由乡贡入京的应试者通称举人，所以，这时的白居易，已经考取了举人身份，他将去长安城参加进士考试。

虽然还有更加严格和严酷的竞争等着这些举人们，但毕竟是千里挑一的考试，他们完美地通过了第一道关口，所以乡县的官吏也算完成了一件朝廷的公差，他们搭起了棚帐，摆起了长桌，以乡饮酒礼，宴会属僚，宰羊杀猪，各种特产小吃也摆满了长桌，还请来了管弦乐队，奏唱起《鹿鸣》乐。

白居易第一次以自己的才学受邀参加了这样的仪式，他对自己充满了信心。

白居易从洛阳出发，怀揣着博取功名的理想，终于来到了长安。

长安之名始于西汉，在唐代之前的一千多年之间，先后有新莽、前赵、前秦、后秦、西魏、北周、隋、唐等十个朝代定都于周围。秦末的战火烧毁了咸阳城后，汉只好在渭河西岸建立了都城，为了"长治久安"，新建的都城命名为长安。长安城周长六十五里，城高三丈五尺，设有城门十二座，城市规模是今天西安市的七倍！到了唐代，规模宏大，城围七十里，东西各二十里，南北十七里，城中分为一百一十个坊市，分为官宦府邸、民宅、乐坊、唐肆等，城中有东西两市，是商业的中心。城中有三处宫殿群落，唐贞观年间又修建了庆兴宫，后改名大明宫，唐玄宗时，又将兴庆坊改建成了庆兴宫。

自汉唐以来，长安也是著名的"丝绸之路"的起点，它连接着当时的中国与邻邦的经济与文化交流；长安与世界各国的交往更为频繁，城中有很多各国的使臣、商人、学生、僧侣、艺术家，有的人甚至长期居住在长安，杜甫到过长安后，曾感叹这里是"秦中自古帝王城"。

　　白居易自走进长安城后，大开了眼界，这里商旅繁忙，街道纵横，人流如潮，车水马龙。远比洛阳气派繁华得多！全国各地的举子精英们都聚集在了这里，不仅要比试学识与才华，还要比试家底和门第。这样的情形，白居易不是没有预见，但现实情况好像比他预料的更紧张。这主要基于两方面的原因：一是，这次的考试当然事关每个人的前途命运，是对前面十几年寒窗苦读的一次大检阅；二是，唐代的科举发展到现在，有了一些新的变化。那就是除了每年的常科考试外，还有临时不定期地由皇帝亲自主持的制考。在这两种考试之外，还要遵从察举制，就是考官在评卷时，考生的名声往往也是考虑因素之一，这样做的原因是希望能够兼顾考生在试场外的表现，但同时，这也无可避免地造成了不公平，出现士子与考官之间的利益瓜葛。现在这个时期，吏治越来越腐败，白居易亲耳听到旅馆中有同科的人，在向别人炫耀其父在朝中为官的话，言者无意，听者有心，顿时勾起了白居易的伤感。他想，要是父亲还在，或许能为他找到一点点门路，他也不至于这般地孤立无援吧！他现在是"中朝无缌麻之亲，达官无半面之旧。策蹇步于利足之途，张空拳于战文之场"，拼的只有个人的学识和运气了。

　　内外交困中，白居易在投宿的仙客来客栈病倒了！正月十五月圆之夜，路上车马行人纷纷攘攘，旅馆中其他的举子们或出游聚会去了，或走亲访友、攀附达官贵人去了，只有他一个人忍受着病痛，独坐在客栈冰冷的客房里，手不释卷地温习功课。这天夜里，他写下了一首《长安正月十五日》诗：

喧喧车骑帝王舟，羁病无心逐胜游。
明月春风三五夜，万人行乐一人愁。

应试的举子们来自全国各地，现在都聚集在了长安的大小旅馆里，同是同科举子，大家在温课的间隙也相约去赏春游乐，就在这赏游之中，各种财富的展示、人脉的炫耀，还有信息的交流都甚嚣尘上，让人应接不暇。白居易没有参与这样的交游，他望着科考举子们远去的背影，想到了家乡的亲人，想起了湘灵……转眼就是三十而立的人了，这样的万里选一的大考，他只有拼尽全力一搏，如果不能考中，他如何对得起死去的父亲？如何对得起乡试时对他提携有加的恩师？更何谈对得起湘灵十几年的等待？他不敢想象那种结果。他用一首《长安早春旅怀》倾诉出心里的感受：

> 轩车歌吹喧都邑，中有一人向隅立。
>
> 夜深明月卷帘愁，日暮青山望乡泣。
>
> 风吹新绿草芽坼，雨洒轻黄柳条湿。
>
> 此生知负少年春，不展愁眉欲三十。

二月十四日，长安城的春闱终于开考了！为了防止夹带舞弊，在经过了一番严苛的身体和携带物品的检查后，白居易终于坐到了自己的考桌前。

今年的主考官是吏部侍郎郑珣瑜，他让裴垍担任词判的主考。这次的考题分别是《性习相近远赋》、《玉水纪方流诗》、策五道。每一项考题都不是靠死记硬背能拿下来的。

赋的要求是：以"君子之所慎焉"为顺序和韵脚，字数不少于350字。论述君子与圣贤之道。而诗的要求则是：以"流"为韵脚，字数60。这都难不倒白居易，十几年的功夫不是白费的，他从零岁起就识字，五岁起就学习写诗，九岁就通音韵了，十五六岁就写出了名动苏杭、流芳诗坛的名句。

审完这些题，白居易心里有底了，他沉着应答，力争除了内容上的思维的缜密、辞藻的合律、押韵外，还有字迹的工整、美观，这也是父亲和哥哥多次告诫过他的。他在卷面上写下《玉水记方流》：

> 良璞含章久，寒泉彻底幽。
> 矩浮光滟滟，方折浪悠悠。
> 凌乱波纹异，萦回水性柔。
> 似风摇浅濑，疑月落清流。
> 潜颖应傍达，藏真岂上浮。
> 玉人如不见，沦弃即千秋。

策论五道，由主考官中书侍郎高郢亲自考问。白居易极力做到谦恭而沉稳，灵活应答。他感觉自己应该能有几分把握考中，但是，这毕竟是来自全国各地的精英，何况其中不乏高官厚禄者之子弟，所以，经过三天三夜的奋战，走出考场的白居易，心里还是很惶惑的。他回到仙客来客栈，等待朝廷发榜。

3

发榜的日子终于到了，黄榜张贴出来时，白居易踮起脚尖来张望，摩肩接踵的人挡住了他的视线，瘦弱的他从人缝中看到了几个人名，却不是他！他的心一下下地往下沉。

突然，礼部的官员嘴中喊出了一个熟悉的名字，白居易！这不就是自己吗？

原来，发榜不光是张贴黄榜，还要在一阵一阵的锣鼓声中由礼部官员大声地报出考中者的人名和籍贯，等等。这一下，他的头脑清醒了，知道自己已经是进士及第了，而且，虽非状元、榜眼、探花，却仅仅只差了那么一点点，第四名！而且……而且，他在及第的十七人中，年龄是最小的！

俗话说，"三十老明经，五十少进士"，明经科与进士科是科举考试的两大科考内容，进士科要难多了！白居易那颗惶惑的心终于落地了，连病后的虚弱也仿佛一下子消弭，变得神清气爽、精神焕发了！

才二十九岁就中了进士！他可以告慰父亲的在天之灵，也可以让母亲和哥哥放心了。他想着人生的四大乐事：金榜题名时、久旱逢甘霖、洞房花烛夜、他乡遇故知，他已实现了第一大愿景，他想要赶快回家，听到母亲和家人们的祝福。

但是，按照惯例，在黄榜公布之后，朝廷还要举行盛大的庆典，赏赐新晋的进士，同时也是昭告天下。国家唯才是举，天下精英，皆为朝廷所重用，白居易当然不能不参加。

在礼部的主持下，要进行连续多日的"关宴"，也就是多次宴集。而杏园探花宴是其中的重要活动之一。

这天，十七名新科进士在杏园初次聚会，举行探花宴。大家推选了两名年轻英俊的进士充当探花使者，白居易知道自己是不够格能选为探花使者的，除了天生的羸弱外，他还因长年的用功又过于忧思，加之前段病了好几日，还没完全恢复，总是显得瘦削而苍白。而探花使者要求不仅文采好，还得相貌堂堂，身材高大。所以他只是开心地混在人群之中跟着大家一起，享受这份热闹和殊荣。

有才又有貌的"探花使"终于挑选出来了！白居易与同科的进士们一道，骑着马从杏园出发，前面由两名披红挂彩的"探花使"开道先行，大家一路驱马竞奔，遍游了长安名园。所过之处，引得路人驻足围观，所到之处，折得名贵馨香花卉，最后返回杏园，检点所折花卉，发放给在场的所有人佩戴，同时，也用来布置酒宴场地。

骑在马上的白居易不由得想起孟郊的诗《登科后》：

　　　　昔日龌龊不足夸，今朝放荡思无涯。
　　　　春风得意马蹄疾，一日看尽长安花。

此后，人们就把进士及第称为"春风得意"了。

在一片花团锦簇的杏林之中，大家开怀狂欢、不醉不归。这时就有人拉住其中一个"探花使"的手，说自己所折花卉更美艳，胜过了"探花使"所折的，非逼着那"探花使"罚酒一杯不可！众人也都凑趣起哄，哪里容得他能辩解，这"探花使"只得将酒一饮而尽，哪料，每一个进士都说自己比"探花使"折得的花更美更艳，"探花使"便只能一路喝下去，岂有不醉之理？谁让他有才还有貌呢？！

长安城东南角有座曲江园林，林木幽深，风景优美。有一条弯弯曲曲的小溪从这里流入一个大池塘，池塘的周围是争奇斗艳的花圃，还有著名的慈恩寺、大雁塔、小雁塔等景观。皇帝、大臣和贵族们经常到这里游玩，许多文人、学者也喜欢来这里饮酒作诗，曲江宴就在这里举行。

在曲江宴上，进士们学着西晋时的名士：曲水流觞。

白居易知道，曲水流觞，是中国古代民间的一种传统习俗，后来发展成为文人墨客诗酒唱酬的一种雅事。一般是在夏历的三月上巳日，人们举行祓禊仪式之后，大家坐在河渠两旁，在上游放置酒杯，酒杯顺流而下，停在谁的面前，谁就取杯饮酒，意为除去灾祸不吉，同时也欢庆娱乐。这种传统风俗非常古老，最早可以追溯到西周初年。白居易在南朝梁吴均《续齐谐记》中就读到过："昔周公卜城洛邑，因流水以泛酒，故逸《诗》云'羽觞随流波'。"

而最为著名的，是永和九年（353）三月初三上巳日，晋代贵族、会稽内史王羲之偕亲朋谢安、孙绰等四十二位全国军政高官，在兰亭修禊后，举行饮酒赋诗的"曲水流觞"活动，成为千古佳话。这一儒风雅俗，一直留传至今。

当时，王羲之等在举行修禊祭祀仪式后，在兰亭清溪两旁席地而坐，将盛了酒的觞放在溪中，由上游浮水徐徐而下，经过弯弯曲曲的溪流，觞在谁的面前打转或停下，谁就得即兴赋诗并饮酒。据史载，在这次雅聚中，有十一人各成诗两篇，十五人各成诗一篇，十六人作不出诗，各罚酒三觚。王羲之便将大家的诗集起来，用蚕茧纸、鼠须笔挥毫作序，乘兴而书，写下了举世闻名的《兰亭集序》，被后人誉为"天下第一行书"，王羲之也因之被人尊为"书圣"。而《兰亭集序》也被称为"禊帖"。

白居易在识文断字之初，已临摹过王羲之的字帖。后来，也知道了他的"曲水流觞"的来历，他只是想象着古人的浪漫。现在，他在进士及第后，身临其境、亲身验了这种雅集，真正是人生何处不飞花呀！他美好的前程正向他微笑招手，他想着，要尽快把这份欢乐与家人分享。

这一年，曲江宴会结束后，进士们纷纷到慈恩寺游玩，当他们来到大雁塔下面的时候，一个进士心血来潮，把自己的名字刻在大雁塔下面的石壁上，这个做法以后就形成了一种习俗，凡是新进士曲江宴会后，都要来到慈恩寺大雁塔，选派一位书法漂亮的进士，把大家的名字题在石碑上。以后谁当上了将、相，就把他黑色的名字改为红色的。这次，白居易他们也如法炮制，在大雁塔上刻下了自己的名字。白居易看着自己的名字，端端正正地刻在了石碑上，他默默地在心中问自己：什么时候可以把这字迹变成红色的呢？他发现其余的人也都找到并注视着各自的名字，或许每人心中都有这个愿望吧。

能参加曲江探花宴和雁塔题名，是人生中多大的荣耀啊！白居易与其他十六个人一起考中进士，而他是其中最年轻的一个，当时才二十七岁，常言道"三十老明经，五十少进士"，进士考试的难度可想而知，而白居易却在这样的年龄就进士及第，不由得他不骄傲！当晚，他回到仙客来客栈，得意地在诗中写道："慈恩塔下题名处，十七人中最少年。"

官府的庆典之后，又有新晋进士们互相之间的庆贺，这样的欢娱差不多要持续一二个月，所有的繁华都将来临！但是白居易等不及与同科进士们继续同享这人生乐事，他要快快回到家中，与外祖母、母亲及家人们分享！

他还有一个隐秘的心愿，就是希望能趁着这喜庆的氛围，得到母亲的同意，将湘灵娶进家门！他向同科进士们一一告辞后，踏上回家之路。

大家相约送别白居易，在酒至半酣时，羌笛、琵琶、管弦声起，同年们纷纷吟诗，送别白居易，白居易也借着酒劲，赋诗一首：《及第后归觐留别诸同年》：

十年常苦学，一上谬成名。

擢第未为贵，贺亲方始荣。

时辈六七人，送我出帝城。

轩车动行色，丝管举离声。

得意减别恨，半酣轻远程。

翩翩马蹄疾，春日归乡情。

第六章　载誉省亲，悲欢离合生死恨
　　　　含情寻梦，风流云散存亡忧

1

　　白居易回到洛阳后，家中便充满了欢乐的说笑声。白家的亲戚和左邻右舍都纷纷前来祝贺，白居易在忙于应酬之际，也想着如何对母亲开口，让她接纳湘灵的时候，母亲却先开口向他提亲了！女方是一位远房的表妹，年方十六，相貌端庄，家中又是晋中的一方旺户，总之，一切均符合母亲的要求。

　　白居易不敢公然说不，只是告诉母亲，自己虽然得中进士，但还要备考吏部的考试，因为按照大唐的规定，常科登第后，还要经吏部考试，叫选试，合格者才能取得朝廷正式委任官职的资格。如果吏部考试落选，只能到节度使那儿去充当幕僚，然后再寻求发展时机。仿佛进士试是资格或学历，而吏部的选试才是公务员考试一样。白居易不想走那样的曲线，他要直接进入到仕途。其实，他真实的想法是，只能这样才能婉拒母亲对他的相亲要求。而这样一来，他反倒不知道如何开口向母亲说湘灵的事了。一家人兴高采烈的，他不想破坏了这欢喜的气氛。

　　可是，母亲的相亲要求虽然被拖延了，但邻居的提亲人却找上了门！白居易感觉不能在家中长期待下去了，便对母亲说他要去浮梁大哥那里看看。其实，他还想回符离去见一见自己的心上人，而最疼爱他的外祖母也在符离。但是到浮梁后不久，就传来了徐泗濠军乱的消息。

　　徐州、泗州、濠州节度使张建封镇守彭城十余年，治军有方，礼敬文士，使这一方成为富庶之地，他因病重，上表请命人代替自己。贞元十六年（800）五月十四日，朝廷以苏州刺史韦夏卿为徐泗濠行军司马。敕令下达时，张建封已经病亡。徐州判官郑通诚任留后，他担心士兵作乱，恰逢浙西士兵路过彭城，郑通诚欲引入城为援，却引起了军士们的愤怒。十五日，数千人用斧头打开兵器库门，包围牙城，劫建封之子前虢州（今河南灵宝）参军张愔，令其统领军府之事，杀掉了郑通诚及大将段伯熊等数人，又锁住了监军。

德宗闻听此事后，以吏部员外郎李鄘为徐州宣慰使。李鄘到达后，召集将士宣谕朝旨，晓之以祸福之理，解开监军的枷锁，让他恢复以前的职位。张愔上表自称兵马留后，李鄘以其称号不是朝廷的诏谕为由，不予接受，让张愔削去其兵马留后和称号，然后才接受其表而返回京城。

徐州乱兵又为张愔请求节度使官职，朝廷不许，却加封淮南节度使杜佑同平章事，兼徐泗濠节度使，命杜佑讨伐乱军。杜佑遂大造舟船，派遣牙将孟准为前锋，在渡淮水时却打了败仗，不敢再前进。泗州刺史张任出兵攻埇桥（今江苏宿县），也兵败而退。朝廷不得已，以张愔为徐州团练使，以张抚为泗州留后，濠州刺史杜兼为濠州留后，仍加杜佑濠泗观察使，以削弱徐州之权。九月二十八日，以张愔为徐州留后。

这一番拉锯式的战乱，却让百姓受了大灾。符离正处在战乱的地带，白居易在浮梁闻听战乱消息，十分担心身处战乱之中的湘灵，不知道她会不会遭遇什么不测。战乱从五月持续到九月底才停止，刚刚停止下来，白居易就迫不及待地赶往符离。

2

到了符离，白居易看到的是满目的凄凉，儿时的山清水秀情景再难见到，田地都已荒芜，房屋也已破败，断垣残壁随处可见，那熟悉的小树林，也被战火烧得只剩了光秃的枝丫。白居易心里十分难受，他急切地想见到湘灵，告诉她自己多年的努力已经实现，他以第四名的成绩进士及第。湘灵一定会高兴的，还会用水灵灵的眼睛深情地看着他，用她那动人的歌喉为他唱起她唱过的那首歌谣。

走进湘灵家的村子，再也听不到曾经的鸡鸣狗吠、烟火人声。在曾经见过湘灵绣花的院落，他站住了，院中几处菊花正开，可是，那碧纱窗却只剩下破败的木框，没有了美丽的绣娘！

一个拾荒的老人走了过来，白居易忙上前问他："老伯，您知道这户人家去哪儿了？"

老人摇头说："兵荒马乱的，能逃走的都逃走了，谁知道谁去了哪儿呀！"

老人见白居易失落地站着发呆，又说："这家人也怪可怜的，女人早死了，一个儿子充了军，一直没音信，一个女儿长得倒是如花似玉的，已是老大不小的了，还没出嫁，谁来提亲，她都看不上眼！唉，也不知道中了啥魔啦！战火一烧起来，这家人就不知逃到哪里去啦！你是他家什么亲戚吗？"

白居易难过得不知说什么好，只是支吾了两句，就匆匆地离开了村子，心中空落落地。走到村头，他又回头痴痴地望着，随着泪水的流淌，他无声地吟哦出一首《重到毓材宅有感》：

> 欲入中门泪满巾，庭花无主两回春。
>
> 轩窗帘幕皆依旧，只是堂前欠一人。

他一个人漫无目的地走着，不知不觉竟来到了符离城不远的流沟山上。山间一座古寺，多年前他曾与一帮少年同窗在这里游玩过。战乱的烽火似乎没有烧到这里，区区几里地，这里与村舍竟然大不相同，依旧是古木参天、白云悠悠。要是湘灵一家人能躲到一处不为人知的地方，也许将来还有相见之日吧，想到这里，他不由得轻声吟道：

> 九月徐州新战后，悲风杀气满山河。
>
> 唯有流沟山下寺，门前依旧白云多。
>
> ——《乱后过流沟寺》

没有见到湘灵的白居易，郁郁地在符离住了一段时日，从秋到春，再到夏，白居易天天盼望着湘灵能奇迹般地出现在眼前，却总不见那魂牵梦萦的人儿。难道她化作一只蝴蝶飞走了？他只得将满腔的思恋倾诉在《二月东风来，草拆花心开》：

> 九月西风兴，月冷露华凝。
> 思君秋夜长，一夜魂九升。
> 二月东风来，草拆花心开。
> 思君春日迟，一日肠九回。
> 妾住洛桥北，君住洛桥南。
> 十五即相识，今年二十三。
> 有如女萝草，生在松之侧。
> 蔓短枝苦高，萦回上不得。
> 人言人有愿，愿至天必成。
> 愿作远方兽，步步比肩行。
> 愿作深山木，枝枝连理生。

3

过了不久，疼爱他的外祖母和六堂弟先后过世了！让悲伤的白居易稍感安慰的是，外祖母在去世前，听到了白居易得中进士的消息，高兴得久病不得进食的人，竟然还喝了两口米粥。

白居易与亲戚们一道，先后将外祖母和六堂弟安葬在了符离县城的南郊外。

次年初夏来临之时，白居易离开了这处让他牵挂又伤怀的故地。临行前一夜，他辗转反侧，次日早早起床梳洗时，发现头发掉落了不少！白居易感觉到时光的流逝太匆匆了！他有感而发，写了一首《叹发落》：

多病多愁心自知，行年未老发先衰。

随梳落去何须惜，不落终须变作丝。

不仅仅是年龄渐长带来的烦恼，更有终身大事无法如愿造成的心灵的创伤，尽管自己现在也能独立生活了，也可能按《户婚律》说的那样："诸卑幼在外，尊长后为订婚，而卑幼自娶妻，已成者，婚如法。"可以自主婚配了，可是，心上的人却不知去了何方！他只能把苦衷写进《生离别》中：

食檗不易食梅难，檗能苦兮梅能酸。

未如生别之为难，苦在心兮酸在肝。

晨鸡再鸣残月没，征马连嘶行人出。

回看骨肉哭一声，梅酸檗苦甘如蜜。

黄河水白黄云秋，行人河边相对愁。

天寒野旷何处宿，棠梨叶战风飕飕。

生离别，生离别，忧从中来无断绝。

忧极心劳血气衰，未年三十生白发。

人生最痛苦之别莫过于生离别。死离别，时间尚能逐步把痛苦减轻，然而生离别却让人一辈子挂念和痛苦。不到三十岁的白居易，为思念早早生出了白发！

他无法排解对湘灵的思念，他将她的一笑一颦、她的只言片语，都贮藏自己的心底。他对那条小河、小河岸边的青草地，还有那片矮矮的小树林，都倍感亲切。有一次，他又回到了那里，见湘灵甜甜地笑着，向他款款地走过来了，他大声喊着："我在这里……"便突然醒了，原来这是在梦境之中！

他再也无法入眠了，便披衣坐了起来，望着窗外的半弦冷月，流下了两行冷泪……

第七章 一段奇缘，花落水流春去了
两相喜悦，宦海诗坛风韵长

1

冬天，白居易到了长安，参加书判拔萃科考试，这是由吏部侍郎郑珣瑜主持的选试，由裴垍担任词判主考。白居易这次与上次来参加进士科考的心情不太一样，他已是功名在身的人，只为参加了吏部的选试考中后，就能接受朝廷的诏书，直接进入官场，否则只能去做幕僚。但总归能进能退，不比上一次心中忐忑惶惑，以至拖着病体进入考场。还有一点让他感到安慰的是，元稹也来应试了。他们二人相识并不长久，但却是一见如故。二人性格虽不大一样，但却正好互补，元稹是那种外向而积极进取型的人，白居易则内敛而沉稳。

此时的元稹才刚刚二十四岁，风华正茂，书生意气。二人同入吏部的选试考场，白居易心中多了几分笃定，不由得想起二人相识之初的情景。

那是白居易正为寻找不到湘灵，陷入深深的苦恼之中时，他从符离回洛阳，一路舟马劳顿。白居易站在船的甲板上，看到河边人家的屋瓦全染上了一层白霜，池塘中满是枯荷，门前的芭蕉也萎靡不堪，唯有屋边的菊花金灿灿地开得耀眼，不由得独自吟哦起来：

> 一夜新霜著瓦轻，芭蕉新折败荷倾。
> 耐寒唯有东篱菊，金粟初开晓更清。

——《咏菊》

白居易将此诗抄写在随身带着的一册手稿上。

当天黄昏时分，船家靠岸采买，白居易上岸闲逛，正在这时，忽听得侧边船上传来了一个年轻男子的吟哦之声：

> 秋丛绕舍似陶家，遍绕篱边日渐斜。
>
> 不是花中偏爱菊，此花开尽更无花。
>
> ——《菊花》

白居易听罢，心中暗自称奇。在这漂泊的旅途，竟有一个人与自己有同样的情怀，一样地欣赏着这秋季百花凋零后的孤芳！这位诗人是个什么样的人呢？他向那船上看去，只见一个翩翩少年郎正迎着夕阳站立船头。白居易连声地道："好兴致，好诗呀！"

对方揖手说道："过奖了，敢问兄台你也爱菊么？"

白居易答："巧了，今晨我也吟罢一首，只是不如公子的好！"

对方来了兴致，定要白居易吟来听听，白居易推辞不过，便将写的《咏菊》吟哦起来。

那少年听罢白居易的诗，连声说好，还邀白居易上他的船上叙谈。自己一路上觉得寂寞无聊，难得碰上一个说得上话的旅伴，便欣然登上了少年郎的船。

二人通报了各自的生辰年月，白居易长他七岁。白居易自我介绍了一番后，那少年郎也自我介绍说："小弟名元稹，字微之，别字威明，家住洛阳（今河南洛阳）。父元宽，母郑氏。为北魏宗室鲜卑族拓跋部后裔，是什翼犍之十四世孙。"

白居易笑道："贤弟出身高贵啊！"

元稹却神情沉郁下来，说："兄长笑话了，小弟早年失怙，幸得寡母独自教养才得成人。"

白居易听了，不觉也有点伤感，若是父亲尚在，或可对自己有更多的教益。立时，与这位新结识的伙伴就有了同病相怜之感。

元稹说："为了稳妥起见，也为了让母亲少一份担忧，十四岁我就参加了明经试科考，所幸及第。"

白居易赞叹道："微之弟真是聪颖过人哪！"

元稹笑道："比不得兄长的进士科考更让人敬慕呀！"

这时，一对水鸟翩飞着在水面上追逐嬉戏，元稹指着水鸟问白居易："看它们多欢快！兄长怎么独自出门？可惦想家中的嫂夫人么？"

一席话勾起了白居易的思恋之情，但他摇了摇头，说："愚兄尚未婚配，微之弟你呢？"

元稹笑了笑，说："参加科考，我比你早，想不到婚恋之事，愚弟也早了你一步啊！"

爱是需要分享的，元稹不待白居易要求，就自顾自地向白居易倾诉起了自己的心事。

原来，元稹前年在蒲州游玩时，有过一段艳遇。他游转到那里的一座普救寺时，天已将晚，便借住在寺内。不巧，有一崔姓老妇因要回长安，路过蒲州，也借住在寺内，元稹一时无聊，便与她闲谈起来。崔氏说，她娘家姓郑，元稹的母亲也姓郑，这便引起了元稹的兴趣。再细究起来，原来这崔氏还是元稹的远房姨妈呢！崔氏对元稹说，现在节度使浑死在蒲州，而大将丁文雅又不擅治理军队，士兵就趁机作乱，大肆抢掠，而崔氏家奴仆众多，住在寺内，非常害怕，不知依仗谁好。

元稹便安慰崔氏，说自己与蒲州的将领有交情，可以请官员保护她们一家。经过元稹的一番运作，崔氏家里果然没有遭受劫掠。十多天后，朝廷派了观察使来这里主持军政，兵士们停止了抢掠，生活也恢复了安定。崔氏非常感谢元稹的帮助，便设宴款待他。

崔氏说，元稹的仗义相助，是对她儿女们的再造，便让儿女们出来相见，并以兄长之礼待他。

崔氏的儿子年约十岁，活泼可爱，可是女儿莺莺却一直没出来。崔

酒狂引诗魔　悲吟到日西——白居易传

氏就不断地催促她出来相见，并说："是你兄长救了你们的命，快快出来相见。"

可是女儿却以生病为由不愿相见。

崔氏便说："你们的命都是兄长救下的，不然，早被乱兵掳去了，还避什么嫌呀？"

过了好久，女儿才出来相见。她穿着平常的衣着，毫无装饰，却是清水出芙蓉，光彩动人，元稹一下子就被惊艳了。

望着元稹那副神往的样子，白居易笑着打趣他说："酒不醉人人自醉，色不迷人人自迷呀。"

元稹却正色道："兄长休要取笑，愚弟我并非浅薄好色的登徒子，不合礼仪的事，我从来不做。与朋友一起游玩宴饮时，大家都起哄闹腾，我从不受干扰，所以到二十三岁了，还从未接触过女性。我告诉他们说，登徒子不算是喜爱美色的人，他只有邪念，我才是真正喜爱美色的人，但我却没遇到，因为只要是美人，不可能不铭记在我心中的，所以，我绝非无情者。"

白居易听了，点头深表赞同。这时，那边船工采买完回船，便呼唤白居易回去用晚餐，但元稹执意挽留。白居易也想听他与那个女子后来的故事，便留在了元稹的船上。元稹命船家准备了几样小菜，二人边聊边对酌起来。

元稹已沉浸在自己的甜蜜回忆中，他说，女子只坐在崔氏身边，并不言语，却用含怨的目光看着崔氏。崔氏告诉元稹，女儿名叫莺莺，年方十七。任元稹如何想套莺莺说话，她偏毫不理会，直至席散，元稹却一见钟情，又苦于无法表白，十分苦恼。

莺莺有个婢女，名叫红娘。元稹就偷偷地接近红娘，并送了她很多礼物，对她说出了自己的心事。

红娘告诉元稹，说："公子为什么不趁现在崔家感恩于你时，找人来提亲呢？"

元稹说："我一向不喜与人结交，时常身在众多衣饰华丽的美人中，却毫无知觉，这次与你家小姐一见，却深陷其中不能自拔，走路不知停歇，吃饭忘了滋味。如果请人去说媒，再行定亲礼，得几个月时间折腾，那我可要急死了！你说怎么办呢？"

红娘想了想，说："崔小姐洁身自守，即使是长辈也不能用非礼的语言对待她。别人的主意，更不可能打动她，但她喜欢作文，常常吟诗作赋，好的诗赋文章常让她久不释卷，公子何不写首诗来感动她呢？不然的话，我也没有办法了。"

元稹听到这里，不禁心中大喜，立即写了两首《春词》让红娘交给莺莺。

到了晚上，红娘来递给元稹一页彩色的信笺，说是小姐让她转交给他的。

元稹打开来看，原来是一首诗，诗题是《明月三五夜》："待月西厢下，迎风户半开。拂墙花影动，疑是玉人来。"

这晚正是庚辰年二月二十四日，莺莺住处的东墙有一棵杏树，攀上杏树就可翻过东墙。

十五月圆的晚上，元稹就真的爬杏树，翻过了墙。到了西厢房，见门半开，红娘睡在里面的床上，元稹叫醒她，红娘吃惊地问他怎么来了。元稹说是崔小姐写信让他来的，要红娘去叫崔小姐。过了一会儿，就听得红娘连声说"来了来了"。

元稹又惊又喜，但是见崔莺莺来后，却态度端庄，面色严肃，她狠狠地数落元稹说："先生救我一家，恩情深厚，所以母亲把弱子幼女托付给您，为什么您却叫丫鬟送来淫秽的诗词？你开始时是保护别人不受灾难，最后却趁火打劫，想得到人家，这是用淫乱来代替暴乱，又有什么区别呢？我本想把诗压下来，但那是包庇别人的恶行，是不道德的；如果告诉母亲，那又背弃了您的恩情，是不好的；打算叫丫鬟转告，又怕她不能转达我的真实想法，所以才写了一首短诗，是想有机会亲自说明，只有这样，您才一定会来。这不合礼教的言辞，怎能不心中有愧？只希望您用礼仪约束自己，不要涉于淫乱。"

酒狂引诗魔 悲吟到日西——白居易传

莺莺说完转身就走了，元稹呆立好久，才回过神来，只好跳出了围墙。从此再不抱有什么希望了。

过了两天，元稹正在睡觉，却被红娘推醒了，听到红娘说"来了来了"，说着就将手中抱着的被子枕头并排铺好，就离开了。

元稹坐着等了好久，还以为自己是在做梦，一会儿，红娘就陪着莺莺来了。莺莺的表情非常娇羞，和以前的端庄完全不一样，好像连动一动四肢的力气都没有了。月亮斜挂在天边，晶莹明亮，清幽的月光洒在了床上，元稹心里飘飘然。好像在梦中这一夜，他们成就了交颈之欢。

天快亮时，红娘催促小姐快离开，莺莺含着眼泪，被红娘扶着离开了。从始至终，她都没有说过一句话。元稹怀疑是不是在梦中，可是枕上的泪痕，还有胳膊上留下的胭脂的芬芳，分明又是真真切切的。

此后的十多天，崔莺莺一点消息都没有了。元稹便作了《会真诗》三十韵让红娘交给莺莺，于是，莺莺又开始与元稹悄悄地来往了。她总是晚上悄悄地过来，次日早上又悄悄地离开，就这样在那间西厢房里，断断续续度过了一个多月。

后来，元稹要去长安，莺莺也似乎没有表示反对，然而她却面带愁容心事重重。元稹在长安待了一段时间后，重游蒲州，又与崔莺莺约会，莺莺对元稹情深义重，却从未用语言表达。她善诗作文，却也从未给元稹再写过一字！她常独自一人弹琴，然而得知元稹在墙外偷听时，就再也不弹琴了！这一切，都让元稹欲罢不能，十分迷恋。

后来，元稹要去长安参加科举考试，分别那晚，莺莺仿佛明白这有可能是一次诀别，她态度恭敬、语气和缓地对元稹说："我若最后被您抛弃，我不敢有怨恨，假如您不抛弃我，那就是您的恩情了，纵然不能白头偕老，也算是有结果了，又何必为这次分别伤感呢？您以前要求我弹琴，因为害羞，我没弹，现在您要走了，我就满足您的心愿吧。"于是她调琴弦，开始弹奏，却是琴声哀婉混乱，也根本听不出来是什么曲子，她才弹了几句，就推开琴，噙着泪花跑到自己房间去，再也不出来了。

第三天，元稹就去了长安。但是考试未中，却留在了京城，他写信给莺莺安慰她。

第四天，莺莺回信说："捧读来信，深感情重，悲喜交集。还送我一支花粉、一支口红。但我能为谁而打扮呢？睹物更增加了思念忧伤啊。您在京城，备考功名，而我这粗鄙之人，却永远被抛弃了。我常恍惚若有所失，却要强言欢笑，夜深人静时总是泪水涟涟，常常梦中哭醒。分别已经一年，长安是行乐之地，随处都可动情，好在您没忘我这微不足道之人，我生死相守的盟誓从未改变。我从前因您是中表之亲，一同吃饭，经不住诱惑，以为可以有所寄托，便献出了一片痴情。您像司马相如挑逗卓文君那样来挑逗我，我却没能像高氏之女用投梭拒绝谢鲲那样拒绝您，等到我们同衾共枕时，我已是一片痴心，以为能有所寄托，怎么料到却不能缔结良缘，而我却为自己的献身而感到羞耻。不能公开侍奉您，是我毕生之恨。假如仁人之心，能成就我卑微的心愿，那么我就是死了，也像活着一样；如果旷达的人，不屑私情，不把誓言当儿戏，那我将骨毁形销，如同坠落的花叶，依风随露，却仍然在您脚下的泥土之中，生死至诚。言尽于此。对着信纸呜咽泪流。千万保重，千万保重！玉环一枚，是我小时玩的，寄给您佩戴在腰间，玉代表坚韧不拔，环意味着周而复始，永不断绝，附带寄上乱发一缕，斑竹茶碾子一个，东西都不珍贵，只希望您像玉一样坚贞，我的志向像环一样永不改变。泪痕留在竹上，愁思如缕，用这些表达感情，作为相爱的见证，心靠得拢，身子却离得远，相见无期幽恨凝聚，神驰千里和您想聚，千万保重，春天常易生病，努力加餐为好，自己多保重，勿以我为念。"

2

白居易也被莺莺的深情感动了，他想虽然自己与湘灵还未尝试过鱼水之欢，但那一种深情却丝毫也不逊色于莺莺对元稹的感情。这时元稹又说："我的一帮朋友们都听说了莺莺的故事，还有的以此为题写了一些诗呢！"

白居易却说："微之弟艳福不浅啊！你们后来结为百年之好了么？"

元稹却道："男子汉大丈夫该先立业后成家，而我现在前途尚未卜，怎么可草草婚配呢！"

白居易说："微之弟说得有理，但依愚兄看来，毕竟尚未婚嫁，为莺莺考虑，此事不与人道为好呀！"

元稹却哈哈大笑了，说道："无妨无妨！"

白居易受他情绪的感染，心想，这样也是一种生活态度嘛，便道："将来微之弟发达了，可不要辜负于她才好呀！"

元稹道："那是，只是愚弟现在前途未卜，恐怕将来担负不起她的一番深情啊！"

这时，夜已至深，江面下起了小雨。白居易起身回船歇息。二人相约一起参加十一月吏部举行的选试，那时再见。

可是，白居易却怎么也睡不着了，元稹的故事勾起了他对湘灵的怀念，他坐卧难宁，只能爬起身来点亮着烛光，写下自己的深深思念：

夜雨

我有所念人，隔在远远乡。

我有所感事，结在深深肠。

乡远去不得，无日不瞻望。

肠深解不得，无夕不思量。

况此残灯夜，独宿在空堂。

秋天殊未晓，风雨正苍苍。

不学头陀法，前心安可忘？

3

吏部的选试结果，书判拔萃科元稹和白居易皆及第。被授予秘书省校书郎之职，就是掌管文字校对的九品清闲之职。从头一年的十一月开始备考，到现在三月份发榜，已过去了将近半年的时间，白居易与元稹朝夕相伴，感情亦日益深厚。

　　要在京城就职，该有一处住所。元稹陪着白居易在长安城内四处找寻。在长乐里，白居易相中了已故关相国的私宅东亭。那里一蓬瘦竹虽枝疏叶黄，尤其让白居易喜爱。看园人告诉白居易，那是故相国亲手所植，关相国去世后这里就败落无人收拾了。白居易花了几天时间，给竹子松土浇水除去败叶，又将这里打理干净，终于有了一处安身立命之所了，白居易欣欣然在粉墙上题了一首《养竹记》：

　　竹似贤，何哉？竹本固。固以树德，君子见其本，则思善建不拔者。竹性直，直以立身，君子见其性，则思中立不倚者。竹心空，空以体道，君子见其心，则思应用虚受者。竹节贞，贞以立志，君子见其节，则思砥砺名节，夷险一致者。夫如是，故君子人多树之，为庭实焉！

　　……

　　嗟乎！竹植物也，于人何有哉？以其有似于贤而其人爱惜之，封植之，况其真贤者乎！然则竹之于草木，犹贤之于众庶。呜呼！竹不能自异，唯人异之，贤不能自异，唯用贤者异之……

　　这天，元稹来看望白居易，看了他在竹边白墙上的题词后说："兄长这是以竹自喻，以正直虚心劲节，希望能得到当权者的提拔重用啊。"

　　白居易却说："你忘了，我们相交时对你说的'曾将秋竹竿，比君孤且直'的话吗？"二人心照不宣地笑了。

　　元稹告诉白居易，自己得到了京兆尹韦夏卿的青睐，此时的韦夏卿早已从徐泗濠行军司马任上调任回京。韦夏卿把女儿韦丛许配给了他，不日即将完婚。

　　白居易吃惊地问："那崔莺莺怎么办？她对你可是痴心一片！"

　　元稹叹了口气说："大凡天之所命尤物也，不妖其身，必妖于人。假使崔莺莺得遇富贵之家，不为云，不为雨，为蛟为螭，我不知她能变化成什么啊！"

见白居易无语，元稹又说："以前周朝的幽王，拥有百万户口的国家，势力强大，然而一个女子，就使王朝塌垮、军队崩溃，他亦被杀，至今被人所耻笑。我的德行难以胜过怪异不祥的东西，只能克服情感，与她断绝关系了。"

　　这样的结局，让白居易大感意外，但仔细想想，元稹幼年失怙，寡母独自养育着他，又教他识文断字、吟诗作赋，何等艰难！他攀附权贵，希望出人头地，早日报孝母亲，似乎也有他的道理，只是害惨了人家崔莺莺。令他不知道的是，元稹和崔莺莺的故事，却被好事的后人编成了一折《西厢记》，这位多情的崔莺莺仍然活在今天大大小小的戏剧舞台上。

　　想想自己，已是三十三岁的人了，却仍孑然一身，他在心里总是期盼着有一天能见到湘灵！要是她知道自己现在已实现当年的愿望，开始了自己的独立生活，该多么高兴！她现在在哪里呢？他决定要再回一趟符离。

第八章　二王八司马，朝暮云泥之间
　　　　百日卅新政，瞬息炎凉骤变

1

秋高气爽的季节，白居易开始休授衣假。这是大唐朝廷法定的假日，让官员们可以回家清理庭院、更换季节性衣物，假期十五天。

白居易回到洛阳，看望了母亲，然后便去了符离。他多么希望这一次能见到湘灵，然而，一切似乎都如上次回来时看到的情形一样，甚至那绿色的窗棂都已褪尽了颜色，庭院更加破败了。他只好心灰意冷地离开符离，来到了徐州。

徐州的节度使张愔设宴款待宾客，同时也邀请了白居易。在酒酣耳热、丝竹声声之际，张愔请出了他的爱伎关盼盼，为大家助兴。

关盼盼年方十六，面如芙蓉眉如柳，她听说有进士出身的白校书在场，特地斟满了酒杯向白居易敬酒。随着妙曼的乐曲响起，关盼盼跳起了《霓裳羽衣舞曲》，她轻歌曼舞，袅娜似仙。早已见识过长安城里秦楼楚馆中莺歌燕舞的白居易，也不禁为她婉转的歌喉和轻盈的舞姿所倾倒。张愔兴致勃勃地问白居易感觉如何时，白居易禁不住赞叹道："甚妙甚妙，醉娇胜不得，风袅牡丹花！"众人听了，都开怀大笑。

此后，他们再无交集，但是令白居易自己都想不到的是，十年后，他会为她专门题诗三首，甚至有传言说，此事可能促使了她的死亡！而这，也或许影响了他后来对自己两位爱妾的处置。此乃后话。

酒狂引诗魔　悲吟到日西——白居易传

酒狂引诗魔 悲吟到日西——白居易传

贞元二十一年（805）正月，唐德宗去世，顺宗李诵继位。

在李诵还是太子时，他的侍读王叔文常对他讲述民间疾苦及宫廷的应对策略，深得太子信任。李诵曾和侍读们议论政事，谈到宫市的弊端，李诵说："我下次再见皇上时，将尽力陈述这一看法。"

众侍读称赞李诵的仁德，只有王叔文不说话。众人散去后，太子对王叔文说："刚才谈论宫市，为什么只有您不说话？"

王叔文说："皇太子侍奉皇上，除按礼节问候饮食龙体外，不应擅自干预宫外事务。皇上在位年岁已久，如果有小人离间，说太子收买人心，那么自己怎能辩解？"

李诵感谢他说："如果没有先生，我怎能听到这话！"之后，李诵很看重他，宫中的事情也倚仗他来决断。

李诵即位后，即授王叔文翰林待诏兼度支使、盐铁转运使。王叔文有意推行政治改革，便秘密结交当时的知名人士，如韦执谊、吕温、李景俭、韩晔、韩泰、陈谏、柳宗元、刘禹锡等十几人，并与他们结为生死之交。王叔文推举韦执谊为尚书左丞、同中书门下平章事，推举韦执谊成为宰相。

韦执谊是京兆人，官宦之家，名门望族，他自幼敏慧聪拔，进士出身，殿试策论第一，授官右拾遗。德宗常与他诗歌唱和，甚至允许他出入禁中，以备顾问。韦执谊与韦夏卿是族兄弟。此时，元稹已是韦夏卿的乘龙快婿了。

元稹把这些内幕告知了白居易，并对白居易说："韦相是我族叔，贤兄你要想仕途顺遂，可以向韦相上书，一展你治国的宏图大略！"

白居易听了元稹这番话，受到极大鼓舞，便开始满怀信心、踌躇满志地起草《为人上宰相书》。他想，借着自己卓越的政治见解、超群的文辞才华，当然更有元稹的官场背景，或许能在安邦治国中有一番大的作为。

白居易在书中首先表明自己上书的缘由："通天下贵贱之道，自某始也。"即是说开一个宰相直接听取下方直言的新风尚，就从自己开始吧。接着又写了"犹太宗黜李勣而使高宗宠用之也"，再才转入正题，就开元、贞元以来的弊端："畏忌慎默之道长，公议忠说之路塞，朝无敢言之士，廷无执咎之臣，自国及家，寝以成弊。故父训其子曰：'无介直以立仇敌。'兄教其弟曰：'无方正以贾悔尤。'先达者用以养生，后进者资而取仕。日引月长，炽然成风。识者腹非而不言，愚者心竟而是效。致使天下有目者如瞽也，有耳如聋也，有口者如含锋刀也。如此则上之得失，下之利病，虽欲匡救，何由知之？嗟呼！自古以来，斯道之弊恐未甚于今日也！然则为宰相者得不思变其风乎……"

接着，他又旁征博引论述广开言路、崇尚直风的具体做法，最后再次强调"主上践祚未及十日，百宠命加于相公者，惜国家之时也。相公受命未及十日，而某献于执事者，惜相公之时也"。他是希望宰相韦执谊能抓住有利时机，整顿士风。最后说"某游长安近十年矣，足不践相公之门，目不识相公之面，名不闻相公之目……今一旦卒然以数千言尘黩执事者，又何为哉？实不自揆，欲以区之闻裨相公聪明万分之一也，又欲以济天下憔悴之人死命万分之一也。相公以为如何？"

白居易一番煞费苦心的咬文嚼字，以为能够引起这位新晋宰相的重视，也为自己的仕途带来一片光明前景，但是，他托元稹将信交上去多日，也不见有何动静。他不知道，朝廷里正在进行一场翻天覆地的变革。

3

原来，唐王朝经历了"安史之乱"后，各地军阀崛起，藩镇割据且不说，宫廷内也是弊端重重，如白居易在上书中所言，宦官当权，政治混乱。在唐顺宗的公开支持下，王叔文立刻开始了他的政治改革，包括加强中央集权、反对藩镇割据、反对宦官专权等等。除了打击宦官和藩镇之外，改革还提出了一些革新性的内容，比如说打击贪官和取消供奉。当时各个藩镇节度使都通过敬奉钱物来讨好皇帝，有的人每月进贡一次，有的人甚至每日进贡一次，后来就连一些地方上的小官儿都向皇帝进贡，这样一来，造成国家财政危机。

以王叔文为代表的改革派开始挑战皇室贵族的利益。王叔文在顺宗的支持下，起用韩泰、韩晔、柳宗元、刘禹锡、陈谏、凌准、程异、韦执谊等革新派人物。他们大多是低级官僚中的新贵，锐意改革，希望通过改革中兴唐王朝。他们提出罢宫市、废五坊使、蠲免苛杂、停进奉、打击宦官、抑制藩镇、裁减宫中闲杂人员，还重启已停止十年的量移制度。

正在改革如火如荼的时候，改革的最大支持者唐顺宗突然中风了！经过太医的紧急治疗之后，唐顺宗还是无法言语，成了一个哑巴，从而失去了执政能力。凡事都托付给翰林学士王叔文、王伾，被称为"二王"。所有诏书都只是王叔文拟好后念给他听，他只点头便成。

当时的太子李纯，对于自己的父亲早已不满，唐顺宗支持永贞改革一定程度上也损害了太子的利益，使得太子仇视改革官员。

改革党人王叔文、韦执谊等一方面认为唐顺宗将不久于世，害怕即位的太子李纯迫害他们，就接连推出力度很大的改革措施，改革仅仅一百多天，他们就推出了三十三条措施；另一方面又极力阻止太子继位，结果反而招致了自身更加迅速地失败。

白居易密切关注着朝廷不断出台的各种政令的落实情况，感觉改革如一股清风扑面而来，让人神清气爽，同时，他也在焦急地等待着元稹能给自己带来他盼望已久的好消息。但是，好消息并没有等来，等来的却是一个不祥的消：顺宗皇帝禅位于太子李纯！

这原本也是正常的事，因为顺宗继位时就已中风，一直龙体虚弱，后来不能言语了才传位于太子，这也正常。但既不能言语，如何表示意欲禅位？传言，他身边只有宦官李忠言和宠妃牛昭容在场，所以又有传言说，这次禅位其实是被宦官所逼。

太子继位即为宪宗，改年号为永贞，紧接着改革的首领王伾、王叔文分别被贬到开州、渝州任司马，随后就是刘禹锡和柳宗元等八人都被贬出京师任司马。一时间，关于"二王八司马"的传言甚嚣尘上。

4

白居易听到这个消息时，心情十分沉重。他急忙找到元稹打听韦执谊的情况。元稹的心情也十分沉重，他告诉白居易，韦执谊的岳父虽然是杜黄裳，也担任过宰相职位，但二人关系不是很好，韦执谊担任宰相时，因岳父杜黄裳仅任太常卿（正三品，但却是闲职），对他很不尊重。杜黄裳曾劝说韦执谊，让他率百官敦请太子监国。韦执谊不肯，说道："您刚刚升官不久，怎么就开始谈论禁中之事。"

杜黄裳怒道："我杜黄裳受三朝厚恩，怎能因一个官职便出卖自己？"说罢拂袖而去。

白居易说："但他们毕竟是翁婿啊！难道会见死不救么？"

元稹说："就是啊，但是经过一番斡旋，对他的处分虽然晚一点，但却贬到了最远的崖州（今海南岛）做司马了！"

元稹又告诉白居易："韦相平生不喜欢岭南之地，何况是那天涯海角，他在担任郎官时，与同僚到兵部观看地图，都闭眼不看，命人将地图快快拿走。升任宰相后，有次在官衙墙壁上看到一幅地图，他马上回头，不敢直视！听人说那是一幅崖州地图，他心中十分反感，说那里不吉祥。想不到，他竟然贬到了那里！看来凶多吉少！"

白居易忙问："你岳丈不是他族兄吗？这事对他有影响吗？"

元稹道："唉，虽是族兄弟，但他们的关系也并不是我以前想象的那么好。在韦相还只是翰林学士时，我岳父大人韦夏卿担任吏部侍郎。韦执谊接受贿赂，替人向我岳父大人谋求官职，我岳父不肯答应，他便拿出一锭金佛往我岳父袖中塞。我岳父正色道：'你我二人有赖先人德惠，方在朝廷为官，怎可如此自毁名节？'说罢拂袖而去。这让韦相羞惭不已啊。"

白居易无不忧虑地叹了白气："唉！听说他还气走了郑珣瑜恩师。"

元稹知道，白居易所说的是宰相在中书省会餐，按照惯例百官是不能谒见打扰的。但王叔文却不顾这一惯例，径自到中书省寻找宰相韦执谊商议事情，还将拦阻的小吏怒斥一通。而韦执谊竟然亲自迎出，还将一同会餐的宰相杜佑、高郢、郑珣瑜丢在一边，与王叔文到别处另外进餐。当时郑珣瑜就生气地说："作为宰相被人羞辱到这个份上，我还有什么脸面再待在这相位上呢！"他径自返回家中，而且一病不起。其实，这郑珣瑜对韦执谊一向很反感，这事不过是借题发挥而已。郑珣瑜、高郢是白居易、元稹参加吏部选试时的主考官，可以说是二人的恩师。

元稹说："其实韦相虽是王叔文推荐上的宰相，但他俩关系到后来，也并不是十分的好啊。因为顺宗十分信任王叔文，所以韦相开始与他走得很近，但后来为了避嫌，韦相时常有意与王叔文唱反调，特别是王叔文的母亲病逝，王叔文在丁忧期间，韦相更是全然不把王叔文的叮嘱放在眼里了，以至于王叔文想着要谋划除掉他！"

白居易惊出一身冷汗："啊？！"

元稹还告诉他说："王伾屋内做有无门的大柜，只开一个足够放进财物的洞孔，用来收藏金宝，他的夫人有时就睡卧在柜上。"

白居易听了这番话，震惊和诧异无以言表，想不到官场中的人事关系如此复杂。自己还曾上书给韦执谊宰相！煞费苦心地奉承他的新相位，又纵论改革图新的宏愿，是不是有点明珠暗投的感觉呢？当然，革除政弊，白居易是赞成的，所以才有那洋洋洒洒的千言书，可是，虽然人无完人，但这些改革的领袖人物，却也是这般地让人遗憾和失望，他们虽是天不助力，却也有自身的种种缺陷！白居易不禁感叹起命运的变幻莫测，当天晚上，他便写下了一首《寄隐者》：

卖药向都城，行憩青门树。

道逢驰驿者，色有非常惧。

亲族走相送，欲别不敢住。

私怪问道旁，何人复何故？

云是右丞相，当国握枢务。

禄厚食万钱，恩深日三顾。

昨日延英对，今日崖州去。

由来君臣间，宠辱在朝暮。

青青东郊草，中有归山路。

归去卧云人，谋身计非误。

5

又过了一段时日，便陆续传来"二王八司马"等人的不幸消息。

王伾到贬地后不久就病死了，王叔文也被赐死，而韦执谊最终也死在了他最恐惧的崖州！

白居易经历了这一番震惊和伤感后，心中对官场的争斗及残酷看得更真切了，对仕途的追求似乎也淡漠了许多。

这天起床后，白居易对镜穿衣，忽然发现自己脸上显出了憔悴之色！想到自己已经三十有四了，人生七十古来稀，即便能有七十寿，也已是半生之人了！余生该如何度过？他给自己写下一首《感时》：

朝见日上天，暮见日入地。

不觉明镜中，忽年三十四。

勿言身未老，冉冉行将至。

白发虽未生，朱颜已先悴。

人生讵几何，在世犹如寄。

虽有七十期，十人无一二。

今我犹未悟，往往不适意。

胡为方寸间，不贮浩然气。

贫贱非不恶，道在何足避。

富贵非不爱，时来当自致。

所以达人心，外物不能累。

唯当饮美酒，终日陶陶醉。

斯言胜金玉，佩服无失坠。

酒狂引诗魔 悲吟到日西——白居易传

第九章 道观桃花，艳压群芳邀伴赏
庶士才情，名冠皇榜惹人羡

1

转眼间，校书郎的任期就要到了，想通过"二王"的提携在仕途上有更大发展的想法，成了明日黄花。白居易已经明白，此路不通了！他准备与元稹商量，另谋出路。

元稹自从与韦丛成亲后，便来往于洛阳与长安之间，因为韦夏卿已出任东都洛阳留守。韦夏卿十分疼爱自己的小女儿，不忍她远离，所以，元稹和韦丛夫妇一同侍从韦夏卿赴洛阳任职。夫妇二人就住在洛阳的履信坊韦宅。

这天，元稹来看白居易。此时的白居易已移居到了长安城永乐里的华阳观中。华阳观幽静清雅，有一老尼洒扫庭院并做些素净的斋食。白居易感觉这里无车马喧闹，正是上乘的读书处。他见到了多日未见的元稹，就把自己写的一首《永崇里观居》拿给元稹看，只见上面写道：

> 季夏中气候，烦暑自此收。
>
> 萧飒风雨天，蝉声暮啾啾。
>
> 永崇里巷静，华阳观院幽。
>
> 轩车不到处，满地槐花秋。
>
> 年光忽冉冉，世事本悠悠。
>
> 何必待衰老，然后悟浮休。
>
> 真隐岂长远，至道在冥搜。
>
> 身虽世界住，心与虚无游。

朝饥有蔬食，夜寒有布裘。

幸免冻与馁，此外复何求。

寡欲虽少病，乐天心不忧。

何以明吾志，周易在床头。

也许从这时起，白居易就开始有了一切顺从自然，淡泊为生的心态了，此后余生，也有志存高远、满怀激烈之时，但贯穿始终的，还是随遇而安的生活态度。

元稹摇着头说道："乐天兄也太安贫乐道了吧？现在就开始悟浮休，为时尚早，等你成就了一番事业，再娶一位嫂夫人，养一群侄儿女，那时再来悟浮休、虚无游，岂不更好？！"

白居易笑而不语，他其实不过是为自己的处境自我安慰罢了，如果有晋升机会，他当然还会尽力一搏。所以，当元稹告诉他新君临朝，有可能会设立新科选贤纳士时，白居易立即就振奋了精神，知道自己应该早早备考。元稹劝他，不如辞去校书郎的职务，专心致志地备考，又说："干脆我就搬到乐天兄你这里来跟你做伴好了，一来可以多向乐天兄请教，二来也免了乐天兄你孤单寂寞呀！"

白居易笑了，说道："我一个人倒是习惯了，你来这里，我当然高兴，我们可以互相学习、相辅相成。只是你搬来与我同住，冷落了弟妹，她也会孤单寂寞呀。"

元稹笑道："咳，韦丛同家人在一处，会有什么孤单寂寞？再说啦，大丈夫都被女人捆住了手脚，那还能干了一番事业来吗？"

二人说笑着就这样决定了。元稹回到他在长安静安坊的寓所里，收拾了一应生活用品和笔墨纸砚等，就来华阳观与白居易同住一处、共同研习备考。

按照约定，元稹虽与白居易同居一室，但各自独占一隅，心无旁骛，揣摩时事，研习思考，互不干扰，只在遇有疑难时，才可探讨一番。这样一直坚持了几个月，直到次年的四月。

2

　　这天，元稹实在感觉枯燥难耐，便步入院中，见满院的桃花灿若云霞，他诗兴大发，随口吟道："桃花浅深处，似匀深浅妆。春风催断肠，吹落白衣裳。"

　　他实在憋不住了，对屋中还在冥思苦想的白居易道："乐天兄，快出来看看这满院盛开的桃花呀！"

　　白居易受他的情绪感染，也走到房外，多日沉迷书斋的苦闷一扫而光。见元稹痴痴地对着桃花发起呆来，白居易问："你颠颠地喊我出来，又不理我，是何缘由？"

　　元稹叹了口气，说："唉，看着这粉白深红，想起了一个人来。"

　　白居易点头道："我知道你想谁了，崔莺莺！"

　　元稹说："知我者，乐天兄也。前日我为她作了一小传，也是想将这一段情缘做个了结。李绅兄见了，也大为称叹，说她是一奇女子。"

　　白居易说道："贤弟你自与韦丛完婚，就已经将崔莺莺淡忘了，那就该一心一意善待韦丛，怎么今日又想起了旧好？"

　　元稹："唉，只这'拂墙花影动''微月透帘栊''寺钟鸣，天将晓'的相似情景，就能勾起人的无限遐思来，不由得人不念旧啊！"

　　白居易叹息了一声，问道："可知她后来的情形？"

　　元稹道："我搬来华阳观之前，听说莺莺已嫁作了他人妇，我以表兄的身份去见了她的丈夫，也想见一见莺莺，托她丈夫去请她出来相见，但她始终没有露面。再后来，她却暗地里写了一诗托人赠我：'自从别后减容光，万转千回懒下床。不为旁人羞不起，为郎憔悴却羞郎。'几天后，她又赠我一诗：'弃置今何道，当时且自亲。还将旧时意，怜取眼前人！'自此之后，便再无消息了。唉！朋友们都说我是个善于弥补过失的人，我哪里能弥补得了呢？"

　　白居易："莺莺是个明事理的女子啊！可是，明明是你辜负了她，却

酒狂引诗魔 悲吟到日西——白居易传

将这责任推卸给了她，说什么大凡上天所差遣的美丽女子，不害自己，一定会害别人！"

元稹："我只是想让大家不要再做这样的事了，做了这样的事的人，也不要被迷惑啊！"

"唉，好在她没有被耽误！"白居易感叹道，"从今往后，你应该像莺莺所说的那样，'还将旧时意，怜取眼前人'才好啊，你不可再辜负了韦丛才是！"

元稹道："那怎么敢？韦丛虽是出身富贵，但我真的从未料到她会如此的贤淑啊！跟着我这穷书生，受贫受苦都心甘情愿，还能克勤克俭、辛苦持家，真是难为她了。"

白居易说："那可是你前世修来的福分，你得好好珍惜呀！"

元稹提议，这些日子的苦读有点太沉寂了，不如趁着这桃花盛开，请一帮士子友人们来聚一聚。

白居易也知元稹是个爱热闹的人，这段时日也确实太沉寂了一些，况他今日怀想起莺莺来，心情很是落寞，于是便同意了他的意见。

元稹当即就邀来了另一个好友李绅。李绅也是官宦子弟，他也是早年丧父，由母亲教养成人，与元稹有同样的经历，所以二人交往颇多，现在他就借住在元稹静安坊寓所里备考进士科。他对崔莺莺的事也非常了解，并且鼓动着元稹将这事记录下来，写成了《莺莺传》。

白居易说："那就索性多邀几人，来一同赏花饮酒吧！"

于是二人又邀来了李谅、李景俭等一帮友人，置酒开饮，赏花吟诗，加上同在华阳观备考的士子们，大家诗词歌赋，畅怀高歌，好不欢乐！席间，李谅说："最近一段时间在长安城中广为传唱的一首诗，你们听过吗？"

大家纷纷凑趣说："没呢，不如你吟来听听！"

李谅就煞有介事地吟起了崔护的《题都城南庄》："去年今日此门中，人面桃花相映红。人面不知何处去，桃花依旧笑春风。"吟完后，他还大发感慨，说道："崔护与乐天兄同庚呢！他二十四岁就登弟进士，这首诗其实是他自己的一段艳遇呀，说的是他那年赶考落第，就租住在长安，准备再战科场。恰逢阳春三月，他出城南去踏青，经过一户庄园，见园内春色满园、桃红柳绿，走累了，便叩开门扉讨水喝。开门的是一位妙龄女子，女子端给他一杯水后，便站立在桃花树下，看着他并不言语，粉嫩的面庞与那树桃花互相映衬着，红润娇艳。崔护被这美艳的情境深深吸引，但可惜一杯水也喝完了，还能有什么理由留下来呢？只得告辞离开。

却不料，回到家中后，他再也难以放下这美好的情境了，等到次年再来造访这户庄园，希望能再见那女子一面，却是'人面不知何处去'了，一切都物是人非啊！崔护便在这门上留下了这首诗。"

其实，大家都知道这首正在流传的诗，但却是第一次听说这诗背后的故事，也不知是不是李谅现场编排的，但却编排得这么美好贴切，于是大家纷纷给他敬酒。

李景俭说："这诗的好，就好在它为人们设置了不止一种结局的猜想啊！既可能是喜，也可能是悲哎，你倒是说说，这崔护到底是见到了那女子没有呢？"他指着李谅问道。

元稹却笑了，说道："干吗非得问明白呢？这不就是它的妙处所在吗？"

入夜，友人们都已散去，白居易却静不下来，其实，受元稹白天情绪的影响，他的心里早就泛起了层层涟漪。在这大好的春光里，桃花的深深浅浅、粉白艳红，又何尝不是他心中湘灵的面庞容颜呢？他也曾在湘灵的窗外寻觅，也曾因独立一院春光中，为物是人非而伤感。唉，那种失落与惆怅的心情竟是这般的相同！

失联已多年，兵荒马乱的，湘灵父女们不知流落到了何方，更不知是否安好。美好的春光不能同赏共度，转眼一切似乎都将成空。自己这样的诺千金，都是这般的铭心刻骨，元稹他怎么可以放得下崔莺莺呢？白居易的心被一阵阵的疼痛撕裂着，像有无数只虫子噬啮着，他不能读书，也不能成眠，只得披衣起床，写下一首七言绝句：

华阳观里仙桃发，把酒看花心自知。

争忍开时不同醉，明朝后日即空枝。

——《华阳观桃花时招李六拾遗饮》

3

次日，酒醉后的元稹日高三尺才起床，他看着白居易好像已在书案前坐了好久了，便上前来说道："乐天兄昨晚睡得很晚，今天又起这么早用功啊？"

见案上的课业已垒得有尺余高了，元稹随手翻捡一番，发现都是时事策问之类的文章，数一数，竟然有七十五篇之多，他打心眼里佩服。其中有一篇题目是《人之困穷由君之奢欲》：

问：近古以来，君天下者，皆患人之困，而不知困之由，皆欲人之安，而不得安之术。今欲转劳为逸，用富易贫，究困之由，矫其失于既往，求安之术，致其利于将来。审而行之，以康天下。

臣闻近古以来，君天下者，皆患人之困，而不知困之由，皆欲人之安，而不得安之术。臣虽狂瞽，然粗知之。臣窃观前代人庶之贫困者，由官吏之纵欲也；官吏之纵欲者，由君上之不能节俭也。何则？天下之人亿兆也，君者一而已矣。以亿兆之人奉其一君，则君之居处，虽极土木之功，殚金玉之饰；君之衣食，虽极海陆之味，尽文采之华；君之耳目，虽惕郑卫之音，厌燕赵之色；君之心体，虽倦畋渔之乐，疲辙迹之游，犹未全扰于人伤于物。何者？以至多奉至少故也。然则一纵一放，而弊及于人者，又何哉？盖以君之命行于左右，左右颁于方镇，方镇布于州牧，州牧达于县宰，县宰下于乡吏，乡吏转于村胥，然后至于人焉。自君至臣，等级若是，所求既众，所费滋多，则君取其一，而臣已取其百矣。所谓上开一源，下生百端者也。岂直若此而已哉，盖君好则臣为，上行则下效，故上苟好奢，则天下贪冒之吏将肆心焉，上苟好利，则天下聚敛之臣将逞力焉，雷动风行，日引月长，上益其侈，下成其私，其费尽出于人，人实何堪其弊，此又为害十倍于前也。夫如是，则君之躁静，为人劳逸之本，君之奢俭，为人富贫之源。故一节其情，而下有以获其福，一肆其欲，而下有以罹其殃，一出善言，则天下之心同其喜，一违善道，则天下之心共其忧。盖百姓之殃，不在乎鬼神，百姓之福，不在乎天地，在乎君之躁静奢俭而已。是以圣王之修身化下也。宫室有制，服食有度，声色有节，畋游有时，不徇己情，不穷己欲，不殚人力，不耗人财。夫然，故诚发乎心，德形乎身，政加乎人，化达乎天下。以此禁吏，则贪欲之吏不得不廉矣，以此牧人，则贫困之人不得不安矣。困之由，安之术，以臣所见，其在兹乎。

元稹读后，拍案称妙，说道："乐天兄真敢言也！这样岂不将百姓安乐全系于君王一身么？"

白居易："微之弟以为如何？"

元稹："乐天兄不仅高见，而且敢言。我当领教！"

白居易说："微之弟过奖了！"

元稹自顾自地说："看这：'酌人之言，补己之过'；'善除害者察其本，善理疾者绝其源'；'备之以储蓄，虽凶荒而人无菜色'；'刑烦犹水浊，水浊则鱼喁；政宽犹防决，防决则鱼逝'；'圣人非不好利也，利在于利万人；非不好富也，富在于富天下'；'君好则臣为，上行则下效'；'一人一心，万人万心，若不以令一之，则人人之心各异矣'。哎呀，乐天兄，你真堪国家栋梁之材呀！"

白居易心里高兴，嘴上却说："微之拿愚兄开心的吧？"

元稹真诚地说："乐天兄，你准备得这么充分，这次一定能够高中！"

白居易笑笑，说道："我没有你的天赋，十五岁就明经及第了。我只能用勤奋来补拙啊。"

元稹说："乐天兄笑话，谁不知你是天才加勤奋啊。十七人中最年少呀！"

二人哈哈大笑起来。

几天后，也就是元和元年（806）春四月，他们应试才识兼茂明于体用科，双双登弟。

宪宗诏命右补阙韦贯之、中书舍人张弘靖为主考，举行"才识兼茂明于体用科"大试。这次的大试试题是：

自兵宿中原，生人困竭，农战非古，衣食罕储，念兹疲旷，远乖富庶，督耕植之业，而人无恋本之心；峻榷酤之科，而下有重敛之困。举何方而可以复其盛？用何道而可以济其艰？既往之失，何者宜惩？将来之虞，何者当戒？

由于准备充分，对于这个试题，白居易胸有成竹，他侃侃而论：民生饥贫是由于赋税过重，赋税过重是由于连年征战，而连年征战是由于边祸不断，边祸不断的原因是朝政的荒颓。要改善现状，必须惩治贪官污吏，清肃政局，同时减免苛税，使庶民安居乐业，这样社稷才能平定，朝廷才能由衰转盛……

不久后的一个吉日，皇榜放出。元稹考得甲等，授官左拾遗，白居易以对策语直，入第四等（乙等，唐代制科照例无第一等、第二等）。白居易及进士第时二十九岁，及"书判拔萃科"第时三十一岁，及第"才识茂明于体用科"这年，他三十五岁。元稹入三等（实为甲等）。

在发榜的现场，众人都向他们投来羡慕和敬佩的目光，一同登科的韦悰和独孤郁一边互相祝贺，一边对元、白二人说："嘿，微之，你太厉害了，你这就是状元及第了呀，这可是四面八方近千人参加的科考呢，不是明经，就是进士。乐天老弟，你也不错啊，你就是榜眼啊！"

独孤郁说："只是可惜了，这次应试，天子没能亲临考场啊！不然我等不仅皆为天子门生，而且还可借此在圣上面前一展才华，那是何等的荣耀啊！”

白居易说："圣上是因为我等皆为前朝所征辟，为表示对先朝的尊崇，圣上才没亲临，其实荣耀是一样的嘛！"

大家纷纷称是。

李绅的进士科也及第了，几个人相约一起，到元稹的长安靖安寓所里把酒庆贺一番。正好，韦丛也自洛阳来到长安，她已经得知了夫君高中的喜报，摆好了酒宴等着他回来庆贺呢！

元稹派了仆从跑回来，说老爷马上要带几个同科一起回家来庆贺！韦丛又临时增添了好几样大菜。待元稹等人相拥着来到元稹的寓所，所有一切都已准备停当了。

这时元稹看到平常无人居住的寓所，已收拾得整洁清爽，还有满桌的各色菜肴，心中十分熨帖，他没料到夫人竟是这般地体贴入微！元稹兴奋地安排众人入座，有人提议按及第的次序就座，被元稹拦住了，说道："无论如何，乐天兄是我的大哥，今天他虽屈居我后，但我仍尊重他，他要上坐。"于是，其余人都按宾主入座。

酒过三巡后，气氛越来越热烈，李绅吵着要让韦丛出来与大家见面。他因借居在元稹家，熟识了元家人。

元稹果就请出了韦丛。她站在元稹身后，颔首微笑，虽非国色天香，却也明眸皓齿、落落大方。她向每个人一一施礼，请大家包涵她的招待不周和粗茶淡饭，并感谢大家给予元稹的谬赞和祝福，然后便退出去了。

李绅感叹道："嫂夫人不愧是大家闺秀，外祖是裴宰相，父亲是太子少保，这样的家世，却也能洒扫庭院、缝补浆洗，样样提得起拿得下！还通晓文理、能吟诗作文，这样的贤内助，微之兄，你是三生有福！兄弟我是羡慕不已啊！当然啰，也只有微之兄这样的才子，才配得上这样的姻缘啊！你们说是也不是？"说完，他就对着元稹挤眉弄眼。

元稹明白，他其实是暗讽他有负崔莺莺的事。

元稹也毫不在意，他与莺莺的故事，在座的各位都听他讲述过，他写

酒狂引诗魔 悲吟到日西——白居易传

085

的《莺莺传》，也拿给在座的各位欣赏过，还有什么避讳吗？没有！莺莺现在不也有了好的归宿吗？大家茶余酒后，拿这个故事来增添一下情趣和氛围，不也挺好的吗？

韦惇说："各位，如今我们都幸得高中了，接下来，不知各人会受到怎么样的官职任命啊？"

一石击起千层浪，大家又纷纷猜测各自会被授予何种官职，当然最好的，也是大家共同的心愿，是留在京城做官，但是，这次登科的一共十八人，不可能人人都留在京城。大家一致猜想，元稹最有可能留在京城，不仅因为他是十八人中的首位，更因为他倚靠着岳父的地位。韦夏卿这时已由东都留守改迁太子少保，辅佐教习东宫太子，是为人及学问都深得皇帝信任的职务。

元稹也笑着说："无论在京城还是在州郡，我等都受皇恩浩荡，当竭诚为国效力，为君分忧！"

白居易明白，他这是默认了大家的猜想。

酒欢席散后，元稹送大家出门，告诉大家，他明日即回洛阳省亲，就此与各位告辞。白居易是最后离开的，元稹拉着他的手说："乐天兄，可能我们要分别一段时光了。"

白居易说："你一定是留在京城了，不知我去哪里？"

元稹摇了摇头："诏书马上就会下来，到时你就知道了，只是肯定不在京城。"

又过了两天，四月二十八日，白居易接到了授予他盩厔尉（盩厔在现在的陕西周至）的诏书，便开始着手整理行装，准备前往赴任。

在大唐建国之初，已改书佐（主起草和缮写文书）为县尉，分管各曹及赋税事，其职位低于县令，县令称明府，县尉称少府，是文职而非武职。白居易心里是欣慰的，他在内心告诉自己："白少府呀白少府，你终于可以一步步实现为君分忧、为民请命，'达则兼济天下的'理想目标了。"而同时，他也得知元稹被授予左拾遗，这是为皇帝提供咨询意见的官员，主要职责是弥补皇上的政策决策失误，隶属于诤谏机构（相当于现在的监察部门），当然是留在京城了。

蠡屋离京城一百多里，今后与元稹相见就不会像从前那么容易了！白居易心中五味杂陈，既有新授职位的兴奋，也有将与元稹分别、距离太远的不舍。

离开华阳观的前一夜，白居易回想了与元稹相处几年的情分，特别是朝夕相处、同窗共读的情景。他认定元稹是机敏而率性的人，对朋友坦诚相待，无所隐瞒，是值得一生交往的知己。于是提笔写下了《赠元稹》：

自我从宦游，七年在长安。

所得惟元君，乃知定交难。

岂无山上苗，径寸无岁寒。

岂无要津水，咫尺有波澜。

之子异于是，久处誓不谖。

无波古井水，有节秋竹竿。

一为同心友，三及芳岁阑。

花下鞍马游，雪中杯酒欢。

衡门相逢迎，不具带与冠。

春风日高睡，秋月夜深看。

不为同登科，不为同署官。

所合在方寸，心源无异端。

从此，他们二人书信频繁，唱和不断，成为一生的至交。

第十章　长恨歌吟，吟诵千古遗恨
　　　　少府诗名，名震长安流芳

1

白居易在赴任途中，已值天旱。他虽然骑在一匹马上，但路上尘土飞扬，又时值午时，已觉得浑身劳累，而且口渴难忍。就在这时，忽然听到一阵鼓声传来，他循声望去，见山坳中隐显着一处古刹，他想去古刹讨碗水喝，便骑马奔了过去。

还没等他叩门，只见笨重的大门"吱呀"一声打开了，一位白发白须的道人，迎了出来，向白居易深深地施了一礼，说道："施主好，贫道已恭候多时了！"

白居易听了心中一惊，他怎么知道自己要来？不等他开口，道人已引领他进了道观的前院，院中有一棵合抱粗的柏树，树下有石桌、石凳。待他坐定后，道人从一口水井中打上一桶井水，为他倒了一碗。他也不客气，双手端起碗来，头一低就喝了个碗底朝天！

他放下碗后，问道："道长怎么知道我今天会来？"

道人笑了笑，说："贫道昨夜做了一个梦，梦里见有贵客要来，故而在此等候。"

白居易连忙说道："乐天荣幸至极！"

道人听了，十分惊讶："乐天？莫非施主是河南新郑白府居易公子么？"

白居易点了点头。

道人听了，他仔细端详着眼前这位即将赴任的后生，喃喃说道："缘分呀，这就是缘分！那一日，贫道去新郑化缘时，曾去过白府，没想到今日竟然见到了……"说到这里，他爽朗地大笑起来，因为当年的白居易，还只是一个刚满周岁的婴儿呢！

白居易还想再问，道长却转了话题，他告诉白居易，昨天夜里，他的祖父托梦告诉他，明天会有贵客到访，所以他才打扫了庭院，在观中等候贵客的到来。

白居易问道："请问道长的祖父是……"

道人指了指树荫下一只大鼓，告诉白居易，他的祖父当年就在宫中的教坊，是专师击打羯鼓的乐工。为了躲避战乱，梨园弟子们连夜出逃。祖父什么都没带，只背着这只大羯鼓逃进了深山。因为羯鼓是宫中之物，他一直珍藏在道观中，祖父去世前，又传到了他的手中……他还告诉白居易，每逢教坊演奏《霓裳羽衣舞》时，隆重气派、豪华无比。贵妃领舞，玄宗亲自击鼓，能亲眼见到，实是大幸！

道人的一席话，引起了白居易的极大兴趣。接着，道人又向他讲述了《霓裳羽衣舞》的前世今生——

2

《霓裳羽衣曲》，也称《霓裳》，相传此曲是唐玄宗所谱，诗人刘禹锡以诗记之：

> 开元天子万事足，惟惜当时光景促。
> 三乡陌上望仙山，归作霓裳羽衣曲。

还有人说，在唐开元年间，是西凉节度使杨敬述所献，初名为婆罗门曲，经玄宗润色后，并制歌词而成。

《霓裳羽衣曲》崇奉道教，其舞、其曲、服饰等，都描绘了道教虚无缥缈的仙景和仙女们美轮美奂又难得一见的形象！

天宝年后，随着大唐的衰落，盛唐时的这部舞曲，便在人世间遗失了！

最后，道人指着他身后的那只羯鼓说道："当年宫中演奏《霓裳羽衣曲》时，玄宗皇帝亲自助兴，他敲击的就是这只羯鼓！"

白居易伸手摸了摸已有些破损的大鼓，不由得轻轻敲击了一下，"咚"地响了一声，余音久久地在荒凉的道观里萦绕着……

3

盩厔县离长安城有一百余里地，县尉是唐代县级政府中的重要官员。在县级政府中，县令是长官，负责统筹全县之政务；县丞是副长官，辅佐县令行政；主簿是勾检官，负责勾检文书，监督县政；而具体负责执行办事的就是县尉。其职责包括行政、司法、财政等各个方面。即所谓"亲理庶务，分判众曹，割断追催，收率课调"。

白居易知道，县尉官职不大，但却也不清闲，每日需随县令在县衙应差，催促吏役收缴税赋，四处巡查。回到衙府，往往是尘土满面，汗湿青衫。晚上还要检视文案，查看本地的治安纠纷，以备次日审理。

上任十来日，白居易就感觉这地方上的小官比起从前的校书郎，工作量大多了。但是，他很快就适应了新的工作环境，还结识了王质夫、陈鸿等朋友。

这天早上，白居易对镜整理衣冠，准备去县衙应差，忽然就发现双鬓又多生出了几根白发，不由得一阵感叹。与王质夫又名王琅玡、陈鸿相约去仙游山的计划，也一再拖延，感到心中有些惭愧。

繁忙的夏秋之季终于过去，白居易因工作勤恳，小有成效，被县令嘉奖，朝廷也下文授他"权摄昭应（现在临潼）事"。

到了年底，王质夫又来信邀约他一同出游，正好，这时的公务清闲下来，白居易就向县令告了假，与王质夫、陈鸿一道去了仙游寺游览。

仙游寺在盩厔县城南，正是秦岭山中腹地，附近有蔷薇涧，春天时，周边开满了野蔷薇花，因花香馥郁而得名。山环水绕，景致幽深秀美，王质夫就隐居在这里。

三个人骑马上路，出了县城，再行约半里，来到了大山脚下，见一条山道蜿蜒向上，伸入莽林深处。三人打马顺道逶迤而行，进入莽莽苍苍的林海。一路峰回路转，看不够的云海茫茫，重峦叠嶂。

白居易深深地呼吸着大山里的气息。王质夫笑道："乐天兄，你初来乍到，公务繁忙。若是早一点来，秋天或春天，看到满山遍野的山花野果，夏天更是一派郁郁葱葱，一扫暑浊之气，你一定会诗兴大发的呀！"

白居易笑道："多谢老弟美意，实在是不敢辜负圣上信任，初履新任，须得事必躬亲才可稍稍安心，所以愧对二位盛情，还请多多体谅！"

陈鸿笑着说道："乐天兄，别客气，您是博学鸿儒，在我们这个小县城，只是龙潜深渊，不会待得太久的，我们是怕以后没有机会与你同游啊！"

白居易感叹道："唉，前日我遵县令之命去催收粮款，一路上看农家百姓也实在太辛苦了。自感身为小吏，心中同情他们，却仍要违心催促收粮收款，稍有抵制，役吏们则强行关人押物，我的心中委实不安，但又无能为力啊！"

陈鸿说："乐天兄还不知道吧，在朝廷制定的缴纳粮款之外，各州县地方官吏还会加码多征多收，名曰：弥补损耗，更是加重了百姓的负担呀！"

白居易："前日我去催税赋时，看农人收麦有感，题诗一首《观刈麦》，请二位赐教。"说完，就在马上吟咏起来：

酒狂引诗魔　悲吟到日西——白居易传

田家少闲月，五月人倍忙。

夜来南风起，小麦覆陇黄。

妇姑荷箪食，童稚携壶浆，

相随饷田去，丁壮在南冈。

足蒸暑土气，背灼炎天光，

力尽不知热，但惜夏日长。

复有贫妇人，抱子在其旁，

右手秉遗穗，左臂悬敝筐。

听其相顾言，闻者为悲伤。

家田输税尽，拾此充饥肠。

今我何功德，曾不事农桑。

吏禄三百石，岁晏有余粮。

念此私自愧，尽日不能忘。

——《观刈麦》

　　陈鸿听了，说道："乐天兄真是同情百姓之苦啊！其实，这样的事儿太多啦！丰年如此，遇有天灾人祸，则更是民不聊生啊！"

　　王质夫也说："乐天兄要是当了大官，一定是个爱国爱民的好官，咱大唐的辉煌时代可望再度呈现啊！"

　　说话间，前面山顶出现了几重黄墙碧瓦的殿宇，白居易知道，那就是仙游寺了。

4

　　进了仙游寺，寺院清幽、古树参天、佛堂清静、香烟袅袅。三人在各殿堂瞻仰参拜了一番。在一偏殿里，见一僧人正在独自打坐，白居易心生羡慕，想这样安静自在地生活，无忧无虑，一心向佛，不也是一种人生的美好境界么？

　　出了仙游寺，三人在周边寻了一处清雅的凉亭歇脚。一条泉流从对面山上悬挂下来，仿佛白练一般，在山谷底形成一方幽深的黑潭，然后又有溪流从黑潭流出，绕过凉亭哗哗地转向山后。

　　王质夫说："我家就在这山后面的蔷薇涧，那里一年四季草木繁盛，花开不断，即便冬天雪花飞舞，漫山遍野银装素裹，这泉流和黑潭也从不结冰，也不枯绝，可能地下有温泉呢！"

白居易说："你这是神仙居所呢？"

陈鸿说："琅琊兄的祖上也是名门望族呢，魏晋时期避战乱，迁居在这里的。"

白居易："天灾无可避，人祸最应遣！"

陈鸿："咱大唐的大好河山，若不是'安史之乱'，何来的国破山河在啊！"

一时间，三个人都沉浸在了几十年前的那场地动山摇的动乱中。虽然他们都没有亲身经历过那场动乱，但是无论是从老人们的述说，还是街头巷尾谈论中，都能感受到那场动乱给国家和百姓带来的灾乱。而对于朝廷的权威，也是一次毁灭性的打击，至于明皇玄宗和他所宠爱的杨贵妃，更是灭顶的灾难。

王质夫首先开口说："那场灾难不知后人会如何评说呢？"

陈鸿："那是太史公们的事了。唉，总归是帝王懒政、外戚专权、奸臣挡道，小人得志这些呗。倒是女人是祸水的话，乐天兄，你以为如何？"

白居易说："乱臣贼子总把祸国殃民的事推到女人头上！武皇不也是一代明君么？其实明皇先时也是一位励精图治的明君，'开元盛世'是多么辉煌的时代呀！可惜我等没能赶上！我倒是觉得明皇与贵妃间的爱情既让人羡慕又让人悲伤呢！"

王质夫："乐天兄不如以此为题，写一首长诗，让后人看看大唐天子的爱情与悲欢，是怎样的感天动地！"

陈鸿稍稍沉吟一下，小声说道："不知后人对这种父纳子媳的婚配会不会另有说辞？"

王质夫："我大唐海纳百川、有容乃大。君不见在边陲还有父死，子妻非生母的习俗呢！"他指了指北方，又说，"各种习俗的形成，自然有它形成和存在的道理，或是天时地利，或是宗教人文……"

其实，白居易也想到了自家亲上加亲的姻亲，父母的婚姻一直是他回避的问题，他不想探讨这些，他把注意力全放在李、杨的爱情上了。

他说："我确有此意，也正在寻找当年的书册典籍，来写出我心目中的

酒狂引诗魔 悲吟到日西——白居易传

一首长恨歌。"

王质夫连连说道："那这史无前例的长恨歌，一定会流传千古！"

三人说笑着就往山后的蔷薇涧而去。

这天夜晚，白居易让他们二人都回家去了，自己则住在林壑深处的草堂中，听松涛飒飒、泉流潺潺，思绪万千，一时想到唐明皇、杨贵妃的凄美爱情，一时又想到自身的悲情苦恋，那天村里老伯的话始终让他不能忘怀。为了等他，也许湘灵也在这样的寒冬之夜，独自一人面对孤灯啊！

他不能入眠，只好起身，走到书案前，写下一首《冬至夜怀湘灵》：

> 艳质无由见，寒衾不可亲。
>
> 何堪最长夜，俱作独眠人。

5

白居易自小就显示出了独特的音乐才华，他抓周时抓到的那只陶埙，一直收藏在爷爷的书架上，后来既是他心爱的玩具，又是他孩提时的第一件乐器。爷爷曾教他吹过埙，开始只能吹出"呜呜"之声，后来就能吹出简单的单调了。

他进了学馆之后，又先后喜欢上了笙、箫、钟、磬和焦尾琴等乐器，他尤其喜爱祖父传下来的楸木琵琶，他好像不学自通，常常抱在胸前弹拨！

他在长安时，曾在大街上听见龟兹曲、破阵乐、波罗门曲、楚音、雅乐以及汉宫秋、广陵散等曲。还有一次，他在洛阳的一座破败的宫墙外边，听过一位老琴师弹奏的一首《羽衣霓裳舞曲》的舞曲，众人将老艺人围了个里三层外三层，白居易好不容易才挤进了人群，却看不清艺人的模样，只能在人群中聆听。

听身边的人说，琴师的爷爷曾是宫中的梨园弟子，"安史之乱"发生后，唐玄宗率领杨玉环等皇亲国戚们，连夜逃出长安。在安禄山还未占领京城长安前，宫中的梨园弟子们纷纷出城逃亡，这位琴师的爷爷便随着众人逃出去之后，卖艺为生，四处流浪，后来传到他这一代。

在这之前，白居易已将玄宗朝发生的一些传说、逸闻甚至故事，收集了不少，但还缺少对玄宗的定论，也缺乏马嵬坡兵变的真相，以及杨玉环的生死之谜。

他心目中的那首长恨，已孕育多时了，但却一直迟迟未能动笔，因为还未找到动笔的灵感。

今天，经王质夫的点拨，他瞬间有了创作的冲动。他连忙研墨铺纸，将自己的一腔悲悯情怀融入笔端，奋笔疾书。一篇流传千古的长篇叙事抒情长诗《长恨歌》，便行云流水般地展现出来了！

次日，王质夫和陈鸿来了，发现桌前的灯烛还未熄灭，白居易竟趴在桌上睡着了！显然是一宿未眠。桌上散乱地堆放着一堆稿子，二人轻手轻脚地拿起几页来翻看，竟是一首《长恨歌》：

汉皇重色思倾国，御宇多年求不得。

杨家有女初长成，养在深闺人未识。

天生丽质难自弃，一朝选在君王侧。

回眸一笑百媚生，六宫粉黛无颜色。

春寒赐浴华清池，温泉水滑洗凝脂。

侍儿扶起娇无力，始是新承恩泽时。

云鬓花颜金步摇，芙蓉帐暖度春宵。

春宵苦短日高起，从此君王不早朝。

承欢侍宴无闲暇，春从春游夜专夜。

后宫佳丽三千人，三千宠爱在一身。

金屋妆成娇侍夜，玉楼宴罢醉和春。

姊妹弟兄皆列土，可怜光彩生门户。

遂令天下父母心，不重生男重生女。

骊宫高处入青云，仙乐风飘处处闻。

缓歌慢舞凝丝竹，尽日君王看不足。

渔阳鼙鼓动地来，惊破霓裳羽衣曲。

九重城阙烟尘生，千乘万骑西南行。

翠华摇摇行复止，西出都门百余里。

六军不发无奈何，宛转蛾眉马前死。

花钿委地无人收，翠翘金雀玉搔头。

君王掩面救不得，回看血泪相和流。

黄埃散漫风萧索，云栈萦纡登剑阁。

峨嵋山下少人行，旌旗无光日色薄。

蜀江水碧蜀山青，圣主朝朝暮暮情。

行宫见月伤心色，夜雨闻铃肠断声。

天旋地转回龙驭，到此踌躇不能去。

马嵬坡下泥土中，不见玉颜空死处。

君臣相顾尽沾衣，东望都门信马归。

归来池苑皆依旧，太液芙蓉未央柳。

芙蓉如面柳如眉，对此如何不泪垂。

春风桃李花开夜，秋雨梧桐叶落时。

西宫南苑多秋草，落叶满阶红不扫。

梨园弟子白发新，椒房阿监青娥老。

夕殿萤飞思悄然，孤灯挑尽未成眠。

迟迟钟鼓初长夜，耿耿星河欲曙天。

鸳鸯瓦冷霜华重，翡翠衾寒谁与共。

悠悠生死别经年，魂魄不曾来入梦。

临邛道士鸿都客，能以精诚致魂魄。

为感君王辗转思，遂教方士殷勤觅。

排空驭气奔如电，升天入地求之遍。

上穷碧落下黄泉，两处茫茫皆不见。

忽闻海上有仙山，山在虚无缥缈间。

楼阁玲珑五云起，其中绰约多仙子。

中有一人字太真，雪肤花貌参差是。

金阙西厢叩玉扃，转教小玉报双成。

闻道汉家天子使，九华帐里梦魂惊。

揽衣推枕起徘徊，珠箔银屏迤逦开。

云鬓半偏新睡觉，花冠不整下堂来。

风吹仙袂飘飘举，犹似霓裳羽衣舞。

玉容寂寞泪阑干，梨花一枝春带雨。

含情凝睇谢君王，一别音容两渺茫。

昭阳殿里恩爱绝，蓬莱宫中日月长。

回头下望人寰处，不见长安见尘雾。

惟将旧物表深情，钿合金钗寄将去。

钗留一股合一扇，钗擘黄金合分钿。

但教心似金钿坚，天上人间会相见。

临别殷勤重寄词，词中有誓两心知。

七月七日长生殿，夜半无人私语时。

在天愿作比翼鸟，在地愿为连理枝。

天长地久有时尽，此恨绵绵无绝期。

6

二人一边品读着《长恨歌》，一边不住地点头赞叹。有的地方前后页码都错了位，他们又互相校正着交换过来。看着、读着，二人实在忍不住了，王质夫大喊着："哎呀，真是绝妙的好诗啊！"陈鸿也说："这样的好诗不流芳千古，我不姓陈了！"

王质夫忘了白居易还趴在桌上呢，他兴奋地说："乐天兄这首《长恨歌》，把李、杨的爱情写得这么缠绵悱恻，莫非，乐天兄也有过一段这样的爱情经历！看这里：'在天愿作比翼鸟，在地愿为连理枝。天长地久有时尽，此恨绵绵无绝期。'他没有刻骨的体验，怎么能写出这样的字句？"

陈鸿笑道："乐天兄的这诗写得有点风流啊，看这里'春寒赐浴华清池，温泉水滑洗凝脂。侍儿扶起娇无力，始是新承恩泽时。'还有这'云鬓花颜金步摇，芙蓉帐暖度春宵。春宵苦短日高起，从此君王不早朝。'你这可是写的皇娘、贵妃哟！有没有那么一点点轻亵啊，乐天兄？"

王质夫却道："嘻，这算什么嘛，轻漫一点也正常，乐天兄是从人性的角度来描述，并没有将祸水归之于女流，已属难得了！"

王质夫还是顺着自己的思路，对白居易道："还有，这'七月七日长生殿，夜半无人私语时'，这情形恐怕也是乐天兄亲历过的吧？乐天兄至今未娶，一定是有自己难以忘怀的爱人的！是不是在写李、杨爱情时，也将自己写进去了啊？"

白居易从二人的赞叹声中惊醒，他昨天夜里一宿未合眼，写到情深爱浓时，自己也激动不已，写到生死离别时，则痛彻心扉。最后，是含着泪水倒在了书案上，直到被他二人吵醒。

白居易听了二人的猜想和看法，只是淡淡地笑而不语，其实，王质夫和陈鸿二人的调侃不无道理，白居易在想象着李隆基与杨玉环的恩爱缠绵时，确实能由衷地体会到他与湘灵之间那种灵魂的震颤与愉悦，而写到杨玉环的死以及李隆基对她的思念，也确实写进了他自己的切身感受，"行宫见月伤心色，夜雨闻铃肠断声""夕殿萤飞思悄然，孤灯挑尽未成眠"这样的情形，都是他在思念湘灵时的真情实感。可是，他不愿让人看到他的软弱，即使在好朋友面前，在他们故意调侃他、想逗引他主动倾诉曾经的情感经历时，他也不愿意把那一段刻骨铭心的情感与伤痛袒露在人前，他已习惯了独自一人品味苦涩。

王质夫和陈鸿立即将《长恨歌》各自又抄写了一份，说是要分享给他们的朋友，王质夫还说，要请人将它刻在石崖上，以待后人观瞻。

陈鸿就说："乐天兄，我来作《长恨歌传》吧，把你作这首诗的前因后果都记上，也让我们跟着沾光，流芳千古一回啊！"

白居易虽也心中得意，但只当他俩是说笑的，并未当真。直到后来遇到一事，他才知道这两位好友并未骗他。

二人一边抄写一边吟咏着《长恨歌》，欲罢不能。白居易催促说："你们就是这样对待一个苦熬一夜、才刚刚分娩的女子吗？让他饥肠辘辘地熬着，听你们空洞的夸奖？"

二人恍惚间还未明白，等明白过来，陈鸿大笑着说："快快请乐天兄去进餐，我们得好好庆贺一下这篇流芳千古大作的问世，我们是第一见证人，荣幸之至啊！"

王质夫说："我早已吩咐家人置下了酒席，是特地来请乐天兄的。"

白居易说："这么早就上酒席呀？"

陈鸿说："老兄，你出门看看是何时辰了呀？太阳晒到屁股了呀！"

三人大笑着出门去。

令白居易始料未及的是，《长恨歌》很快就传播开了，除了盩厔县城，还一路传到了长安城内。长安城处处都能听到吟诵或谈论这首诗歌的情形。

白居易之名，也同这首《长恨歌》，传遍朝野，甚至还传播到了隔海相望的扶桑之国！

酒狂引诗魔 悲吟到日西——白居易传

第十一章　虑终身，白少府苦被催婚
　　　　争缠头，红歌伎竞吟长恨

1

这天，白居易去骆口驿巡查，数日后，才回到盩厔县衙。

县令远远地就迎出了衙门，朗声说道："哎呀呀，白县尉真是文曲星下凡啊！这满城都在传诵你的大作呢！你给我们小小的盩厔县衙增了光，也让这不出名的小地方扬名四海了！听说长安城里都在传诵你的《长恨歌》呀！"

白居易笑道："大人夸奖了，不过一首诗歌，只是写得长一点罢了。"

县令说："哎，你可别太谦虚，我看哪，你在咱们这小地方肯定不会待得太久，迟早朝廷会委以重任的！"

县令便对这个新来的年轻人刮目相看，不但生活上对他多有关照，公务上也愿意多听听白居易的意见。

正说话间，一小吏跑来报告说，这两天白县尉不在衙府，有一封书信放在他的书案上了！

县令便催白居易快去看看，不要耽误了什么事儿。

白居易来到他自己的书案前，果然看到书案上搁有一封信，他以为是家书，心想莫非又是母亲来信，催促他的婚事的？走近才看清，是元稹的笔迹。

元稹在信中告诉他，他一心想为君分忧、为民解难，身为言官，就该敢言人所不言之事。所以，他一到职，就立刻接二连三地上疏献表，先论"教本"（重视给皇子选择保傅），再论"谏职""迁庙"，一直论到西北边事这样的大政，同时，也旗帜鲜明地支持裴度（时任监察御史）对朝中权幸的抨击，从而引起了宪宗皇帝的注意，很快便受到召见。

元稹奉职勤恳，本以为会受到鼓励，可是因为锋芒太露，触犯了权贵，反而引起了宰臣的嫉恨。九月，被贬为河南尉。不久，他那出身名门、青年守寡、独自抚育他长大成人的母亲郑氏，也因长年积劳成疾而去世。元稹悲痛不已，回长安丁忧服丧。而岳父韦夏卿的身体也每况愈下。

白居易接到元稹的来信后，心里为他难过、叹息，劝他把公务和官位看得淡一点，别太较真。

元稹的来信让白居易很伤感，官场浮沉瞬息万变，人生的悲欢也是难以预料的。年前自己还在羡慕元稹能背靠大树好乘凉，轻而易举地就留在京城为官，当然，除了他的岳丈的关系外，元稹自己也是满腹经纶、才华横溢。却不料，转眼间，他这春风得意的状元郎，也被贬为了与自己同等的县尉。世事真是难料啊！

这天，白居易回洛阳探望母亲，路过长安城时，专程去看望了好友元稹。

在元稹的家里，他见到了丁忧在家的知心朋友，才不到一年的时间，元稹丰满俊逸的脸庞和灵动飞扬的神采了无踪影，整个人瘦得差点让白居易认不出来！白居易的心也被刺痛了。他爽快地答应了元稹的要求，给他母亲郑氏作墓志铭。他想，仕途上的波折，竟然会把一个人折腾到如此地步？！他在好友母亲的灵位前燃香祭奠，希望她保佑元稹能无忧无虑、一生平安。

2

回到洛阳家中，白居易的母亲陈氏自然高兴。她忙着安排饭食，又兴奋地带他到家中各处走走看看。晚上，在他曾经住过的房间，陈氏亲自送来了干净的被褥，对他说："你哥哥的孩子们都上学馆了，你若是娶了媳妇，自然有人为你打点铺盖，也不必劳神我了呀！"

酒狂引诗魔 悲吟到日西——白居易传

白居易听了，心里很是不安，只得说："请母亲放心，我自有安排。"

陈氏说："这话你说了多少年了！也没见你怎么安排呀，你都三十五六的人了，若再不成亲，你不怕街坊邻居笑话，我都觉得没脸活了呢！你是不是还惦记着符离那个下贱人家的女孩子？"

白居易无言以对，他心里就是放不下湘灵。如果能见上湘灵一面，哪怕背离母亲的意愿，他也要为自己的终身大事做一回主！毕竟现在的他应该能够为自己做主了啊！可是湘灵却杳无音信，这让他无法向母亲言说，自己的守望是这样希望渺茫，若是说出来，只能更让母亲伤心。

白居易正沉浸在自己的心思里，哪知陈氏那边见他沉默，知道自己的猜想没错，竟立即沉下脸来，说道："乐天，你可给我听好了，只要我还有一口气，我是坚决不答应你让那个下贱的女子进我家门的，除非我死了！"

白居易心里"咯噔"一颤，他实在不忍心母亲用这样的言辞来说湘灵，更想不到的是，母亲竟拿自己的生命，说出这样的狠话来！他既心痛，又害怕，只得伤感地对母亲好言劝慰说："您放心吧，从前，我是真的因为要考取功名，不负父亲的厚望。现在，我即使还惦记着人家，人家也不知流落到了何方了呀！"

陈氏听了这话，倒高兴起来，说："那你还等什么？天下门当户对的好女子多的是啊！要不，我再让……"

"哦，母亲不用操心了，我现在是该考虑自己的终身大事了。"

陈氏见白居易说得恳切，才叮嘱他好好歇息，起身离开了房间。

母亲走后，白居易心中翻江倒海般，想起了与湘灵的种种过往，他痛苦而清晰地意识到，一切都不可能再现了，湘灵再也不会出现在自己的生活中了，他感到心像刀割般地疼。如果从前，他还抱有一丝希望，特别是在自己潜心苦读、如愿地一步步踏入仕途，而且坚守着，年龄也一年年变老时，他还希望母亲能在感动之余，宽宥他的一番苦心；甚至在符离寻访不遇的时候，他也还抱有一丝希望。但今天，母亲把话说到了决绝的份上，令白居易彻底断绝了希望，他理智上明白应该重新安排自己的终身大事了，但内心深处却更加痛苦不堪。

第三天，白居易还未起床，门外就有人高声问："这里是白县尉白大人家吗？"

白居易急忙出门，却见门口停着一辆马车，边上站着一人，正笑盈盈地看着他。

白居易忙问何事，那人确定了这就是白居易后，就忙着把车上的几株植物往白居易家的院内搬，一边还告诉白居易："您的朋友琅玡王质夫王大人，说您爱花，让我帮忙带给您的蔷薇花。这是专门派人上山新挖的，把土和根都打上了包，瞧，这泥土还不十分干呢！趁着这大晴天的，种上了，春天就能开花了。"

白居易知道了，前次去仙游寺，看蔷薇涧，因季节不对，没有看到蔷薇花开，只是随便说了句话，王质夫就这么上心，真让人送来了，心里很是感动。一时间，将昨天的不愉快都抛到了脑后。

白居易叫来家人，一道动手种花。母亲也很高兴，说把这花种在井边吧，浇起水来方便呢！于是大家忙着找来工具，挖坑、种花、培土、浇水，好一阵忙活，才把花种在了水井边上。想象着春天来临时，花开满树，姹紫嫣红、香飘满院时的情景，一家人说说笑笑，很是欢乐。

晚上，白居易徘徊在蔷薇树枝边，想起了花开时节，他与湘灵在花草丛中捉蝴蝶的时光，还有私订终身的情形。他的眼前浮现出草长莺飞、花开并蒂、蝴蝶双舞的画面。唉，真是"在天愿为比翼鸟，在地愿为连理枝"呀！这样的誓愿容易发，要想实现，却难乎其难呀！所以总是只能停留在愿望之中！他不禁有感而发，对着蔷薇枝丫，口中吟道：

> 移根易地莫憔悴，野外庭前一种春。
> 少府无妻春寂寞，花开将尔当夫人。
>
> ——《戏题新栽蔷薇》

次日，白居易正在细心查看那蔷薇与昨天有无二样时，门外来了位差使，递上请帖。原来是王质夫差来的送信人，说他与陈鸿二人已来到了洛阳，有几个朋友久慕白居易大名，很想拜见一下《长恨歌》主，他们便相约在城东一家名为"太白遗风"的酒馆等候，请白居易一定赏光。

白居易来到"太白遗风"时，店小二将他引到二楼的包间，里面除了王质夫和陈鸿二人外，还有两位杨氏学士，一名是杨弘贞，另一名是杨汝士，都住在京城，正在备考进士科，希望得到白少府的指教。

另外还有两个衣着奢华的青年。王质夫介绍他们说一个叫张实，另一个叫阮须，都是京城里的富家子弟。

杨汝士自我介绍说："在下姓杨名汝士，字慕巢，虢州弘农人，久闻少府大人诗名，今日得见，荣幸之至！"

张实、阮须、杨弘贞也对白居易拱手施礼，自我介绍了一番。他们将白居易让入上座。杨汝士还热情地邀请白居易到自己家中做客，而杨弘贞则恭敬地呈上自己的诗作，请白少府赐教。

菜已齐，酒已满，大家开始互相敬酒，话题当然围绕《长恨歌》。二杨及张实和阮须都表示这诗写得太好了，今天能见到歌主，真是三生有幸，以后少不得在朋友面前可以炫耀曾与《长恨歌》的歌主同席饮过酒的。

大家谈兴正浓时，阮须出了包间，一会儿，引来两个浓妆艳丽的妙龄歌伎，白衣女怀抱琵琶，红装女手执横笛，二人款款入座，稍稍对视一下，便轻轻拨弦吹奏，先各自或弹或吹了自己拿手的曲子，又合奏了一曲《凉州词》曲。白居易自小就颇通音律，听了这曲子对众人说道："就是这首《凉州词》曲，当年王昌龄、高适、王之涣三位诗人有过一段斗诗趣话，你们知道吗？"

座中王质夫和陈鸿当然听说过，便只笑而不语，其余四人则面面相觑，要求白少府讲讲。白居易便饶有趣味地讲起来：

当年七绝高手王昌龄、军旅名家高适，还有王之涣，也相约到一处喝酒。就像咱们今天这样，酒喝到高兴处，便赌诗，还招来乐伶唱诗。谁的诗被唱得多者为赢。三人俱年轻好胜，小酒喝得也正愉快，面前的姑娘又貌美如花。于是一个一个地听来。一个乐伶先唱"寒雨连江夜入吴"，王昌龄连连拍手，又赶紧拿笔在纸上画了一下，做上记号。另一个乐伶开口便是"开箧泪沾臆"，这回轮到高适拍手快活了，他也赶紧在纸上画了一杠。乐伶们唱了前两个的，其中王昌龄还一连唱了两首，这时王、高二人都面含喜色，斜着醉眼笑看着王之涣。言下之意，老王啊，看吧，怎么样？人家没唱你的！

王之涣其时成名已久，看着两位老朋友，也不冷不热地回了一句："这两个唱歌的，其实都是潦倒的乐官，'所唱曲子都下里巴人之词耳，岂阳春白雪之曲'？他又指着席间最漂亮的那位乐伶说，等她开口，如果不是俺的诗，我这辈子也不敢与你们争高下了；如果唱了俺的，尔等均列下位，该奉我为师！"

果然，那个歌伎开口唱道，"黄河远上白云间……"正是他那首流传甚广的《凉州词》。

王之涣听了，拊掌大笑。这三个人，笑闹不已，歌伎们连忙询问，得知作者就在眼前时，手舞足蹈，纷纷表示这桌酒钱由她们包了！又赶紧延请他们入席共饮。据说，三人又被她们拉着吃了一天酒呢！

听完故事，大家都感叹起来，前人生活真是既悠闲又浪漫，令人羡慕！

饮酒赏曲又听故事，大家都很尽兴。时间已不早了，阮须就对歌伎们道："今天你们运气好，白少府大人高兴，我赏你们每人开元通宝五钱可好？"

吹笛红装女子拍手道谢，那白衣琵琶女却笑道："大人出手阔绰，小女子深表感谢，但大人不知，这样可不公平呀！"

众人都奇怪她的话中有话，阮须问："怎么不公平，你们一样多呀！"

白衣琵琶女道："正因为一样，才是不公平哩！"

阮须问："为何？"

白衣琵琶女道："大人应该给我多一倍的赏钱才公平哩？""哦？那是为何？"众人更疑惑了。

琵琶女说："因为，我会唱白居易大人的《长恨歌》呀！而且是从头

酒狂引诗魔　悲吟到日西——白居易传

105

至尾的完整唱完！岂能与别人一样？！"

红衣吹笛女始终笑而不语，分明是十分明了已成惯例的办法。众人一时间都乐了，原本就是为那首《长恨歌》而聚在一起的，难得的是歌主白少府还应邀位列其中，哪有不听之理？！于是，准备离开的几个人又都纷纷落座，唤小二再整菜肴、重温酒水，让琵琶女再唱一曲《长恨歌》。

白居易想不到自己的《长恨歌》传得这么快，杨汝士则告诉他说："白少府的大作在长安城早就传开啦！"他现在已相信了王质夫等人没有骗他。

不一会儿，那白衣女子重调弦轴、略试音色，开口就唱起了"汉皇重色思倾国，御宇多年求不得……"。词、曲、音、色俱佳，将众人带入了那段令人神往却又唏嘘伤感的故事里，久久不能醒来。

一曲唱罢，阮须问白衣琵琶女："你可知这《长恨歌》是何人所作？"

白衣琵琶女从容答道："白居易白大人！"

阮须指着白居易笑道："白大人远在天边，近在眼前！你可识得？"

白衣琵琶女惊得慌忙站了起来，口齿伶俐的她激动得有点语无伦次，一时说太唐突了，一时说太幸运了，还说这一夜的酒席钱她全包了！众人都大笑起来。阮须又道："酒席钱早已付过了，小娘子要请客，那就等下次吧！"

这一夜，他们开心地闹腾到东方发白，才意犹未尽地各自散去。临别时，杨汝士还有些恋恋不舍，他忽然对白居易道："我刚听质夫说少府爱花，还对家中的蔷薇咏诗说'少府无妻春寂寞，花开将尔当夫人'，果有其事？"

王质夫笑道："我还会骗你不成？"

杨汝士笑了，说："我家园子里可能有少府喜爱的花呢！少府有空到长安，一定来寒舍一叙啊，正好，我也有学业事要求教于白少府呢！我家就在长安城的靖恭里，我在家中专候乐天兄大驾光临。"

白居易连连说："一定，一定！"

冬去春来，杨汝士派人给白居易送来了一张请帖，邀请白居易去他家中一叙。白居易已知杨家在长安城的靖恭里，与元稹家的靖安里仅隔条小巷。他顺便去看望了仍丁忧在家的元稹，给他送去了一些生活必需品。元稹家贫无积蓄，他丁忧在家又无俸禄，白居易总是尽可能地资助他。从元稹家出来后，才打马直奔杨家而来。他不知道的是，他这一次拜访，从此就与杨家结下了不解之缘。

第十二章　济好友，旧乐府待破立新
　　　　结良缘，新婚夜赠内训妻

1

杨汝士和兄弟杨虞卿等都在家恭候着白居易的到来，他们二人正在备考进士科，希望白居易能有所指教。

白居易到了之后，杨家家仆将白居易的马牵去饮水加料，杨氏兄弟就领着白居易观看他家院落。只见庭院森森，皆整洁清爽，亭台花草，亦错落有致，一看就是治家有方的大家门户。他们在院内大约走了半个时辰，来到一处花廊，廊下摆好了香茗茶案，大家围坐其中赏园品茗。

这时，一个妙龄女子带着两个丫鬟打扮的少女端着茶具款款而来。杨汝士指着中间那个碧纱裙女子对白居易说："这是我堂妹，小名唤作馨儿。"

女子听了，微微颔首，默然将茶具一一摆上案几，然后将煮好的茶水给每一个人面前的茶盏里斟上，顿时，一股奇异的香味飘散开。白居易不由自主地叹道："真香呀！"

馨儿瞟他一眼，轻轻说道："这是我刚刚烹煮的，听哥哥们说今天有贵客来家里，可不敢怠慢啊！"说完，粉白的脸上顿时飘来两朵红云。她微微点下头，退后几步，便转身与丫鬟们一起离开了。

众人便开始在各自面前的洁白圆瓷盂中净手，白居易端起茶盏来，他本想快点将它吃到嘴里，但在众人面前，却只好用调羹舀起来送入口中，感到辛香滑爽甘甜，不禁问道："这是什么茶？真香！"

杨汝士道："乐天兄，这可是'蜡面茶'，是当今朝堂上最盛行的名贵茶品，在制作过程中加入了香料膏油，压制成饼，光润如蜡，所以叫'蜡面茶'。"

白居易大悟，连忙说道："哦，难怪，这可是贡品呀！是皇帝颁赐给朝臣，或者作为礼物赠送给邻国的，民间可是稀罕物啊！慕巢，你们怎么弄到的？"

杨汝士神秘地一笑，说："这是秘密。乐天兄你只管吃就是了！"

见白居易吃得津津有味，杨汝士说："这茶除了制作工艺繁杂外，烹煮时也很讲究哩，要在其中加入葱、姜、枣、橘皮、茱萸、薄荷等料，还得用山泉水才对得住它的高贵呢！"

白居易听了，算是见识了杨家的讲究。

吃着茶，赏着景，杨汝士突然问白居易："你还记得上次送你诗的那个杨弘贞吗？他没啦！"

白居易心中一惊，问："他那么年轻呢！"

杨汝士道："是啊，还不到三十岁呢！"

与元稹相比，白居易一直自叹命运不济，但与这位早夭的杨弘贞比，他感觉自己已经很幸运了。想起了上次他留给自己的诗，大约才过去小半年光景，不禁轻声念道："赋句诗章妙入神，未年三十即无身。常嗟薄命形憔悴，若比弘贞是幸人。"

杨汝士听得真切，心想，白少府真是个容易满足的人啊！

杨汝士见白居易沉吟半天，想转移一下他的注意力，又告诉他一条消息："乐天兄，可知道有个叫关盼盼的歌伎吗？"

白居易乍听这名字好耳熟的，突然就想起来了，这不是徐泗濠节度使张建封之子张愔的爱伎吗？张建封死后，张愔被授为留后，即接班人，后又晋封武宁军节度。元和元年（806），因身体有病，求朝廷派人代替职位，被召为工部尚书，这年十二月就去世了，被追赠右仆射。他想起那年进士及第，兴高采烈地回符离，寻访湘灵未遇，怀着满心的怅惘，正好接到了张愔的邀请去他府中赴宴，在那华丽排场的宴会中，张愔请出了自己的爱妾关盼盼来为宴会助兴。关盼盼的歌喉与舞姿，倾倒了在场的每一位嘉宾，也令白居易记忆犹新，还曾写诗送她呢！他忙关切地问道："张尚书死后，关盼盼怎么啦？"

杨汝士说："张愔在徐州病亡后，葬于洛阳的北邙山。唉，树倒猢狲散，张愔死后，张府中的姬妾很快都风流云散，各奔前程而去。只有年轻貌美的关盼盼无法忘记夫妻的情谊，矢志为张愔守节。她只身移居到徐州城郊云龙山麓的燕子楼，只有一位年迈的女仆相随，主仆二人在空旷的燕子楼中，过着几乎与世隔绝的日子呢！"

白居易知道，那燕子楼地处徐州西郊，依山面水，风景绝佳，是张愔生前特地为关盼盼兴建的一处别墅。楼前有一湾清流，沿溪植满如烟的垂柳，雅致宜人。而楼名也是关盼盼和张愔一同议定的。昔日关盼盼与张愔在燕子楼上看夕阳暮色，在溪畔柳堤上缓缓漫步，如今却是风光依旧，物是人非，真是世事难料呀！

白居易不禁怅然若失。

当晚，白居易留住在杨家，醉意朦胧中，想起了白天杨汝士所讲的关盼盼，便随手写下一首诗《感故张仆射诸妓》：

> 黄金不惜买蛾眉，拣得如花三四枚。
>
> 歌舞教成心力尽，一朝身去不相随。

原本白居易的意思是讽刺张愔的这些爱妾，在张愔故去后没有一个会追随他而去的，却不料，这首诗引来了一场大的误会，直接导致了一件人命案，从而也引发了一大波舆情争论，也极大地影响了白居易后半生对伴侣们的处置安排。此乃后话。

2

当晚，杨家兄弟都已醉卧，夜阑人静，风清气爽。白居易披衣下床，信步来到庭院之中，只见皓月当空，庭院清朗，窗棂上爬满了绿藤花卉，忽见一个倩影在窗前一闪，便不见了。他恍惚看得真切，那是杨家小妹馨儿的身影，待他定睛再瞧，却不见了踪影！他的酒顿时醒了，心也被触动了，想这女子虽非花容月貌，却也是大家闺秀、落落大方，行为举止，女德懿范。倒真是十分的般配啊！想到这里，不觉暗暗惊讶，莫非杨氏兄弟是有意安排？转念一想，人家兄弟们正在备考进士科，让自己来家中游宴，其实也是想让他授予备考经验的呀。怎可另有他图？可是自己年近不惑，仍孑然一身，是该考虑一下终身大事了呀，他又感慨地吁了一口气，回到房中歇息。想到白天斟茶的细语，刚刚月下花丛的倩影，便再也不可抹去了。

白居易在杨汝士家一住就是十几日，杨家兄弟始终盛情厚待，让白居易心生感激。

他离开杨家后，就去骆口驿办差，差毕就歇息在骆口驿站的馆舍中。晚上，白居易心潮难平，想到自己年近不惑，仍孑然一身，很是孤苦，心上的人想见不得，想忘不能。湘灵杳无音信，总不能这样毫无希望地等待吧！这十几天在杨家不时与馨儿的碰面，也着实让白居易感受到了她的善解人意和温柔体贴，何况杨氏兄弟也都明里暗里在提醒着他：小妹对他颇有好感。

他烦乱地在纸上写下一道《寄远》，寄到哪里去呢？

> 欲忘忘未得，欲去去无由。
> 两腋不生翅，二毛空满头。
> 坐看新落叶，行上最高楼。
> 暝色无边际，茫茫尽眼愁。

3

到了秋天，白居易接到了朝廷诏书，命他作进士考官！他因此要离开盩厔，到长安京城去履职了。盩厔县从县令到衙役都高兴异常，小小的县城出了一个可去往京城担任进士考官的官员，也是他们的荣耀，何况此人年纪轻轻已声名远播，前途不可限量！大家纷纷忙着为白居易送别饯行。而白居易却忙里偷闲，为进士科考做准备，写下一篇《进士策问五道》。

白居易兴致勃勃地来到长安城京兆府履职，却见府第门前新栽的莲花远不是自己从前见到的那么鲜艳繁盛。他不禁心中有点惶惑，兴奋的心情顿时低落几分，他既为它们感慨，同时也为自己的前途担忧，不知自己的此番履新，究竟是福是祸。他写了一首《京兆府新栽莲》：

> 污沟贮浊水，水上叶田田。
>
> 我来一长叹，知是东溪莲。
>
> 下有青污泥，馨香无复全。
>
> 上有红尘扑，颜色不得鲜。
>
> 物性犹如此，人事亦宜然。
>
> 托根非其所，不如遭弃捐。
>
> 昔在溪中日，花叶媚清涟。
>
> 今来不得地，憔悴府门前。

4

这一年的夏天，长安城里酷热难耐，白居易在长安的家中热得无法消解，更无法读书写作，便索性独自一人打马慢游到城外，想寻找一份清凉。果见远处一座佛阁高耸，于是登临避暑，在窗前解开衣襟，顿觉清风入怀，暑意全消，好不畅快。可是，在回程的路上，却见竹禾苗都因旱情而枯焦败落，他心里十分焦虑，却又不知如何才能救济。于是回到家中写下《月夜登阁避暑》：

> 旱久炎气盛，中人若燔烧。

清风隐何处，草树不动摇。

何以避暑气，无如出尘嚣。

行行都门外，佛阁正岧峣。

清凉近高生，烦热委静销。

开襟当轩坐，意泰神飘飘。

回看归路傍，禾黍尽枯焦。

独善诚有计，将何救旱苗。

由于他一贯的勤勉，又诗文大量传播，最终传至朝廷，引起朝中上层关注，加之宪宗皇帝即位不久，渴求人才，力求振兴，所以，白居易又经历了两次变动，最终诏为了翰林学士。

到元和三年（808）白居易三十七岁时，已是制策考官，除左拾遗，仍充翰林学士。

制策就是将皇帝的疑问之事，书写在策（竹简）上，也就是今天的秘书。白居易就是考察录用制策的考官；拾遗属谏诤机关，类似现在的监察机关官员，而左比右大；翰林学士则担当起草诏书职责的官员。

接踵而来的升迁，让白居易忘记了刚到京兆府时见到莲花衰败的担忧。此时的他，心甚欢喜，感觉离自己想要的目标越来越近了。但他不知道，正是这样的官职，给他今后的人生道路埋下了祸根！福兮祸所伏，祸兮福所倚，不过是祸是福？谁也预料不到。

这期间元稹仍在丁忧之中，白居易曾多次抽空去看望这位挚友。这一次，白居易又去看望元稹，恰好李绅也在一处，三人谈到近段所作的诗文，一致认为：赋诗作文应有感而发，有事实依据，反对言之无物的浮夸虚幻之作，主张恢复古代的采诗制度，发扬《诗经》和汉魏乐府讽喻时事的传统，使诗歌起到"补察时政""泄导人情"的作用，强调以自创的新乐府题目咏写时事。他们把这种新诗称之为新乐府，也是相对于旧时的乐府而言。三人约定，今后写诗，就以此为目标，不做虚妄之语。

李绅走后，白居易又将自己住在杨汝士家帮助杨氏兄弟备考的事，特别是见到杨家小妹的情形，都如实告诉了元稹。元稹也力劝白居易再不要错过了这门好姻缘。

有了好友元稹的规劝，白居易心里更加有底了，临别时，白居易拿出一个小包裹送给元稹。

等白居易走后，元稹打开包裹，看到里面是几枚银锭和一些碎钱。元稹丁母忧快三年了，尽管是粗衣素食，也会坐吃山空，元稹心里十分感激白居易。

5

由于公务，白居易时常往来于骆口驿、盩厔与长安之间，受杨汝士之邀，曾多次借住在杨家，其时，杨家兄弟也真的是属意于白居易。白居易无论是人品、学识还是前程，都让杨氏兄弟觉得堂妹馨儿嫁给白居易是最好的姻缘，于是多方撮合，想促成此事。

春暖花开时，白居易终于与杨家小妹馨儿完婚了！走过人生 37 载漫漫长路，他终于有了自己的小家。新婚妻子不是父母之命，也不是媒妁之言，是自己相中选定的！这让白居易感觉欣慰，此前，他当然也回家告知了母亲，母亲听了新儿媳家的情况十分满意，杨家是虢州弘农（今河南省灵宝市）人，虽非高官厚禄人家，却是名门望族。陈氏催促白居易快快迎娶新人。

在唐代，婚嫁可是人生中的一件大事，皇家宗室和贵族的婚姻仪式，都要按纳采、问名、纳吉、纳币、请期、亲迎这六个步骤进行，白家和杨家虽不是皇家贵族，但也要遵循六礼的程序进行。

好在白家的白老夫人是一言堂，她说了算，儿子的婚事由她一手包办了；杨家也很开通，杨夫人将女儿出嫁诸事早已准备得妥妥当当的了。

在大喜的日子里，白居易身挂大红花，骑着一匹高头大马，将馨儿的花轿，在阵阵鼓乐声中，迎了回来！

新婚之夜，白居易写下一首《赠内》，希望此诗能让新娘明白，他不是贪图高官厚禄之人，温饱无忧足矣，但愿与她相敬如宾、偕老同欢：

> 生为同室亲，死为同穴尘。
> 他人尚相勉，而况我与君。
> 黔娄固穷士，妻贤忘其贫。
> 冀缺一农夫，妻敬俨如宾。
> 陶潜不营生，翟氏自爨薪。
> 梁鸿不肯仕，孟光甘布裙。
> 君虽不读书，此事耳亦闻。
> 至此千载后，传是何如人。
> 人生未死间，不能忘其身。
> 所须者衣食，不过饱与温。
> 蔬食足充饥，何必膏粱珍。
> 缯絮足御寒，何必锦绣文。
> 君家有贻训，清白遗子孙。
> 我亦贞苦士，与君新结婚。
> 庶保贫与素，偕老同欣欣。

白居易的诗很多都是对自己日常生活琐事的记载，结婚这样浪漫又有纪念意义的大事，当然不可无诗。洞房花烛夜，人生四大喜事之一，这是一个多么引人遐想、富有激情的时刻。然而，三十七岁的白居易已不是未经世事的毛头小生，他是个大叔级的中年男人了。这首诗，让人多少有些憋闷，实话实说，一点也不浪漫。也许他只是为了成个家而结婚，他在内心深处还没有完全放下湘灵。开篇虽然发誓说，我一定会跟你生同室死同穴，但听来总是太过严肃而紧张。接下来又说我这个人官职不高，挣得不多，而且对现在的工作也不太喜欢，以后可能要辞职回家里待业一段时间的，到时候还希望你能多多包容！他要求杨氏像养家的陶潜、不愿意做官的梁鸿他们的妻子们学习，安贫守道。最后还告诫她：在我看来，人活着只要能吃饱穿暖就行了，美味珍馐、绫罗绸缎都没什么必要，我们应该追求的是老老实实做事，清清白白做人，今天是结婚第一天，希望无论今后贫穷还是富有，都能与你相濡以沫，白头到老。

这完全不是那个写出"回眸一笑百媚生，六宫粉黛无颜色"，也不是那个写出"玉容寂寞泪阑干，梨花一枝春带雨""在天愿作比翼鸟，在地愿为连理枝"诗句的大诗人白居易！这就是一个实实在在过日子的平凡男人！好在大家闺秀的杨馨儿也是通情达理之人，嫁乞随乞，嫁叟随叟了。

第十三章　左拾遗言事，不识时忌讳
　　　　　白舍人题诗，有刀笔杀人

1

白居易把新家安在了长安城的新昌里，馨儿谨记夫君的教诲，操持家务，温柔体贴，让白居易感受到了家庭的温暖，也激发了他的进取之心。他曾向宪宗皇帝上奏折表白："授官以来，仅将十日，食不知味，寝不惶安，惟思粉身，以答殊宠，但未获粉身之所耳！"

白居易一直悉心政务，关怀百姓。此刻，他更是希望通过自己的努力，不负皇恩，报效朝廷。他谨记在《初授拾遗献书》中所说："夫位未足惜，恩不忍负，然后能有阙必规，有违必谏。朝廷得失无不察，天下利病无不言。"

他在讽喻诗写作中也主张："唯歌生民病，愿得天子知。"（《寄唐生》）"但伤民病痛，不识时忌讳。"（《伤唐衢二首》）"言者无罪闻者诫，下流上通上下泰。……欲开壅蔽达人情，先向歌诗求讽刺。"（《新乐府·采诗官》）。他认为这一切，都是他的职责所在，务必恪守履行。

白居易一心报效朝廷又苦于没有机会，让他始料不及的是，机会来得迅雷不及掩耳，一场时间长、规模大、涉及人多、影响深远的事件，终于发生了。

2

元和三年（808）的四月，策试贤良方正能直言极谏科开试了，参考的士子们涌进试院时，白居易想到了自己当年两次参考的情形，他在心里

酒狂引诗魔　悲吟到日西——白居易传

117

默默祝愿他们，一定要考出自己理想的成绩！

在这群考生当中，有几个人名不得不提，他们就是伊阙尉牛僧孺、陆浑尉皇甫湜、前进士李宗闵。

他们在策试中指陈时弊，无所避讳。而考策官户部侍郎杨於陵、吏部员外郎韦贯之，以及复试官翰林学士裴垍、王涯等，他们都是忧国贤臣，对之十分欣赏，将他们的成绩列入"上第"，就是上等、第一的意思。

然而，当时的宰相李吉甫听闻消息后，却如鲠在喉，因为牛僧孺等人的对策是主张休养生息，反对肆意用兵藩镇，以减轻人民的经济负担。他们所指责的对象，未必是直接针对李吉甫，更有可能是针对当时的大宦官吐突承璀，但不管怎么说，这些对策与李吉甫打击藩镇的强硬主张是相悖的。

于是，李吉甫向宪宗指控王涯徇私舞弊、包庇其外甥皇甫湜，而杨於陵、韦贯之、裴垍则是知而不报！李吉甫当着宪宗的面，诉说自己的削藩苦心，他边说边涕泪交流！

裴垍和王涯被罢去翰林学士，分别被贬为户部侍郎、都官员外郎，韦贯之被贬为果州刺史，过了几天，韦贯之再贬为巴州刺史、王涯被贬虢州司马，杨於陵被贬为岭南节度使。由于李吉甫对牛僧孺等人罗织的罪状，使他们都不能按常例授予官职，只能受聘于藩镇幕府，直到元和九年（814），李吉甫去世后，他们才入朝任职。

面对朝中不平之事，左拾遗是有直言谏议资格和职责的。于是，白居易上书《论制科人状》，力谏牛僧孺等人是不当贬黜的：

……臣伏以裴垍、王涯、卢坦、韦贯之等，皆公忠正直，内外咸知，所宜授以要权，致之近地。故比来众情私相谓曰："此数人者，皆人之望也。若数人进，则必君子之道长；若数人退，则必小人之道行。欲卜时事之否臧，在数人之进退也。"则数人者，自陛下嗣位以来，并蒙奖用，或任之耳目，或委以腹心，天下人情，日望致理。今忽一旦悉疏弃之，或降于散班，或斥于远郡，设令有过，犹可优容，况且无瑕，岂宜黜退？所以前月以来，上自朝廷，下至衢路，众心汹汹，惊惧不安，直道者疲心，直言者杜口。不审陛下得知之否？凡此除改，传者纷然，皆云裴垍等不能委曲顺时，或以正直忤物，为人之所媢嫉，本非圣意罪之。不审陛下得闻之否？臣未知此说虚实，但献所闻。所闻皆虚，陛下得不明辨之乎？所闻皆实，陛下得不深虑之乎？虚之与实，皆恐陛下要知，臣若不言，谁当言者？臣今言出身戮，亦所甘心，何者？臣之命至轻，朝廷之事至大故也。

臣又闻君圣则臣忠，上明则下直。

……

臣昨在院与裴垍、王涯等覆策之时，日奉宣令臣等精意考覆。臣上不敢负恩，下不忍负心，唯秉至公，以为取舍，虽有仇怨不敢弃之，虽有亲故不敢避之，唯求直言以副圣意。故皇甫湜虽是王涯外甥，以其言直合取，涯亦不敢以私嫌自避，当时有状，具以陈奏。不意群心嗷嗷，构成祸端。圣心以此察之，则或可悟矣。倘陛下察臣肝胆，知臣精诚，以臣此言可以听采，则乞俯回圣览，特示宽恩，僧孺等准往例与官，裴垍等依旧职奖用，使内外人意，欢然再安。若以臣此言理非允当，以臣覆策事涉乖宜，则臣等见在四人，亦宜各加黜责，岂可六人同事，唯罪两人？虽圣造优容，且过朝夕，在臣民惧惕，岂可苟安，敢不自陈，以待罪戾？臣今职为学士，官是拾遗，日草诏书，月请练纸，臣若默默，惜身不言，岂惟上孤圣恩，实亦下负人道。所以密缄手疏，潜吐血诚，苟合天心，虽死无恨。无任忧惧激切之至。

白居易大胆地说那几个被贬之人皆"公忠正直"之人，除了要求圣上能收回陈命，恢复被贬黜者原官职外，还对自己同为对策考官之事毫不避讳，指出"若以臣此言理非允当，以臣覆策事涉乖宜，则臣等见在四人，亦宜各加黜责，岂可六人同事，唯罪两人"，表现出敢作敢为、勇于承担的气慨。

但是，结果还是于事无补。

白居易认为自己无论是从涉事的策事考官还是从担任的拾遗官两种身

份，都应该秉笔直书，以不负圣望，所以"忧惧激切之至"，可是，他不知道，这样一来，就把自己置于"牛李"朋党之争中的牛党一派了，进而也因此屡遭贬黜。

3

因为有了杨氏的悉心照料，白居易的生活规律而舒适，他们按照自己的喜好，在庭院中种竹植树，栽花养鱼。白居易有了更充沛的精力投入拾遗官的工作中。若遇见不平，则知无不言，言无不尽，也结识了一批志同好友。

和籴，是指古代官府出钱向民间购买粮食及其他实物，始于北魏，后变了，和籴为强征。北魏末年，梁州之兵粮和籴，和籴者无不获厚利。东魏天平年间，且置和籴大使掌管其事。唐贞观后，内地及西北边州皆已推行，往往抑价派购。"安史之乱"后，中原残破，府库耗竭，但军需、官用继增，积弊尤甚。贞元以后，朝廷虽屡诏于时价外加估，预付其值，但多不能实现。且常赊买欠负，不给分文，或以杂色缎匹支付搪塞，或虽给时价，但官吏、豪富互相勾结，从中渔利，敲诈勒索，成为一种变相赋税！以至村间之家，"所失过半""实不堪命"。

针对这种弊端，白居易写下《论和籴状》，他痛陈其弊，称："凡曰和籴，则官出钱，人出谷，两和商量，然后交易"，实则配户督限，"蹙迫鞭挞，甚于税赋。号为和籴，其实害民"。

这时的白居易，忠实地践行着他"有阙必规，有违必谏。朝廷得失无不察，天下利病无不言"的言官职责。不论是否被采纳，也无论是否遭人嫉恨或非议，他都秉笔直书，犯颜进谏。

在翰林院学士中，员外郎钱徽比白居易入院时间稍晚一点，他是从祠部员外郎转来，与白居易秉性相投。翰林院的学士们实行轮流值班制，应对皇帝或主官的咨询；起草重要、紧急的文件；处理突发事件和紧急公务。白居易与钱徽刚好被安排在同一时间。

冬夜白居易与钱徽在禁中值守时，常有说不完的话题。钱徽说，他最喜欢冬日的暖阳照在窗台上，早起正好读书，白居易也喜欢这般用功，所以二人无话不谈。有时深夜应召起草完诏书后，准备上床休息时，又忍不住有话要说，于是，二人又重新煨起残杯，坐在案头对饮起来，直到东方破晓。这样的日子安稳又舒心，可是却不能长久。

有一天，二人又是一番彻夜长谈，钱徽告诉白居易说："前日裴均进奉了各种银器，做工精美，惹得大臣们议论纷纷。"

白居易好奇地问："圣上前日刚刚颁旨，说为免劳民伤财，停止进奉，这才刚刚不到一个月，怎么又……？"

钱徽叹口气，说："大家都说裴均进奉在下诏之先，劝圣上不妨接纳呢！"

白居易很气愤，说："我听说那裴均分明小人，十分贪婪，每每假借了进奉的名义，大肆搜刮。他这是在试探朝廷，如若朝廷接纳，他日必将变本加厉。"

钱徽说："唉，你知道裴均是什么人吗？他乃绛州闻喜（今山西闻喜东北）人。明经及第出身。初为诸暨尉，张建封表为濠寿团练判官。迁膳部郎中。贞元十九年（803），为荆南节度使。因平刘辟有功，所以颇得圣上信任，刚刚除为尚书右仆射，判度支，不久就迁为检校左仆射、同平章事，充山南东道节度使。他还是宦官窦文场的养子，为人荒纵无法度。听说德宗欲任其为相，谏官李约以为不可污台辅，才被制止。可见圣上对他器重有加啊，所以我等也不必太过认真。"

白居易当然知道窦文场是怎么样的人物！他起先只是在东宫内服侍德宗的宦官，泾师之乱时，德宗召禁军御敌，却无人响应，只有宦官窦文场与仙鸣率诸宦官及亲王护驾在左右，德宗在宦官保护下仓皇逃往奉天城（陕西乾县），叛军拥立闲居在家的太尉朱泚为大秦皇帝。随后，朱泚派兵围攻奉天城，想要擒杀德宗，德宗一行一直逃到山南，护卫的唐军才渐渐集

酒狂引诗魔　悲吟到日西——白居易传

121

结拢来。

德宗还京后，对宿将颇有顾忌，大凡握兵较多的，都遭到罢免。又以神策、天威等军置护军中尉、中护军等官，并令宦官担任，于是禁军遂归宦寺，由窦文场、仙鸣分别统领。宦官开始专权，文武百官皆有所顾忌。

宦官专权，文武百官敢怒不敢言，想不到，窦文场的养子也这般大胆！白居易说："身为朝廷大臣，更应维护天子声誉、百姓利益呀！你我身为朝廷言官，怎么能坐视不言？我这就给圣上写一封奏表。"

4

白居易拿出笔墨纸砚，正准备起草奏表时，东方已发白，忽然有家人来报，夫人杨氏已经分娩，请老爷速回。

巨大的喜悦让白居易一下子愣住了，他不知道是该回家还是该写奏表，提着笔在那里发呆。

钱徽扯了扯他的衣袖，催促道："恭喜乐天兄初为人父啊，赶快回家吧！"

白居易这才缓过神来，急忙往家中赶，心里一直念叨着：我已为人父了，我已为人父了！

白居易还未进家门，就听到了稳婆报喜说："老爷可回来啦！恭喜老爷，夫人为老爷喜添了个千金，正等着您回来取名儿呢！"

年近不惑的白居易终于当上父亲了，他抑制不住内心的喜悦来到内室，见杨氏躺在床上，身边多了一个襁褓中的婴儿。白居易看着倦容满面、脸色泛黄的杨氏，轻轻地说道："夫人，谢谢你，辛苦啦！"

杨氏睁开眼睛，说道："老爷回来啦！我给你生了个闺女！"语气中不无歉意。

白居易笑着说："闺女好哇，你没听说吗？现在想生闺女的人比想生儿子的人还多呢！"

杨氏也笑了，说："我早就听我哥哥们说过你写的《长恨歌》了，上面就有'遂令天下父母心,不重生男重生女'的句子呢!"

白居易说:"我们不必求她将来飞黄腾达,但求她一生平安,无忧无虑就好!"

杨氏笑了,说道:"老爷放心,咱们先开花,后结果哦!

白居易愣了一下,随即也笑了起来:"夫人也会幽默啦!"

白居易抱起杨氏身边的襁褓,熟睡中的婴儿眉眼嘴鼻竟是那么小巧而精致,父爱之情油然而生。白居易心中充满了欢喜和怜爱,心想:我们一定要好好地待她,嗯,给她起个什么名儿呢?他思量片刻后对杨氏说:"翰林学士被美誉为金銮人物,所谓'金銮人物世无双啊',而元稹还夸我是金銮之英呢,她是我翰林学士的女儿,哈哈,不如就叫她金銮子吧!"

杨氏乐了:"好啊,这名儿好听,又有喻义,就叫她金銮子啦!"

夫妻二人憧憬着金銮子伴随着他们快乐生活并长大成人的美好将来,不知不觉间已经夜深。白居易让杨氏快快休息,自己又吩咐下人赶紧为金銮子找寻乳母。安排完事务后,他才回到书房。如果说从前他勤学苦读,是为了博取功名利禄、光宗耀祖,那么现在,他感觉自己已为人父,不仅要为自己,更要为家庭、为子女的未来创下基业,而只有天下太平、百姓安居乐业,这一切才能实现,他认为自己作为朝廷的言官、圣上信任的翰林学士,更应该为了江山社稷,知无不言,言无不尽啊!想到这里,他感觉倦意全无,白天与钱徽所谈之事,又浮现在眼前,这样的所谓"小事",一旦开了先例,后面便会有跟风者如影随形、趋之若鹜,甚至有过之而无不及。

白居易又回到书房,研墨铺纸,开始草拟《论裴均进奉银器状》:

臣伏闻向外传说云,裴均前月二十六日于银台进奉前件银器。虽未审知虚实,然而物议喧然,既有所闻,不敢不奏。伏以陛下昨因时旱,念及疲人,特降德音,停罢进奉。天意如感,雨泽应期,巷舞途歌,咸呼万岁。伏自德音降后,天下禺望遵行,未经旬月之间,裴均便先进银器。诚有此事,深损圣德。臣或虑有人云,裴均所进银器,发在德音之前,遂劝圣恩

酒狂引诗魔 悲吟到日西——白居易传

123

不妨受纳。以臣所见，事固不然。臣闻众议皆云，裴均性本贪残，动多邪巧，每假进奉，广有诛求。料其深心，不愿停罢，必恐即日修表，倍程进来，欲试朝廷，尝其可否。何者？前月三日降德音，准诸道进奏院报事例，不过四五日，即裴均合知，至二十六日进物方到，以此详察，足见奸情。今若便容，果落邪计。况一处如此，则远近皆知，臣恐诸道依前，从此不守法度。则是陛下明降制旨，又自弃之，何以制驭四方，何以取信天下？臣反复思虑，深为陛下惜之。伏准德音节文，除四节及旨条外，有违越进奉者，其物送纳左藏库，仍委御史台具名闻奏。若此事果实，则御史台必准制弹奏，谏官必谏，宰相必论，天下知之，何裨圣政？以臣所见，伏望明宣云："裴均所进银器，虽在德音之前，恐四方不知，宜送左藏库收纳。"如此则海内悦服，天下欢心。事出宸衷，美归圣德，莹钼至御史谏官奏论之，然后有处置。在于事体，深以为宜，伏愿圣心速赐裁断。谨具奏闻，谨奏。

白居易将草就的奏章酌酌几遍后，又工整地抄录一遍，准备明日一早就呈上去。他抬起头来，却发现东方早已大亮了，这一宿又是一个不眠之夜，一股倦意悄悄袭来，可是，耳边隐约传来了几声婴儿的啼哭声，他连忙跨出书房，穿过花繁叶茂的庭院，向内室走去……

5

不久，便传来了谕旨：采纳白居易所进之言，将裴均所进之珠宝玉器悉数送往左藏库封存，并昭告百官，下不为例！

白居易得知消息，心下甚是欣慰。

这天，又轮到白居易与钱徽当值，二人又聊起了当今的时政。钱徽拱手向白居易说道："恭贺乐天兄的奏章被圣上采纳，我本以为像裴均这样的宠臣，进奉些玉器，本算不得什么，何况又发生在圣谕停罢进奉之先，没必要去较真的，看到乐天兄的奏表，才感觉你才是知无不言，言无不尽的真君子啊！现在，圣上完全采纳了你的奏论，可见，你是真为天子德行思考，也是为百姓疾苦操劳的人啊！"

白居易听了，心里虽然高兴，嘴上却谦虚地说道："哎，多谢蔚章兄夸赞，这都是圣上英明，能兼听则明啊！"

白居易受到了极大的鼓舞，感觉他正朝着设置的人生目标一步步迈进。他想起了自己被授予左拾遗时上表所言"惟思粉身，以答殊荣"，又想起任制策试官时所言"惟歌民生痛，愿得天子知"，要求试子们做到的，自己理应率先做到！自此以后，白居易见事言事，无所畏惧的勇气更足了。

这一天，白居易照常在翰林院值守，天还未完全亮，却见宫门内走出一人，见了白居易忙躲过一边匆匆而去。

白居易走进宫门，又见一宫人，呆立在门边，正擦着眼泪。白居易好生奇怪，他招守门卫士过来询问，卫士颇动容地说，刚刚离开的那个人，是这宫人家乡来的侄子，说他祖父病逝前还念叨着没能见上自己的小儿子一面，死不瞑目啊！这宫人进宫已二十余年了，唉，可怜家中的父母眼睛都哭干了，到死也没能见面啊！

卫士说完，自己也眼红了。

这一年，江淮一带发生旱灾，晚上，白居易又和钱徽一起在翰林院值守。钱徽说："乐天兄，你的《观刈麦》写得好啊，栩栩如生，好似就在眼前啊！"说着，他竟吟诵起来："'今我何功德？曾不事农桑。吏禄三百石，岁晏有余粮。念此私自愧，尽日不能忘。'还有你的《卖炭翁》：'可怜身上衣正单，心忧炭贱愿天寒。'写得多么真切感人啊！"

白居易颇为感动，说："多谢蔚章兄抬举！"

钱徽叹道："去年夏天至今，江淮一带大旱，大片农田减收甚至无收，农家苦不堪言，真不知你诗中所写的贫妇和那孩子怎么样了啊！"

白居易也难过地低下了头，说："江淮旱情严重，圣上都发了《罪己诏》。如果再能多降德音，体恤民众，也许老天就能开恩降雨的啊。"

晚上，躺在值守室的床铺上，万籁俱静，唯有时而响起的更鼓一阵阵地传来，让夜的宁静更加悠长。白居易想到这样的夜晚，那些白天刈麦的人们是不是睡得安稳了？他们还在为缴不完的税赋难于安寝吗？那抱子拾麦的贫妇是如何煎熬度日的呢？我应该为他们做点什么呢？想到这里，他又从床上爬了起来，研墨铺纸，写下《奏请加德音中节目件》，其中《缘今时旱请更减放江淮旱损州县百姓今年租税》文如下：

> 右，伏以圣心忧轸，重降德音，欲令实惠及人，无如减放租税，昨正月中所降德音，量放去年钱米。伏闻所放数内，已有纳者，纵未纳者，多是逃亡，假令不放，亦征不得。况旱损州县至多，所放钱米至少，百姓未经丰熟，又纳今年租税，疲乏之中，重此征迫，人力困苦，莫甚于斯，却是今年。伏望圣恩更与宰臣及有司商量，江淮先旱损州，作分数更量放今年租税。当疲困之际，降恻隐之恩，感动人情，无出于此。敢竭愚见，以副圣心。

6

这天早晨，白居易来得很早，宫门尚未开启，却见一大堆人影在宫门后挤挤挨挨地，热切地盼望着什么。白居易这才想起今天是上巳日，按照大唐的制度，这一天，凡在宫中服役的宫人们可以与亲人有一次短暂的相见，可以互道离情，诉说相思之苦，甚至还可以互赠一点小礼物。这在以前的历朝历代是不可想象的事情，从前往往入了皇宫就一辈子不得走出宫门，也不得与亲人相见。大唐王朝体恤民情，才有了这样的一年一度的骨肉相见。每到这一天，盼望与家人相见的宫人们都是早早地来到宫门后面等待，谁都想把这短暂的时间拉得更长一点。但也总是有一些人苦苦地叫喊着家人的姓名却无人应答，从天不亮一直等到天黑也没能与亲人见上一面，最后只好擦着眼泪转回宫中。

在拐角处，白居易看到一个宫女在默默地低头流泪，一旁稍大一点的宫女不断地安慰着她说："不要担心，会来的，会来的！"

白居易心中一颤，她是在担心家里没有人来吗？是家里遭了灾，还是亲人患了病？这些宫人，或因长相秀丽被选，或因亲人获罪被罚，或因有一技之长被召，他们有的甚至很小就被召进宫来，除少数宫人因各种机缘被放归或赏赐给大臣，绝大多数宫人只能孤独一生，直至老死宫中。

　　白居易对他们十分同情。而朝廷为此所花费的银两更是不计其数，想到此，白居易困意全无，他重新拿起笔来，研好新墨，写下了《请拣放后宫内人》：

　　右，伏见大历已来四十余岁，宫中人数，积久渐多。伏虑驱使之馀，其数犹广，上则屡给衣食，有供亿糜费之烦，下则离隔亲族，有幽闭怨旷之苦，事宜省费，物贵遂情。顷者已蒙圣恩，量有拣放，闻诸道路，所出不多。臣伏见自太宗、元宗以来，每遇灾旱，多有拣放，书在国史，天下称之。伏望圣慈再加处分，则盛明之德，可动天心，感悦之情，必致和气，光垂史册，美继祖宗，贞观、开元之风复见于今日矣。非小臣愚恳，不能发此言，非陛下英明，不能行此事，如蒙允许，便请以德音中次第处分。谨具奏闻，伏待圣旨，谨奏。

　　写完这些，钟鼓楼传来了一阵报时鼓声，东方已经发白，又是一个不眠之夜！可是，想想那些在烈日下劳作的人、在严寒中挣扎的人，也许能因自己的一夜笔墨耕耘，而稍稍减轻一点点重压；那些日思夜想期盼亲人相聚的人，也许能被放归家乡，骨肉团圆！白居易的心里顿时轻松起来。

　　一连多日，白居易连续书写多份奏章，所奏请的内容有降狱囚、放宫人，到免租税、绝进奉、禁掠卖良人等，皇帝竟都应允照办了。

　　果然，这天早晨，天边响起了阵阵雷声，随即下起雨来。早起后正在院中赏花的杨氏馨儿兴奋地回到屋中对白居易说："老爷，你的苦心感动上天了，要下雨啦！"

　　白居易推窗看看窗外，舒心地说："不是我感动上天，是圣上的恩德

酒狂引诗魔 悲吟到日西——白居易传

感动了上天呀！祈愿苍天赐雨，百姓有个好收成啊！"

雨越下越大，一连下了三天，真是解饥渴顺民心的好雨啊！满朝文武无不欢欣，盛赞天子仁德，感动上天。白居易也欣然提笔，记下了这感天动地事件的全过程：

贺雨

皇帝嗣宝历，元和三年冬。自冬及春暮，不雨旱爖爖。上心念下民，惧岁成灾凶。遂下罪己诏，殷勤告万邦。帝曰予一人，继天承祖宗。忧勤不遑宁，凤夜心忡忡。元年诛刘辟，一举靖巴邛。二年戮李锜，不战安江东。顾惟眇眇德，遽有巍巍功。或者天降沴，无乃儆予躬。上思答天戒，下思致时邕。莫如率其身，慈和与俭恭。乃命罢进献，乃命赈饥穷。宥死降五刑，责己宽三农。宫女出宣徽，厩马减飞龙。庶政靡不举，皆出自宸衷。奔腾道路人，伛偻田野翁。欢呼相告报，感泣涕沾胸。顺人人心悦，先天天意从。诏下才七日，和气生冲融。凝为油油云，散作习习风。昼夜三日雨，凄凄复濛濛。万心春熙熙，百谷青芃芃。人变愁为喜，岁易俭为丰。乃知王者心，忧乐与众同。皇天与后土，所感无不通。冠珮何锵锵，将相及王公。蹈舞呼万岁，列贺明庭中。小臣诚愚陋，职忝金銮宫。稽首再三拜，一言献天聪。君以明为圣，臣以直为忠。敢贺有其始，亦愿有其终。

7

这天，照例是值守的时间，宫内无要事传唤，白居易与钱徽又在一起对酌。钱徽停下手中的杯箸，说道："乐天兄真是好笔头啊，连上的两道奏折都被圣上采纳了，这可是利国利民的大好事啊！乐天兄可谓功劳不小啊！"

白居易谦虚地说道："你我食朝廷俸禄，理当为民做主、为国分忧啊！岂敢言功？再说，我不过是据实言事，又岂有什么好笔头啊？"

钱徽摇了摇头，笑说："乐天兄，你可知道我前日听到一个有关你的传言呢？"

白居易问道："什么传言？"

钱徽说："都说你笔头如刀，可杀人哩！"

白居易有点晕，不明白怎么会有如此传言？

钱徽说："你可记得关盼盼吗？你曾为她写过一首诗呢？"

白居易说："我当然记得这事呀！怎么啦？"

钱徽说："你可是杀了那可怜的女子啦！"

白居易十分惊奇，问道："我怎么就杀了她呢？"

钱徽便向白居易讲述了他刚听到的有关关盼盼已香消玉殒的传言：

自从张尚书憕死后，关盼盼一直为他守身未嫁，这在歌伎中确实难得。张憕死后，关盼盼不再歌舞，也懒于梳洗理妆，度过了十年时光，她忠于旧情、守节不移的精神，赢得了远近许多人的怜惜和赞叹。

元和十四年（819），曾在张憕手下任职多年的司勋员外郎张仲素前往拜访白居易。他对关盼盼的生活十分了解，并且深为盼盼的重情而感动，因关盼盼曾与白居易有一宴之交，又倾慕白居易的诗才，张仲素便带了关盼盼所写的《燕子楼新咏》诗三首，让白居易观阅。

白居易展开素雅的诗笺，上面写着：

其一

楼上残灯伴晓霜，独眠人起合欢床；

相思一夜情多少，地角天涯未是长！

其二

北邙松柏锁愁烟，燕子楼中思悄然；

自埋剑履歌尘绝，红袖香消已十年。

其三

适看鸿雁洛阳回，又睹玄禽逼社来；

瑶瑟玉箫无愁绪，任从蛛网任从灰。

诗中的关盼盼，在燕子楼里凄清孤苦、相思无望、万念俱灰的心境，跃然纸上，真切感人。

白居易读后，回忆起在徐州受到关盼盼与张愔热情相待的情景，那时夫妻恩爱相随，而现在却只留下一个少妇独守空楼，怎不是人世间的一大憾事！白居易不由得为关盼盼黯然神伤，流下一掬同情的眼泪。他捧着诗笺，反复吟咏，心想：张愔虽已逝去十年，尚有爱姬为他守节，却也着实令人羡慕。但是又转念一想：果真如此情深义重，难舍难分，为何不追随他到九泉之下，成就一段令人感伤的凄美韵事呢？于是，他在这种意念的驱使下，依韵和诗三首：

其一

满窗明月满帘霜，被冷灯残拂卧床；

燕子楼中寒月夜，秋来只为一人长。

其二

钿晕罗衫色似烟，几回欲着即潸然；

自从不舞霓裳曲，叠在空箱已十年。

其三

今春有客洛阳回，曾到尚书坟上来；

见说白杨堪作柱，争教红粉不成灰。

白居易设想徐州西郊的燕子楼上，秋来西风送寒，月明如水，更显得凄冷与孤寂。独居楼上的关盼盼想必受尽了相思的煎熬。张愔离去后，她脂粉不施，琴瑟不调，往日的舞衣也叠放箱中，再也没有机会穿戴上身了。忽然笔锋一转，说到张愔（尚书）墓上白杨已可作柱，而生前宠爱的红粉佳人还孤孤单单地独守空帏，倘若真的情真意笃，为何不甘愿化作灰尘，追从夫君到九泉之下相会呢？

白居易认为能以死殉夫，实是女人的一种崇高无上的美德。既然关盼盼能为张愔独守空房，为什么不再往前一步，从而留下贞节烈妇的好名声，成为千古美谈？在诗人的心目中，坚信节操和美名，比生命更为重要！他以为劝关盼盼殉情，并非逼她走上绝路，而是为她指明一条阳光大道。为了更明朗地表达他的意念，他又十分露骨地补上一首七言绝句：

> 黄金不惜买娥眉，拣得如花三四枚；
> 歌舞教成心力尽，一朝身去不相随。

8

张仲素回到徐州后，把白居易为关盼盼所写的四首诗带给了她。关盼盼接到诗笺，先是有一丝欣慰，认为能得到大诗人的关注及妙笔题诗，是一种难得的殊荣。但待她展开细细品读，领会出诗人的心意所在，却感到了一阵透骨的寒冷！她想诗中寓意竟如此明白，用语尖刻、冷漠又锐利。而自己为张愔守节十年，她想，白居易不仅不对她有所关怀和同情，反而以诗讽谏，劝她去死，也许她真的不该这样孤苦地独守，连一向通情达理的大诗人白居易都这样看她，更别提那些浅薄浮躁之人了！因而，她泪流满面地对张仲素道："自从张公离世，妾并非没想到一死随之，但恐若干年之后，人们议论我夫重色，竟让爱妾殉身，岂不玷污了我夫的清名？因而为妾含恨偷生至今！"说罢，她不可遏制地放声大哭，哭自己的苦命，也哭世道的不平。

张仲素见状，心中也感酸楚，在一旁陪着她暗暗落泪。哭了不知多长时间，渐渐地，关盼盼似乎已从愤激的心情中理出了头绪，于是强忍着悲痛，在泪眼模糊中，依白居易诗韵奉和七言绝句一首：

> 自守空楼敛恨眉，形同春后牡丹枝；
> 舍人不会人深意，讶道泉台不相随。

关盼盼的诗中有自白、有幽怨，更有愤怒。诗中所言的"形同春后牡丹枝"，是承袭当年欢宴时白居易夸赞她"醉娇胜不得，风袅牡丹花"之句而来，那时花开正艳，如今却如同春残花将谢；"舍人不会人深意"是痛惜白居易不能了解她真正的心态，在她花开时捧赞她，当她即将凋落时，竟还雪上加霜。事到如今，本早已了无生趣，既然有人逼她一死全节，她也别无选择了……

张仲素离开燕子楼以后，关盼盼就开始绝食，随身的老仆含泪苦苦相劝，徐州一带知情的文人也纷纷以诗劝解，然而，终不能挽回关盼盼已定的决心。十天之后，这位如花似玉、能歌善舞的一代丽人，在她弥留之际，勉强支撑着虚弱的身子，吃力地写下了她的绝笔：

> 儿童不识冲天物，漫把青泥汗雪毫。

这句话是针对白居易而言的。凄苦独居了十年的关盼盼，对于生死其实已经看得很淡了，以死全节对她来说，其实并不是一件伤心之事；但她恨只恨自己的一片痴心，却不被白居易理解，以为自己不愿为张愔付出生命，反而拿一个局外人的身份逼自己走向绝路。在关盼盼眼中，鼎鼎大名的白居易这时已成了一个幼稚的儿童，哪里能识得她冰清玉洁的贞情呢！她以自己的死，回敬她心目中的大诗人。就天的暮色渐浓时，她在燕子楼上香消玉殒了！

白居易听完钱徽的转述惊诧不已。他前时已听闻关盼盼的死讯，本已惊奇，却并不知其中缘由细节，现在听了钱徽之言，原来外面竟将关盼盼的死与自己的诗联系在了一起，传成是关盼盼因他的诗被逼而死！而且说得具体又形象，有鼻子有眼的。白居易深感委屈，又百口莫辩。

白居易告诉钱徽，自己确实让张仲素给关盼盼送去过那几首诗，可是，根本没有逼关自尽之意。关盼盼以舞伎之身，为故主守义不嫁，这在姬妾中本就少见，岂是必死才被传颂？

这时，又听钱徽说道："乐天兄还有不知的呢，有人还写诗来记述这段传闻呢！说：'仆射新阡狐兔遊，美人犹住水边楼；乐天才思如春雨，断送残花一夜休。'你说说，这不是把你逼关盼盼死之事坐实了吗？"

白居易说："可是我那诗的题记写得清楚明白'感故张仆射诸妓'，我是为张公不在心力未尽时，早早遣散了她们，让她们有个好的归宿，我只是为这些歌舞伎们感慨而已，何来讽刺关盼盼不以死求节呢？你看那'黄金不惜买娥眉，拣得如花四五枚'说的也不只是关一个人啊？她怎么就这样钻进了牛角尖呢？"唉唉，白居易心中顿时生出了后悔与同情交织在一起的复杂思绪。

钱徽用手示意白居易不要着急，他说："我可不信你是真想逼迫关盼盼以身殉节，但就有一些人，喜欢编造一些风马牛不相及的故事来欺骗人！"听这一说，白居易心中稍稍平抚，心想，既是这样，就随他去吧。

若干年后，当白居易归隐洛阳香山，心知时日不多时，他决然地遣散了自己的两位侍姬樊素与小蛮，不想让她们重蹈关盼盼的悲剧，是否也是这一件事对他的警示呢？

第十四章　心有灵犀，携手梦里同游
　　　　　肝胆壮烈，参罢朝中宠佞

1

元和四年（809），元稹丁母忧结束，二月，除监察御史，后奉命出使东川。白居易等一帮好友送元稹出长安城，望着他远去的背影，白居易心中的牵挂也随之越来越浓厚。

元稹一路向西，一路怀念他的这些老朋友，他把路途中的各种见闻、各种思考都汇聚到笔端，写下了一首首诗行，每到一处驿站都发往长安，白居易每信必复，每诗必和，二人心心相印，如影随形。

这一天，白居易与他的弟弟白行简和李杓直（即诗题中的李十一）一同到曲江、慈恩寺春游，又到杓直家饮酒。席上忆念起了元稹，算算日子，应该到梁州城了吧？白居易便提笔写下了《同李十一醉忆元九》。

花时同醉破春愁，醉折花枝当酒筹。

忽忆故人天际去，计程今日到梁州。

也许是心有灵犀一点通。白居易对元稹行程的计算太准了。当他写这首诗时，元稹刚到梁州。

一路风尘，终于到达了梁州。在梁州的汉川驿站，安顿好车马随从后，元稹坐在驿站的客房里，想象着白居易在京城美好的春日里，一定也会像当年同中进士一样去往曲江头、慈恩院游玩一番的吧。想着想着，就进入了梦中，仿佛已经回到了京城，与白居易、白行简还有李十一等人同游故地，也是饮酒放歌，也是醉折花枝当酒筹。正在兴头之上，不料却被一阵吆喝声惊醒了，才知道自己原来在梦中。他连忙走到桌旁，挥笔记下了梦中的情形——《梁州梦》：

> 梦君同绕曲江头，也向慈恩院院游。
>
> 亭吏呼人排去马，忽惊身在古梁州。

在诗前，他还写下了说明："是夜宿汉川驿，梦与杓直、乐天同游曲江，兼入慈恩寺诸院，倏然而寤，则递乘及阶，邮吏已传呼报晓矣。"

到了下一站时，元稹就收到了白居易的诗，计算一下日子，可不正是自己在梁州城里思念好友的时间吗？巧的是，白居易诗中写的真事竟与自己写的梦境两相吻合，这真是太神奇了啊！路途的艰辛，在这样真挚的友情中，早已荡然无存了。

当元稹在孤寂的旅途中怀念故人、追思昔游时，这两处长安的名胜，自然就会在日思夜想间进入他的梦境。这样一个梦，原本来自对故人、对长安、对旧游的朝夕忆念，他如实写来，不事渲染，而无限相思、一片真情已写进了诗中。

而不久，长安城内的白居易也收到了元稹的《梁州梦》，时间、地点和内容的契合，都是这么神奇！白居易读来感慨万千。两人的诗合起来看：一写于长安，一写于凉州；一写居者之忆，一写行人之思；一写真事，一写梦境；真是"千里神交，合若符契"。而且，两诗写于同一天，又用的是同　韵，仿佛事先有约。这是两情的异地交流和相互心灵的感应。白居易兴奋得像孩子似的，逢人就讲，一时间，这便成为长安城内一段真挚友情的佳话被传扬开来。

元稹初到东川，意气风发，一心为民，报效国家。他大胆劾奏不法官吏，特别是对已故剑南东川节度使严砺，对其违法增加税赋之事予以劾奏；又对八十八件冤案进行平反，得到民众赞誉。元稹把这些都写在信里和诗中寄给白居易。白居易看后，作诗称赞他"其心如肺石，动必达穷民。东川八十家，冤愤一言申"。

真挚好朋友之间是会互相影响和激励的，此时，身在朝廷的白居易也在一如既往地不断上书言事，屡陈时政。

朝中盛传，王锷正为坐上宰相宝座而四处活动，而圣上却对王锷也信任有加。

王锷是太原（今山西太原）人。他年轻时，曾在湖南（治今湖南长沙）团练使府中任营将。王锷结识了被贬为道州司马（今湖南道县）、路经湖南的杨炎，二人一见如故，晤谈甚为投机。

唐德宗即位后，召杨炎入朝为相。王锷也受到重用，并屡有战功。王锷的才干受唐德宗赏识，不久，就被提拔为容管经略使（治今广西容县）。王锷任使八年，致力于发展当地生产，加强各民族之间的团结，深得各族人民的拥戴。

后来，王锷又调任广州刺史、岭南节度使。广州是唐朝重要的对外贸易港口，每年来自东南亚和波斯、阿拉伯的商船云集港内，当地杂居的各族群众，多以从事商业贸易为生，而国家所征收的土地赋税收入却日益减少。王锷详细考察了他们的经营活动，根据实际情况制定出新的纳税标准，使政府的收入与两税基本持平。王锷把上交国库的赋税交足后，还能有所结余，用来补贴军府的庞大开支。

但是，当时镇守岭南广州的官吏，清廉者极少，许多官吏借机大捞一把，贪污受贿，比比皆是。王锷也不例外，他把没收来的非法收入据为己有，然后，用以经营商贸活动，积累了巨额财富。

白居易就听几个人对他说过：王锷每天用十几条船艇，装着珠玉宝贝、犀角象牙等，发往各地。这些物品都是贱价进，高价出，经营了八年之久，积攒下的巨额家财，甚至富于公藏。他用这些财富再贿赂朝中权贵，官职越做越大。最后做到了淮南节度使。

淮南是大唐政府财政收入来源的主要地区。王锷精于财会，过往账目尽皆熟悉，些微差错也逃不脱他的耳目，一经发现，定追究不饶。他理财有方，从不随意浪费。军府所用竹木、碎屑，从不轻易抛弃。但凡节省下来的财物，他也都据为己有。

王锷的儿子在京城广建房宇，并且暗作夹墙，收纳钱财，又贿赂朝廷要员，谋求更大权利。

王锷多次担任大镇的官职，搜刮的钱财堆积成山。有位老门客曾以"能聚财也应能散财"的道理劝诫王锷。过了几天，门客又来见王锷，王锷说："前承蒙您指教，我的确按您说的已把钱财大都散掉了。"

门客说："请问如何分的？"

王锷说："儿子们各给了一万贯，女婿各给了一千贯。"

王锷常以计谋对待部下，任淮南节度使时，有人投了一封匿名信，侍从交给了王锷，王锷把信放在靴子里。王锷回府后，察看了匿名信的内容。不久后，他借一件小事把匿名信中告发的人抓了起来，以此来迷惑众人，下属因而视王锷为神明。

王锷自忖一生聚敛颇丰，易招人诽谤，于是，在功成名就以后，主动给朝廷献上钱两千万。但宰相李绛却上书弹劾，他认为："锷虽有劳，然金望不属，恐天下议以为宰相可市而取。"

宪宗却不以为然。

就是这样一个炙手可热的宠臣，白居易却看出了他为人的狡诈和贪心！这样的人，纵使有才，一旦高居相位，定会祸害无穷！用这样卑鄙的手段来谋取权位，必将败坏大唐的官员升迁制度。

不过，白居易也有顾虑，如果上书言其事，肯定会得罪他，但若默不作声，那又违自己言官的职责，他想起了任左拾遗时给圣上的谢恩表中所说"惟思粉身，以答殊荣"，更想到自己所立志向"惟歌生民痛，愿得天子知"，现在不正是报答皇恩、为民发声、为国尽责之时么？想到此，他便抛开了一切顾虑，开始起草《论王锷欲除官事宜状》：

臣窃闻王锷见欲除平章事，未知何故有此商量。臣伏以宰相者，人臣极位，天下具瞻，非有清望大功，不合轻授。王锷既非清望，又无大功，若加此官，深为不可。昨日裴均除平章事，内外之议，早已纷然。今王锷若除，则如王锷之辈，皆生冀望之心矣。若尽与，则典章大坏，又未感恩；若不与，则厚薄有殊，或生怨望。幸门一启，无可奈何。臣又闻王锷在镇日，不恤凋残，唯务差税，淮南百姓，日夜无憀，五年诛求，百计侵削，钱物既足，部领入朝，号为羡馀，亲自进奉，凡有耳者，无不知之。今若授同平章事，臣恐四方闻之，皆谓陛下得王锷进奉而与宰相也。臣又恐诸节度使今日已后，皆割剥生人，营求宰相，私相谓曰："谁不如王锷邪？"故臣以为深不可也。其王锷归镇与在朝，伏望并不除宰相。臣尚未知所闻信否，贵欲先事而言，或恐万一已行，即言之无及。伏惟圣鉴，俯察愚衷。谨具奏闻。

白居易写完后，又工工整整地另抄了一份，准备明日送宫中呈圣上御览，原稿自己保留，想了一下，又给好友元稹写了封信，将此奏章也抄了去。

元稹以最快的速度给白居易回了信，表达了自己对白居易敢于直言的敬佩之情，但同时不无担心地告诉白居易，这样的直言，定会将王锷及受其贿赂和各种好处的一帮官员们都得罪了！他提醒白居易，这道奏章的措辞，是不是太过犀利了一些？特别是"今若授同平章事，臣恐四方闻之，皆谓陛下得王锷进奉而与宰相也"这句话，矛头直指圣上，难道就不怕因此获罪么？在这方面，元稹是有经验教训的。

白居易看过信后，知道这是好友对自己的关心，但他相信自己所言是事实，所缘于忠心，因而并无惧怕。很快，又有了新的工作占据了他的头脑，他便没再将此事放心上了。

果然，宪宗皇帝看完了白居易的奏章，心中颇为不快，但考虑到白居易所言属实，如果执意任命王锷，可能会招徕更多舆论的压力，但他内心还是认定王锷是一个难得的人才，何况他的确给自己进奉不少，这一点，白居易这小子还真没说错，也说到朕的痛处了啊！宪宗只是暂时将拔擢王锷一事搁置起来，等有机会时再议。

白居易的谏言被采纳的消息传来，大家纷纷向他表达敬佩和祝贺。白居易也备受鼓舞，感觉自己的耿耿忠心被圣上赏识，愿得所偿了。

但其实，宪宗并未打消任命王锷为宰相的念头，六年以后，还是将王锷提拔到宰相位上。王锷在相位上只坐了一年，就病逝了！

他仿佛预知了自己的死期，死前将大小事务安排妥帖，但让他始料不及的是，他的儿子却因为巨额财富遭人图谋而被杀，甚至房产也被充公。这都是后话了。

3

唐宪宗元和四年（809）三月，成德节度使王士真去世，其子王承宗请求继位。宪宗想趁王士真刚死之机，革除河北藩镇弊病，结束河北几十年的割据局面。宰相裴垍、翰林院学士李绛却不同意这一急功近利的做法，认为王承宗已总三镇军务，未必奉诏，一旦河北三镇易人，局势将会难料。

果然，王承宗的继位请求未得到朝廷认可，他便武装叛乱。

左神策中尉吐突承璀为了媚上取宠，就迎合宪宗旨意，自请率兵讨伐王承宗。

吐突承璀是宪宗李纯在东宫时的小宦官，深得太子李纯信任。李纯继位后，吐突承璀即被提升为掖庭局任博士，后官至左监门将军、左神策护军中尉。宪宗便任命宦官吐突承璀为左右神策、河中、河阳、浙西、宣歙等道行营兵马使、诏讨处置使，派他率兵讨伐王承宗。

白居易反对这一任命，也许是受了前几次奏表得以采纳的激励，他又一次冒着得罪吐突承璀的风险，写下《论承璀职名状》，直指该任命之弊端。他认为，国家征伐应由将帅充任，自古以来未有宦官充任元帅的情形。如果让宦官充任这一职务，四方镇将将觊觎朝廷，四夷也会耻笑朝中无人，诸道将领必然感到耻辱，不受宦官节制。

当时的谏官们也都认为这样做会使宦官权势太重！

可是，宪宗根本听不进去。

果然，吐突承璀缺乏统帅的能力，使得战局陷入被动，之后他又暗中与叛军议和，以王承宗谋得节度使为条件，让他上表请罪，朝廷撤兵。

元和五年（810）三月，白居易一连上书三次，认为对王承宗的用兵，只会拖延时日，耗费国家钱财，有损国威，并对这次用兵深表忧虑，建议罢兵。

宪宗听说上表建议罢兵的，又是那个白居易！此前不久，他还上奏不能任命吐突承璀为大将军。如果言而不中，也许宪宗不会计较，偏偏这两件事都说得中肯而实在，而且言辞那么尖刻犀利，矛头还直指九五之尊的朕本人，也太狂妄自大了吧！

宪宗心里十分恼火。下朝后，宪宗悻悻地对李绛说："白居易这小子，还是朕亲自提拔上来的，竟不思报恩，与朕唱对台戏！"李绛此时已为宰相，他赶忙替白居易打圆场："白居易这样犯颜直谏，正是他作为言官的报恩之举啊。这正说明他相信圣上是圣明之君，才敢如此直言啊。依臣看来，陛下欲广开言路，就不宜阻止白居易，何况，要求罢兵，并非白居易一人，还有……"宪宗这才缓下了口气，说道："那就以后再议吧！"

过了几天，前线溃败的消息，陆续地传到了宫中。

宪宗左思右想，恐怕只能罢兵了。旷日持久地暴师于原野之上，屯兵于坚城之下，劳而无功，耗费资财，致使国力日沮。最后经过宰臣商议，双方达成妥协条件：朝廷赦免王承宗，仍任命他为成德军节度使，兼管德、棣二州，悉罢诸道兵马，朝廷班师回京；王承宗答应成德节度使下属官吏由朝廷任命。这场战争持续了一年之久，最后就这样不了了之了。

元和五年（810）九月，吐突承璀被召回京后，宪宗仍任命他为左尉大将军，充左军中尉。

宰相裴垍、李绛、给事中段平仲、吕元膺都相继上奏抨击吐突承璀，宪宗在大臣们的压力下，不得已罢去他左尉大将军、左军中尉的官职，降为军器庄宅使。但是没过多久，宪宗又提升吐突承瑶为左尉上将军，知内侍省。

白居易得知吐突承璀被免职的消息，心中十分高兴，一次又一次进谏，总算有了成效。但是，不久他便知道，正是这一次次的进谏，逐渐在宪宗心目中埋下了不信任他的种子，正是与吐突承璀这些人的斗争，为他以后的不幸遭遇埋下了祸根。

4

元和五年（810），白居易左拾遗任期已满。三年多的谏官生活是白居易政治上最辉煌的时期，同时又是他诗歌创作的黄金时代，他主张"文章合为时而著，诗歌合为事而作"。在这个时期，他所写的为民请命的"讽喻诗"虽然"贵人皆怪怒，闲人亦非訾"，但还是通过各种渠道，很快风靡全城。现在，他能不能再任谏官，要看宪宗皇帝的态度了。

有一天，宰相李绛关切地对白居易说："圣上很关心你啊！他说，'居易官职低，俸禄薄，但左拾遗任内，又不能超过等级，现在改任什么官，由他自己提出来吧'！你看改任什么官职好呢？"

白居易一听，心里已经明白，这话面子上是关心，实质上已不再希望他继续任谏官了。他知道自己是个新进之士，在朝中既被宦官们所痛恨，又为旧官僚所不容，唯一的依靠就是皇上，现在既然皇上已不信任自己了，看来今后很难有所作为！他当即向李绛深鞠一躬，说道："多谢圣主隆恩，也感谢宰相大人的厚爱。我马上回家起草奏表。"

白居易心情复杂地回到家中，思索着如何开始起草《奏陈情状》。他虽然心中颇有嘀咕，但还得按照圣上的旨意来写，不能写明是遵旨行事，必得找到一个合理又恰当的由头。

这时，他听到隔壁房中母亲的喊叫声传了过来，母亲与三弟一直住在不远处的老屋宣平里，偶尔，他也将她接到自己这边的新屋里来住几天。母亲的喊叫声提醒了他，母亲得了精神分裂症，而且病情越来越严重了，他可以以此为由头写《奏陈情状》了！于是，他以"臣母多病，臣家素贫"为名，请求改授俸禄较高的官职。

两天后，授白居易京兆府户曹参军（管理户籍的官）的诏书就下来了。这是个明升暗降的职位。从此，白居易被驱出皇帝的近臣之列。

与此同时，元稹在东川的一系列举动，也触犯了朝中旧官僚阶层及藩镇集团的利益，他们很快就找了机会，将元稹外遣——分务东台。

东台就是东都洛阳的御史台，他们的用意在于将元稹排挤闲置。

即便遭受到这样的打压，元稹仍然坚持为官之初的原则，秉公执法。正值仕途受挫时，他善良而又聪慧的妻子韦丛，却盛年而逝，年仅二十七岁！

韦丛之死，对元稹打击很大，他常常夜不能寐。白居易便常抽空去他家里探望、安慰。元稹悲痛地写下了传世的悼亡诗——《遣悲怀三首》。其一是：

> 谢公最小偏怜女，自嫁黔娄百事乖。
> 顾我无衣搜荩箧，泥他沽酒拔金钗。
> 野蔬充膳甘长藿，落叶添薪仰古槐。
> 今日俸钱过十万，与君营奠复营斋。

元稹在诗中表达，韦丛以富贵千金之身，嫁与他这个穷困书生，辛劳持家，眼见得境况好转，她却撒手而去的悲痛。

白居易也为之动容，写下答和诗来悼念韦丛、安慰元稹：

> 嫁得梁鸿六七年，耽书爱酒日高眠。
> 雨荒春圃唯生草，雪压朝树未有烟。
> 身病忧来缘女少，家贫忘却为夫贤。
> 谁知厚俸今无分，枉向秋风吹纸钱。

第十五章　因言获罪，遭排挤被贬受辱
　　　　　　仗义护友，执诤言鞭丑鞑恶

1

　　元和五年（810）五月初五，白居易改任京兆府户曹参军，仍充翰林学士。按《大唐律》规定，在京城的官员，九品以上都应在每月初一、十五上朝，而五品以上则每日都得上朝。白居易虽官价最低，也应一月两次上朝，觐见皇帝。

　　这天清晨，天还没亮，白居易早早起床，杨氏馨儿更是早早地就安排下人洒扫庭院，做好早餐，将白居易上朝的朝服冠带整整齐齐地叠放在床边，又打来一盆清水，料理白居易洗漱完毕去上早朝。她叮嘱白居易道："明日就是金銮子周岁生日，我们等老爷散朝后，早点回家吃饭啊！"

　　这么快，女儿就满周岁了啊！白居易转身看看仍在酣睡中的女儿，粉嫩的小脸肉嘟嘟地那么可爱，父爱之情油然而生，他抚摸着女儿小小的脑袋，对夫人说道："再过十几年，她就是个大姑娘了，那时我们可得尽心地给她寻户好人家，挑个好女婿哟！"

　　杨氏瞥了他一眼，笑道："老爷想得也太远了吧！这么急着想当老丈人啊！"

　　白居易道："我当老丈人，你是什么啊？岳母大人呗！好啦，我这老泰山暂别泰水，要去面见圣上啦！"

　　杨氏送白居易来到庭院，看着瘦削却仍旧意气风发的丈夫坐上轿子，缓缓地出了大门。

　　白居易与一帮文武大臣们站在宣政殿外等待皇帝上朝时，突然听到大

酒狂引诗魔　悲吟到日西——白居易传

143

家纷纷议论，说前几日元稹弹劾河南尹房式（开国重臣房玄龄之后）不法事，欲加追究，并擅自让他停职。元稹飞表上奏之后，朝廷只是罚房式一月俸禄，便召元稹回京了。此事白居易已经知道，但又听说元稹在回京途中，经华州敷水驿时，被宦官殴打受辱，让他十分担心。

原来。元稹到达华州时已是夜幕降临，他便在敷水驿站就宿。当时驿站除了驿吏之外并无其他人，元稹就被驿长安排在了条件较好些的上厅住下来。

半夜时分，却听得外面一片喧哗，吵吵嚷嚷中，元稹听得驿长正对一群人做解释说："人家先来，且已经安歇半晌了，你们才到，怎么好让人家挪房呢？我让驿丁们把下厅收拾好一些，将就住一晚，明天再调整好吗？"

来人却大声斥责说："一个被贬的监察御史算什么东西！赶快给我们刘公公挪房间。误了公公的大事，让你吃不了兜着走！"

元稹认出是宫里的太监刘士元等人，他明知这人是圣上正宠信的人，却生气地认为应当论个先来后到吧，便忍不住出去理论。

刘士元根本不听他的大道理，指使几个小太监轮起马鞭就对着元稹一顿乱抽乱打！一介书生的元稹哪里是他们的对手，一下子就被打翻在地，浑身上下都被打得五颜六色，连脸上也被抽破了皮，血污满面！最后，他们又冲进元稹的房间，将他的行礼、书籍全扔了出来，强行霸占了上厅房间。

2

受尽污辱的元稹，一纸诉状告到了宪宗那里，满以为宪宗无论怎么宠信这些太监，总该主持一下公道吧，却不料宪宗以"元稹轻树威，失宪臣体"为由，将元稹贬为了江陵府士曹参军，从此他开始了困顿州郡十余年的贬谪生活。

白居易闻听此事后，心中颇为好友抱屈不服。李绛、崔群也都在朝堂上认为元稹无罪，然而都没有说服宪宗收回成命。白居易希望宪宗只是一时的冲动没能听从这些大臣们的意见，他决定要为元稹上书，为他讨回公道助一臂之力。

上罢早朝，他立即回到衙署，赶忙起草三份奏章，直至次日才写毕。其中《论元稹第三状》说：

臣昨缘元稹左降，频已奏闻。臣内察事情，外听众议，元稹左降有不可者三。何者？元稹守官正直，人所共知。自授御史已来，举奏不避权势。只如奏李佐公等事，多是朝廷亲情。人谁无私，因以挟恨。或假公议，将报私嫌。遂使诬谤之声，上闻天听。臣恐元稹左降以后，凡在位者，每欲举职，必先以稹为戒，无人肯为陛下当官守法，无人肯为陛下嫉恶绳愆。内外权贵亲党，纵有大过大罪者，必相容隐而已，陛下从此无由得知。此其不可者一也。昨元稹所追勘房式之事，心虽徇公，事稍过当。既从重罚，足以惩违，况经谢恩，旋又左降。虽引前事以为责辞，然外议喧喧，皆以为稹与中使刘士元争厅，因此获罪。至于争厅事理，已具前状奏陈。况闻士元蹋破驿门，夺将鞍马，仍索弓箭，吓辱朝官。承前已来，未有此事。今中官有罪，未闻处置；御史无过，却先贬官。远近闻知，实损圣德。臣恐从今已后，中官出使，纵暴益甚，朝官受辱，必不敢言；纵有被凌辱殴打者，亦以元稹为戒，但吞声而已。陛下从此无由得闻。此其不可二也。臣又访闻元稹自去年以来，举奏严砺在东川日，枉法没入平人资产八十馀家；又奏王绍违法给券，令监军押柩及家口入驿；又奏裴玢违敕征百姓草；又奏韩皋使军将封杖打杀县令。如此之事，前后甚多。属朝廷法行，悉有惩罚。计天下方镇，怒元稹守官。今贬为江陵判司，即是送与方镇，从此方便报怨，朝廷何由得知？伏闻德宗时，有崔善贞者，告李锜必反，德宗不信，送与李锜，锜掘坑炽火，烧杀善贞。未数年，李锜果反，至今天下为之痛心。臣恐元稹贬官，方镇有过，无人敢言，陛下无由得知不法之事。此其不可者三也。若无此三不可，假如朝廷误左降一御史，盖是小事，臣安敢烦渎圣听，至于再三。诚以所损者深，所关者大。以此思虑，敢不极言？

酒狂引诗魔　悲吟到日西——白居易传

145

又是一个无眠之夜，写到痛切处，他甚至流下了眼泪。他悲愤交加，一边为好友叫屈，一边为好友担忧，心疼元稹在痛失贤妻又官场失意之时，还身心遭辱，并再一次受屈被贬。这样接二连三的打击，不知他能否扛得住。但愿圣上能明辨是非，还元稹以公道。

他把奏章抄录好后，呈送到翰林院，希望能有回旋之力。这才想到家中妻儿正等待着他。

女儿金銮子周岁生日，一家人其乐融融地在一处团聚，多少冲淡了一点点对好友命运不测的愁情。看着杨氏怀里的女儿，白居易想，即便为了妻儿，也该勤勉尽忠，于是，他提笔记下《金銮子晬日》诗：

行年欲四十，有女曰金銮。

生来始周岁，学坐未能言。

惭非达者怀，未免俗情怜。

从此累身外，徒云慰目前。

若无天折患，则有婚嫁牵。

使我归山计，应迟十五年。

白居易急切地等待着朝廷处置元稹的消息。然而，结果却都不是他想象得那么顺畅。他的建言并未得到采纳，他甚至都不知道这份奏章是否送达宪宗手上，或是被阻碍了未能送达，又或者送达了被有意地搁置起来。总之，最后元稹还是不得不离开洛阳，到江陵去了。

贬元稹的诏书下达这天，白居易在衙署当值，值完夜班回家，一个人骑马走在空无一人的街上。突然，迎面走来一骑者，走近才看清，原来是元稹！

好友将别，邂逅在街衢，既喜且悲，得知元稹已准备上路了，二人并驾穿过安静的街巷，一路从永寿寺南，拐到新昌里北，心中纵有千言万语，嘴里却只说着保重身体、一路平安的话。

次日，元稹住在北山寺，白居易因公务在身不得相送，只能让三弟行简代自己给元稹送去一轴新诗，共二十章，希望他能在途中阅读，以打发时日，消解愁闷，又能长志气、壮雄心。

元稹一路读着白居易的诗，所思所想，无限感慨，写下了数千言诗文，抵达江陵后，都寄给了白居易。

白居易收到了元稹的诗文，如获至宝般珍藏起来，偶尔也拿出来与白行简、李建、李复礼等好友们分享。更多的时候，他独自一人，一边思念着远方的好友，一边品味着元稹的诗文。

3

这天，天不亮他们几个好友就相约出门，他们要到紫阁山上去浏览。紫阁山，在长安城西南百余里地，是终南山的一个著名山峰。传言它"旭日射之，烂然而紫，其峰上耸，若楼阁然"。他们想赶在清晨旭日东升时，看它紫气氤氲宛若楼阁的气象。

在紫阁山上，白居易将元稹的诗文拿出来与大家一起赏读。一边佩服着他的文采，一边赞叹着他的耿直，同时更为他的命运担忧。

四人在紫阁峰前畅谈吟诗到傍晚才下山，来到山下一村庄时，见有一户人家院里长着一棵奇树，冠盖如云，花开如霞似锦，四人都看呆了，三弟白行简对白居易道："二哥，咱们不如就在这家借住一宿吧。"

院内一老者正在劈柴，见到白居易一行人均是谦谦君子模样，很是欢喜，便热情邀请他们到家中坐坐。听说他们想借宿，更是满口答应着引他们进到院内。

老者六十出头，精神矍铄，院内除了中间那棵奇特的大树外，还种满了各种蔬菜，一看就是勤劳且颇宽裕的人家。老者见来人对院中繁花似锦的大树感兴趣，便自豪地说道："这棵树是我年轻时亲手种下的，想来已经三十多个年头了，年年花开灿烂，看着它，一切烦恼愁苦都能忘记了啊！"

李建笑着说："人道酒能解忧，您这是树也能解忧哇！"

"就是，就是！"

老人乐呵呵地朝屋内大声吩咐说："来客人了，多加两道好菜啊！"又转身叫着孙子，"把爷爷的酒坛子抱来，今天贵客临门，家中有喜，也终于有人陪我喝几壶了！"

白居易有些好奇，问道："老人家家里有几口人？平常没人陪您？"

老者叹了一口气，说："大儿子被拉去当兵打仗了，这年头，时时都在打仗，也不知什么时候能回来。一家人种几亩田地供小儿子读书，希望像你们几位一样能考取了功名，谋取个一官半职的，奔个好的前程啊！哎呀，我就喜欢你们这样的读书人！你们来我家借宿，那是文曲星光临呀！"

白居易问："家里田地收成如何？"

老者又叹了口气："唉，今年天干，年成不好，勉强度日罢了。"说话间，老者的儿媳将饭菜摆在了树下的石桌上，老者招呼客人们围坐下来，又将孙子抱来的酒坛给每人倒了一碗。

正待大家要动筷子时，门外咋咋呼呼地闯进来十几个人，手里都拿着刀斧锹锄的，吆喝着："这树好，这棵树我们采造家的要啦！"说着就要动手去砍树。

为首的一个紫衣者，白皮细肉，女声女气的，他看见石桌上的酒饭，便招呼着手下的人说："来来来，这里有现成的酒菜，我们先吃饱喝足了再动手不迟呀！"说着，十几个人就围了过来，将白居易等人轰开，自己动手吃喝起来。

老人知道这都是官府的人，只得退到一边躬身垂手站立着不敢言语。

白行简等上前论理，紫衣者蛮横地打断他们，说："我们是神策军里采造家的，你们敢捣乱，误了我们的军国大事，小心肩上的脑袋！"

吃喝完后，紫衣人指挥那一帮人砍挖那棵奇树，老人连忙上前祈求紫衣人："这棵树是我一家人的神树，大人行行好，别砍了啊！"

紫衣人却一把推开老人，呵斥道："选中你家这棵树是你们的造化，你要懂得感恩才是！"说着就让那帮人将树根砍断拖走了。

提起"神策军"，白居易当然就想到了吐突承璀，他仗着皇帝的恩宠，掌管禁卫军，把持朝政，打击正直官吏，纵容部下酷虐百姓，什么坏事都干！原来，这伙人就是他的部下！元稹就是被他们污辱陷害的，白居易上书皇帝都未能讨得公道。这些"采造家"，就是专管采伐、建筑的官府的人员，他们打着修建安国寺，为宪宗树立功德碑的"采造"的旗号，四处搜刮民脂民膏！现在，这些地痞，"身属神策军"又兼充"采造家"，他们的后台就是吐突承璀！他们打着为皇帝修建宫殿和树立功德碑的旗号，自然就更加为所欲为，不可一世！对这样的人，上哪里去论理？

　　白居易只得小声安慰着老人，说这伙人的上属首领正是皇帝所宠信的人，与他们没有道理可讲的啊！白居易四人离开时，给老人家留下了一些银两，希望老人一家能补贴一点家用。

　　回程的路上，白居易就草就了《宿紫阁山北村》的腹稿，他要将今天的所见所闻记录下来，让天下的人都看到"暴卒"们的行径：

晨游紫阁峰，暮宿山下村。

村老见余喜，为余开一尊。

举杯未及饮，暴卒来入门。

紫衣挟刀斧，草草十余人。

夺我席上酒，掣我盘中飧。

主人退后立，敛手反如宾。

中庭有奇树，种来三十春。

主人惜不得，持斧断其根。

口称采造家，身属神策军。

主人慎勿语，中尉正承恩！

第十六章　丁母忧，隐身世终完成谜
　　　丧女痛，叹浮生举步维艰

1

　　长安的新昌里的屋舍，是白居易后来购买的，白家还有一处宅第，那里一直住着三弟和母亲陈氏。两处隔得并不远，白居易可以时常回去探望母亲。

　　这一年，白居易四十岁了，刚刚进入不惑之年，却要经历两位至爱亲人相继离世的悲痛。

　　母亲陈氏是以一种很奇特的方式离世的。她那天早上起床后，心情特别好，说要去院中散步。她在两个年轻侍女的服侍下梳洗穿戴整齐，又美美地吃完了早餐。看着天气晴朗，风和日丽，她便去院中赏花。

　　两个侍女一左一右地陪侍着她来到院中，果然，院子西边井台旁的那棵老桃树，已经氤氤氲氲地开得如霞似锦了。一树粉嫩娇媚的花团，在微风中颤颤巍巍地招摇着，陈氏看了，十分欣喜，她要去攀摘一枝，戴在头上。她虽然已年过半百，且已儿孙绕膝，但她当年青春萌动时，却已然嫁给了一位中年大叔级的人物，这也是父母之命媒妁之言的结果，而这个中年大叔级的人物，就是她的舅舅，更是国家的栋梁，但他长年累月地奔波在外，使得她如这桃花般灼灼其华的年月里，没能享受到想象中该有的浪漫。现在就趁着这繁花灿烂时，也美它一回吧！

　　她甩开左右两个侍女，冲向院边的桃树，摘下一枝粉红的花枝来，放在鼻下嗅嗅，然后插在鬓边，回头冲那两个侍女笑着招招手，把两个年轻侍女看得呆住了！

她多年来因患精神分裂症，不是狂躁得大声喊叫，乱摔乱打物件，就是整日一言不发，痴坐发呆。像今天这样欢喜又温柔的时候，实在难得一见！白家专门请了这两个年轻力壮的侍女来服侍照料她的生活起居，就是防止她在躁狂时能够及时拉扯得住她。现在，陈氏的温柔让两个侍女完全放松了警惕。

陈氏得意地又要去采另一枝更繁盛的花枝，在花枝更高处，陈氏便踏上了树下的井沿，这一脚踏上去，刚要伸手折断花枝，脚下一滑，便"咚"的一声掉到了井里！两个侍女看到这一幕慌了神，奔到井边，却不知如何是好，待叫来了家人，将陈氏捞起时，她已经魂归天国了，死时才五十七岁。

白居易赶回家为母守灵，当夜，有乌鸟的悲鸣从树梢传来，令悲伤的白居易更难忍其悲。他心中默念着：

慈乌失其母，哑哑吐哀音。

昼夜不飞去，经年守故林。

夜夜夜半啼，闻者为沾襟。

声中如告诉，未尽反哺心。

百鸟岂无母，尔独哀怨深。

应是母慈重，使尔悲不任。

昔有吴起者，母殁丧不临。

嗟哉斯徒辈，其心不如禽。

慈乌复慈乌，鸟中之曾参。

2

按照大唐的法律，白居易要丁忧三年。他向朝廷递交了奏表就扶灵回到了老家下邽，为母亲守丧。

其实，母亲的病一直是白居易记挂在心却不愿公开的一桩隐秘的心事。

唐王室"源流出于夷狄，故闺门失礼之事不以为异"，白居易的祖父白锽娶了其曾祖父白温的小妾即自己的继母，生下了白陈氏，白陈氏后嫁到陈家，然后生下女儿陈氏，陈氏其实也就是白居易祖父白锽的外甥女。她长到十六岁时，嫁给了自己的舅舅白季庚，就是说，白居易的外祖母其实是父亲的妹妹——自己的姑姑。白季庚在四十一岁时，娶了小自己二十五岁的外甥女。唐代始祖本源出夷狄，为北朝关陇胡化之氏族，故其文化与习俗往往沾染北方胡人之习气。因受北方胡人的影响，白居易父母这样的甥舅婚配，其实在当时权贵的生活中并非绝无仅有，也不一定会招致非议与诟病。但是，在世俗的生活中，毕竟是汉民居多，以农耕为生活方式的汉民是父系传承的，所以，陈氏出生在下层官宦人家，也不可能不受到一点中原文化的影响，更何况白家除了信奉拜火教外，也尊崇儒学，所以，单从这一点上来说，陈氏对自己的身份定位就十分摇摆，自己的枕边人究竟是舅舅还是丈夫？她始终都是疑惑不定的，再加上年龄上的悬殊，造成了她精神上的压抑，影响着她一生的情致。而情致的不畅，又必然会导致身体的受损。

其实，陈氏早早就患上了抑郁症，只是年轻时还不是很明显。随着年龄的增加，特别是幼儿金刚奴的意外溺水身亡，后来丈夫的离世，导致她的病越来越严重了。所以，在白居易幼年时，兄弟姐妹们的生活都是外祖母帮助照料的，外祖母陈白氏死后葬在了符离，而现在，母亲也死了，白居易就想着要给祖父白锽、父亲白季庚迁葬到老家下邽，还想将外祖母的坟墓也迁到那里。若按父系看，陈白氏是季庚之妹，是其外祖母；而按母系来看，则是其姑。

下邽在渭南县东北，这是白家老祖的故土。白家按照当时的礼仪下葬了陈氏，一年后，白居易又将祖父、父亲及外祖母的坟也迁到了下邽。他还亲自撰写了父母的墓志铭。

丁忧期间，唐律对读书人的要求十分严格，不允许娶媳嫁女，不允许生儿育女，不允许娱乐饮宴，不允许吃荤，不允许应试，也不允许出远门。

白居易在家丁忧守孝三年，并没有逾矩的行为，算得上大孝子了。

而就在此时，白居易又遭遇了丧女之痛！

已快三岁的金銮子本来已能满地欢跑了，可是，前几日却突然上吐下泻，卧床不起了！白居易命人请来乡医，把脉煎药，日夜守护着，到了第十天的晚上，杨氏慌慌张张地跑来喊道："老爷，金銮子不行啦！"

白居易这几日也身体不爽，听闻此言，心慌意乱地从床上爬起，来到女儿的床前，却见侍女站在女儿床前已哭成一团！夫人杨氏更是紧紧地抱着女儿小小的身躯，已泣不成声了。

刚刚送走母亲的白居易，又不得不送走心爱的女儿。看着衣架上她小小的衣物，还有床头小碗中喝剩的药汤，想起曾经与夫人商量着，等她长大成人，为她找户好人家出嫁的戏言，白居易悲恸欲绝，泪水打湿了前襟。

> 岂料吾方病，翻悲汝不全。
> 卧惊从枕上，扶哭就灯前。
> 有女诚为累，无儿岂免怜。
> 病来才十日，养得已三年。
> 慈泪随声迸，悲肠遇物牵。
> 故衣犹架上，残药尚头边。
> 送出深村巷，看封小墓田。
> 莫言三里地，此别是终天。

这是他为女儿写的《病中哭金銮子》。

为母守孝、迁葬祖坟，又痛失爱女，在悲伤和奔忙中，原本就赢弱的白居易终于病倒了。早晨，他看到镜中的白发，不由得叹息道：

> 晨兴照青镜，形影两寂寞。
> 少年辞我去，白发随梳落。
> 万化成于渐，渐衰看不觉。

但恐镜中颜，今朝老于昨。

人年少满百，不得长欢乐。

谁会天地心，千龄与龟鹤。

吾闻善医者，今古称扁鹊。

万病皆可治，唯无治老药。

——《叹老》

3

在下邽丁忧的时日，白居易也偶与文友们诗文往来答和，闲时也在周边走动，故地重游。上一次回这里已是十年前的事了，那时种下的柳树已成荫，桃树也成了老树，童儒都已成人，老者多半埋进了坟墓，连道路都几乎不太认识了，自己生了些白发，还感叹不已，是不是太矫情了呢？下邽的生活让他有了熟悉百姓生活并自我反省的时间。这天夜里，他又听到了邻居屋内的哭声，他感叹天下苍生的生活艰难，便写下了一首《闻哭者》：

昨日南邻哭，哭声一何苦。

云是妻哭夫，夫年二十五。

今朝北里哭，哭声又何切。

云是母哭儿，儿年十七八。

四邻尚如此，天下多夭折。

乃知浮世人，少得垂白发。

余今过四十，念彼聊自悦。

从此明镜中，不嫌头似雪。

刚刚四十岁的白居易应是人生最年富力强之时，但他却因少年过于用功，成年后又操劳过度，不仅早生白发，而且身体衰老得比常人要快得多，因而他写下了《自觉二首》：

四十未为老，忧伤早衰恶。
前岁二毛生，今年一齿落。
形骸日损耗，心事同萧索。
夜寝与朝餐，其间味亦薄。
同岁崔舍人，容光方灼灼。
始知年与貌，衰盛随忧乐。
畏老老转迫，忧病病弥缚。
不畏复不忧，是除老病药。
朝哭心所爱，暮哭心所亲。
亲爱零落尽，安用身独存。
几许平生欢，无限骨肉恩。
结为肠间痛，聚作鼻头辛。
悲来四支缓，泣尽双眸昏。
所以年四十，心如七十人。
我闻浮屠教，中有解脱门。
置心为止水，视身如浮云。
斗擞垢秽衣，度脱生死轮。
胡为恋此苦，不去犹逡巡。
回念发弘愿，愿此见在身。
但受过去报，不结将来因。
誓以智慧水，永洗烦恼尘。
不将恩爱子，更种悲忧根。

因长年累月的用眼过度，他的眼睛越来越视物不清了！杨氏心疼他终日读书写字，夜以继日，劝他多多歇息，他却并不稍减。这天，他早起梳洗，竟看不清自己在镜中的脸面了，他大声喊来杨氏，责问她怎么镜面蒙尘也不擦拭。

杨氏委屈又心疼地说："老爷的眼疾不能再耗损了，赶快把药喝了，歇息着吧！"

唉，不知道请了多少名医，也不知道服了多少汤药，这眼疾却是越来越严重了！白居易想起了幼年时读书写字用功到口眼生疮的事来，只好叹息自己"早年勤倦看书苦，晚岁悲伤出泪多"，告诫自己要"唯应闭门学头陀"了。

也是从这时起，他开始思考人生之路究竟该如何走下去？开始对归隐田园的陶潜敬佩不已，并仿效陶潜体写了十六首诗。可是，他哪里能停得下来？命运会将他带到另一个境地。

4

三年期满，白居易向吏部递交申请，希望吏部能够给自己安排新的职位。

前不久，白居易已送别了大哥，现在三弟也即将远行，三弟自进士及第授秘书省校书郎后，现在要赴东川节度使卢坦幕府。前路漫漫，那日雪夜送别大哥、泪洒衣襟的情形再现，白居易知道，自己与三弟行简再也不能像同居长安城那样，可以时时相见了！他感叹人生不得长相聚，写下一首《别行简》：

> 漠漠病眼花，星星愁鬓雪。
>
> 筋骸已衰惫，形影仍分诀。
>
> 梓州二千里，剑门五六月。
>
> 岂是远行时？火云烧栈热。
>
> 何言巾上泪，乃是肠中血。
>
> 念此早归来，莫作经年别！

第十七章　才子佳人，忧国民风骨风流千古
　　　　诗魔诗王，斗急智情深情牵万里

1

吏部的答复终于来了：回长安担任太子左善赞大夫。

这个职位，其实是个闲职，就是太子府上的办公室主任、陪太子读书的闲官。

从左拾遗到左善赞大夫，白居易明白，这是圣上不愿再听到他的聒噪了！接到诏书后的白居易，对着院中的白牡丹自嘲道：

> 白花冷澹无人爱，亦占芳名道牡丹。
>
> 应似东宫白赞善，被人还唤作朝官。

白居易将居所搬到了长安城曲江边上的昭国坊，这里更宽敞，又靠近慈恩寺。一切似乎都在向着好的方向发展，还有更让他惊喜的事情等着他呢！

这天，白居易从太子府应职后回家，路上突然看到一个熟悉的身影骑在马上迎面而来，俊郎的面容、意气风发的样子，那不是元稹吗？

元稹也看到了他，高呼着"乐天兄，我回来啦！"就打马到了他的近前。二人兴奋地跳下马来，相互仔细地端详着对方。

白居易看到元稹虽然比原来清瘦了许多，但却是神采奕奕的两眼放光，他兴奋地告诉白居易，自己刚从唐州应诏回长安，正等待吏部发文拟任新职。

白居易关切地问道："可知是何职吗？"元稹却笑着说他也不清楚。其实，白居易早已从元稹容光焕发的脸上看出，他应该有不错的新职位，内心也为好友能有更好的前程而高兴着。

说话间，就到了白居易家。白居易吩咐家人备菜温酒，二人要好好畅叙一番。这一叙述，就是一夜，二人的话题从被贬江陵到唐州，再到各处所见的风土人情，聊妻子韦丛也聊侍妾病死江陵，还聊到此前在监察御史任上奉命出使剑南西川时，在那里留下的一段浪漫情事。

白居易知道，像元稹这样的风流才子，走到哪里都能引起蝶舞蜂飞，一点也不奇怪！随着元稹的讲述，那一幕幕的风花雪月，便渐次出现在白居易眼前了——薛涛，是当时的著名女诗人。其父为宫廷乐官，"安史之乱"入蜀逃避战祸，定居在成都。

她幼年丧父，生活无着，落入娼籍。由于才貌过人，不但聪慧工诗，而且富有政治头脑。虽然身为乐伎，但心比天高，十分鄙视那些贪官污吏和达官贵人。而她制作的"薛涛笺"则广为流传。

唐元和四年（809）三月，如日中天的诗人元稹，处理完公务后，几个文人好友便相邀一同饮酒作诗。在江边的一家醉中仙酒馆里，朋友将薛涛请来助兴。其实，元稹已久闻蜀中诗人薛涛的芳名，却不知，她年已四十，竟还如少女般美艳动人，还又多了一份沉稳和雅致，真是"色比丹霞朝日，形同合浦圆珰"！而薛涛一见元稹，也被这位年仅三十一岁的俊朗诗人所吸引。

两人议诗论政，彼此都由衷地感佩对方的才华。此后，元稹便常来这醉中仙酒馆，当然都会邀约薛涛来助兴。一来二去，交往渐多，情谊渐深。薛涛已看出这位年轻的监察御史，是想干出一番事业的政坛新秀。

一天，趁着双方都聊得高兴，左右人等都知趣地回避开了。薛涛试探着向元稹问道："御史大人奉命出使剑南东川，难道不想深入了解一下这里的官场么？"

元稹听她话中有话，故意逗她说："这里一片祥和，官场风清气正，百姓安居乐业，挺好呀！"

薛涛何等聪明之人，她也听出了元稹是故意套她的话呢！索性就把她知道的有关东川节度使严砺为富不仁的劣迹，一一道出来了！

这一下，元稹真惊呆了，他也曾风闻过严砺的贪残，士民不堪其苦。却不知他胆大到擅自没收吏民田宅百余所，税外加敛钱及刍粟数十万！

薛涛见元稹怔怔地发呆的样子，知道他有点不相信，便到隔壁房间去引来一女子。

女子约莫二十岁光景，面容姣好却十分憔悴。她一见元稹就跪哭到他面前。

元稹忙让她起身坐下慢慢叙述。女子说，她从前的主家是这一带远近闻名的织锦大户，她虽是这家的奴婢，但主家待她颇有恩遇，所以一直心怀感激。不料，有一天，主家莫名其妙地被官兵抄了家！一家人被流放到了不知何处，她也被押进大牢，受尽了凌辱后又被卖到了青楼。

后来，她遇到了薛涛姐姐，薛涛告诉她，从京城来了一位御使大人，只要将自己的遭遇告诉这位御使大人，就可以为主家申冤了。

女子哭诉完后，薛涛又将自己掌握的被没收了田宅和加收了钱财的人名，详细地告诉了元稹。

元稹说："我相信你说的这些不假，可是，这个严砺不是刚刚已经死了吗？"

薛涛说："这些人中，有的是我的朋友，有的是我亲眼所见啊，当然不会有假。严砺的确刚刚死了，不然，我们也不一定敢说这些啊！虽然他人已死，但他留下的贪残之风，若不加惩处，恐怕后来的人会变本加厉呀！这里山高皇帝远，好不容易来个御使大人，你若不能及时查处，不仅这里百姓，甚至连官吏都不得聊生了呀！"

美人尚且有如此仁爱之心，何况饱读诗书的儒生？元稹受到薛涛的激励，一股英豪之气油然而生。

经过一番明察暗访，元稹掌握了大量确凿的证据，他一道密奏送到京城，参劾了东川节度使严砺。

严砺，字元明，是四川盐亭人，因其堂兄、时任太守的严震推举被委以官职，后来，与政府官一同作战，平定了刘辟的西川叛乱，被任命为东川节度使。就在前几天，刚刚病死。

元稹在密奏中写道：

故剑南东川节度、观察、处置等使严砺，在任日擅没管内将士、官吏、百姓及前资、寄住等庄宅、奴婢，今於两税外加徵钱、米及草等。谨件如后。严砺擅籍没管内将士、官吏、百姓及前资、寄住涂山甫等八十八户庄宅共一百二十二所，奴婢共二十七人，并在诸州项内分析。

……

元稹将所查实的严砺违法侵吞、据为己有的各项财物一一列举在案。同时，对其追随者各加惩罚，让那些蒙冤者得以申冤。奏章上报后，全部准奏采纳！

2

但是，元稹自己却因此得罪了权贵，不久便被调离四川，任职洛阳。他与薛涛从此也就劳燕分飞，关山永隔了。

离别时分，二人都很感伤，心知这一别，或许再无相见之时。薛涛拿出一沓红色的笺纸交给元稹，元稹知道这是她亲手制作的诗笺纸。当时的纸张制作，尺寸较大，且色泽呆板，均是沉闷的土黄色。而且以大纸写小诗，浪费倒不要紧，要紧的是不和谐、不好看。像薛涛这样精致的女子，肯定不会满足于那样的书写纸张。

薛涛一生酷爱红色，她常常穿着红色的衣裳在成都浣花溪边流连，随处可寻的红色芙蓉花常常映入她的眼帘，于是制作红色笺纸的创意便进入她的脑海。薛涛最爱写四言绝句，律诗也常常只写八句，常用的纸张尺幅对她来说太大了，她一直有制作适于写诗的小巧纸笺的想法。

薛涛就居住在浣花溪畔，这里是当时四川造纸业的中心之一。薛涛便让造纸工匠为她改小了尺寸，做成小笺，这样，既便于携带又便于交流。她还发明了新奇的染色技法，即将红色的鸡冠花、荷花及不知名的红花花瓣捣成泥再加清水，加一些胶质调匀，制成染料，一遍一遍地涂在纸上，使颜色均匀。再以书夹湿纸，用吸水麻纸附贴色纸，再一张张叠压成摞，压平阴干。由此解决了外观不匀和一次制作多张色纸的难题。薛涛用自己设计的涂刷法，做出了小彩笺。为了变花样，她还将小花瓣洒在小笺上，制成了深红、粉红、明黄等十种颜色。这带有个人色彩的"浣花笺"，大概就是中国最早的"私人定制"之产品吧。

握在手中的浣花笺，精致小巧而又馨香温情，元稹明白薛涛的深情厚谊，他也将随身携带的宣州笔送给了薛涛。分别后的二人，就开始鸿雁传书，互诉相思之情。

元稹说着说着，就将一叠彩色诗笺递给了白居易，原来是四首《春望词》小诗，上面写着：

花开不同赏，花落不同悲。
欲问相思处，花开花落时。

揽草结同心，将以遗知音。
春愁正断绝，春鸟复哀吟。

风花日将老，佳期犹渺渺。
不结同心人，空结同心草。

那堪花满枝，翻作两相思。
玉箸垂朝镜，春风知不知。

白居易早就听闻薛涛的诗名，看了这几首春望词，不由得对元稹说道："这女子深谙诗律，即便李白在世，也会刮目相看的啊！后来呢？"

元稹却叹了口气，说："再没有后来了。"

实际情况是，因两人年龄差距过大，三十一岁的元稹正是男人的黄金岁月，而薛涛即便风韵绰约，毕竟大了十一岁。而更重要的是，薛涛乐籍出身，相当于一个风尘女子，对元稹的仕途只有副作用，没有正能量。对于这些，薛涛也能想明白，并不后悔，很坦然，没有一般小女子那种一失恋便寻死觅活的做派。

最终，薛涛脱下了极为喜爱的红裙，换上了一袭灰色的道袍，出家为尼了！她的人生从炽烈走向了淡然，浣花溪旁虽然车马喧嚣，人来人往，但她的内心却坚守着一方净地。

虽然，元稹对薛涛付出的感情也是真情，但他对好友白居易讲起这段风流情史，只是作为酒后的谈资来感叹一番，此时的他，更多的是对朝廷将授予他何种官职报以关注。他兴致高昂又满怀期冀地等待着皇帝的召唤。

白居易当然懂得好友的心情，他对元稹说："明日，我们一起去城南游玩吧？"

元稹高兴地答道："那就再多约两人同行，与众乐乐吧！"

次日清晨，通往城南的官道上，一队人马奔涌而来，七八个意气风发的青年才俊打马出城，他们或追逐欢呼，或逶迤相随，他们要像这春天的草木般蓬勃向上、开枝散叶。

樊宗师、樊宗宪、李建、李绅、李景俭、李景信都是白居易和元稹的至交好友，其中李绅就是那位写出《悯农》诗的人，他后来还做到了宰相的位职，但此时，他们都还只是一群处于宦海沉浮的青年。

春光明媚，激发了他们心上的诗情，白居易尤其对久别重逢后的元稹心生怜惜，他开口吟哦了一首《见元九》：

容貌一日减一日，心情十分无九分。

每逢陌路犹嗟叹，何况今朝是见君。

元稹正是兴头上，说道："乐天兄不必太伤感，今天大家一聚，日后在京城可得时常相见。"正好路过高郢宅第，高郢为相，政声颇佳，白居易想到了当年为博取功名，常来这里叩门拜访，内心对高郢给予自己的提携之恩深怀感激，如今，这里却已成了别人的府邸，真是世事难料啊，不由得吟道：

青苔故里怀恩地，白发新生抱病身。

涕泪虽多无哭处，永宁门馆属他人。

——《高相宅》

元稹懂得白居易的心事，但他认为新陈代谢皆为正常，不必太上心，于是劝道：

莫愁已去无穷事，漫苦如今有限身。

二百年来城里宅，一家知换几多人！

此时正路过刘敦质家宅第，白居易吟道：

刘家墙上花还发，李十门前草又春。

处处伤心心始悟，多情不及少情人。

元稹与刘敦质也熟识，接声和道：

闲坊静曲同消日，泪草伤花不为春。

遍问旧交零落尽，十人才有两三人。

此时马队已经走到仇家门前，从前常去他家饮酒的情形再现了，白居易吟道：

年年老去欢情少，处处春来感事深。

时到仇家非爱酒，醉时心胜醒时心。

元稹应声和道：

病嗟酒户年年减，老觉尘机渐渐深。

饮罢醒馀更惆怅，不如闲事不经心。

众人皆大声喝彩道："好诗，好诗！"

白居易也会心地笑了，紧接着又吟道：

旧游分散人零落，如此伤心事几条。

会遂禅师坐禅去，一时灭尽定中消。

白居易声音刚落，元稹就接声道：

欲离烦恼三千界，不在禅门八万条。

心火自生还自灭，云师无路与君销。

众人皆哈哈大笑，心领神会，却无一人能插言，也许是不想打断他们，希望二人尽兴而歌吧。李建笑言："李白号称诗仙，杜甫号称诗圣，依我看，乐天大哥堪称诗中之魔，而微之老弟就是诗王了。"

白居易与元稹也相视而笑。后来，不知怎么的，诗魔，诗王的称号全归了白居易了，这是个历史的误会，只是当时，谁也没拿这话当真。

元稹兴奋地说："乐天兄，诗才人人皆有，唯我等这般急智者并不多见呀！我要把咱们之间来往的诗歌编辑成一册诗集，名字就叫《元白往来诗集》，你看可好？"

白居易笑说："那我就等着看你编的集子了！"

风华正茂，前程似锦。恃才斗诗，他们自皇子陂到昭国里，一路迭吟递唱，二十余里不绝于声，好不畅快！

4

乐极生悲，世事总是难以预料。几天后，朝廷的诏书终于下来了，元稹不仅未得到预料中的重用，反而"量移通州司马"，即平调为通州司马，其实是再次将他赶出了京城！回到京城才一个多月的元稹，又不得不离开京城长安了。

三月二十九日，是元稹启程的日子，白居易和好友们前来送别。此次送别与上次接风迥然相异，大家情绪黯然，话语也不多，只是伤感地说着一些安慰的话。在鄂东蒲池村，元稹对大家说："送九君千里终须一别！各位就到此为止吧，快快回家，我将独自前往通州了！"

大家只好在这里拱手相别。

回程路上，白居易反复咀嚼元稹的话，好一阵心酸！想着他一个人独自去往通州的孤苦，他伤感而不忍离去，他突然拉住缰绳回马而行，众人问何故。他说："我要再送微之一程！"

于是，一行人又陪着白居易往回走，追上了独行的元稹，大家相依而行，又送过了几十里路，直到沣水西岸的桥边，找了家馆舍，大家一起住了下来。次日清晨，大家才依依惜别。

元稹举起酒杯来伤感地念道：

今朝相送自同游，酒语诗情替别愁。

忽到沣西总回去，一身骑马向通州。

——《沣西别乐天博载樊宗宪李景信两秀才姪谷三月三十日相饯送》

白居易因伤感，又饮酒过多，不能自持，大家只好在桥边挥手相别。

众人将白居易扶上马，缓缓地向长安城返去，行至城门口，看到城墙上的旌旗和守城卫士，昏昏沉沉的白居易才突然惊醒，万千愁绪涌上心头，正是：

蒲池村里匆匆别，沣水桥边兀兀回。

行到城门残酒醒，万重离恨一时来。

——《醉后却寄元九》

5

这天，白居易到蓝田县办差，路过感化寺，听说这里一位禅师在方丈室内一待竟有二十多年，从未出屋门，引起了他的好奇，他想去拜访这样的禅师。

他拾级而上，到各殿宇前礼佛祭拜后，来到后院。见后院处颓废的墙壁上有几行熟悉的字迹，他走近了仔细端详起来，不错，这正是元稹的笔迹啊！他激动不已，一晃一年多了，虽不断有鸿雁传书，但却难得一见。

原来，元稹在被贬路过此地时，也来这里游览过！人生多么奇妙啊，当年他们远隔千里却同时推知了对方在某一个时刻在何处所想所为，现在，他们又先后来这里游览，真是心有灵犀一点通啊！

微之谪去千余里，太白无来十一年。

今日见名如见面，尘埃壁上破窗前。

——《感化寺见元九、刘三十二题名处》

第十八章　惊天大案，宰相殒命御街头
　　　　　　覆盆之冤，大夫贬谪蛮江州

1

元和十年（815），唐王朝历史上发生了一起惊天大案，这也是中国历史上极为罕见的骇人大案：当朝宰相在上朝途中，被人砍死在街头！

虽是六月，但连日的阴雨天使得气温有点阴湿而沉闷。三日，天尚未大亮，通往大明宫的朱雀大街上空无一人。此时，一队人马在两排宫灯的引领下逶迤走来，持刀佩剑的武士们护卫着骑在马上的当朝宰相武元衡上朝，走在稍后一点的，是御使中丞裴度。

他们每天都是准时进宫面君，商讨军国大事。在武元衡看来，今天好像有点诡异，那就是道路两边的行道树显得特别浓密阴郁。武元衡想起了前一天，在朝堂上又一次与宪宗商讨如何应对淮西节度使吴元济谋反一事。宪宗已经委任武元衡统领军队对淮西蔡州进行清剿。

其实，武元衡深知自己面对的不仅仅是吴元济，与之相勾结的还有成德节度使王承宗、淄青节度使李师道等割据势力。藩镇割据、以下制上，这样的情形由来已久，也是宪宗的心头之刺。如何拔去这根刺，一直是作为宰相的他思谋的大事。也正因为如此，他知道他得罪了他们，或许会遭到他们的报复，冥冥之中，武元衡似乎有了一种不祥的预感。

就在昨晚寂静的深夜，没有了白天的喧嚣，唯有那明月高高地悬在夜空，照着窗外的池台。武元衡辗转无眠，便写下了一首颇具意味的诗，诗名《夏夜作》："夜久喧暂息，池台惟月明。无因驻清景，日出事还生。"

也许他所指的事，不过是每天都会发生在朝堂上的众议纷纷，但次日

酒狂引诗魔　悲吟到日西——白居易传

167

以后，这"事"便成了人们附会他已预知发生在他身上的大"事"了！这意象神秘的诗，仿佛魔咒，预示了灾难在不知不觉之中走近了他。他也知道他力主削藩会招来报复，但他不知道他们的报复来得如此的快！

上朝的人马在街道上安静而缓缓地行进着。静得出奇的街道，只有马蹄的"嘚嘚"声，空旷而森肃。突然，嗖嗖几声，宫灯被几支暗箭射灭，从行道树上跳下来几个刺客，一路悄无声息地砍将过来。

持刀佩剑的护卫们还没来得及反应过来，就一个个或被射或被砍，倒了一大片了。

沉浸在冥想中的武元衡惊得提缰打马欲逃，马腿却早已被砍瘸，武元衡跌下马来朝前飞奔，无奈，刺客的速度比他更快，迎面一个刺客手起刀落，武元衡的人头就滚落在了地上，并被迅速捡起，转身而去了！

走在后面的御使中丞裴度，也同样遭到刺客的砍杀，所幸，他因昨天有点风寒感冒，今天早起夫人让他戴上了一顶厚厚的毡帽，刺客将他砍倒在路边沟中，以为他已被砍死，就迅速逃离了，他因此捡回了一条性命，但也受了重伤。

一切来得猝不及防，不过眨眼的工夫，大街上就横七竖八躺满了尸体，血污成河。

刺客们速战速决，来无影去无踪，大街上迅速归于平静。但等待上朝的官员们立即得到了消息，朝堂上顿时乱成了一锅粥！

武元衡，字伯苍，河南缑氏人。曾祖父武载德，是武则天的堂兄弟，官湖州刺史。武元衡少时天资聪颖，才华横溢。参加科举考试，金榜题名，位列进士榜首。德宗李适很欣赏他的才能，曾因办事得力，一年内连升了三级！

永贞元年（805）正月，顺宗即位。社会矛盾尖锐、政治出现危机。改革派王叔文派人游说武元衡加入朋党，但他婉言谢绝，因而两相交恶，后被罢官。顺宗只坐了一年的皇帝龙椅。第二年宪宗李纯即位，再次迁升武元衡，为中丞、户部侍郎。元和三年（808），拜门下侍郎同中书门下平章事、兼户部事务。唐宪宗素知武元衡清廉正直，对他信任有加。

元和二年（807），行营都统高崇文平定蜀乱后，把蜀地军用物资、库内金帛、帷幕承尘、歌伎舞女、能工巧匠等搜罗一空，百姓怨声载道。武元衡到任，制定规约，三年民殷府富，蜀地少数民族纷纷归服。期间，武元衡发现了裴度的才能，调为掌节度府。他自己接替了高崇文主政西川。

元和八年（813），治蜀七年的武元衡还朝，仍拜门下侍郎、同平章事。当时宰相李吉甫、李绛不和，不断争吵，武元衡对二人不偏不向，宪宗称赞他为忠厚长辈。

这一次，淮西节度使吴元济谋反，宪宗委任武元衡统领军队对淮西蔡州进行清剿。引起了成德节度使王承宗、淄青节度使李师道等割据势力的恐惧，他们决定刺杀武元衡等主战派大臣，以救蔡州。李师道就对其幕僚说过："天子专心一意地声讨蔡州的根由，在于有武元衡辅佐他，请让我秘密前去刺杀武元衡。如果武元衡死了，其他宰相不敢主持讨伐蔡州的谋划，就会争着劝说天子停止用兵了。"

唐宪宗在悲痛之下十分震怒，下令取消当日朝会，立即封闭城门，实施戒严，缉拿凶手，并派禁军护卫其他宰相上朝，召集文武大臣共商对策。

武元衡喋血御街，不仅仅是他个人的悲剧，大唐帝国的权威更是受到了严重挑衅！长安戒严后，刺客留下这样一张字条："勿先捕我，我先杀汝！"气焰极其嚣张。

然而，宰相被杀，朝堂上却并未同仇敌忾，甚至关于朝廷应对叛乱藩镇的措施，也吵翻了天。既有要求增加兵力加强平藩的，也有请求罢兵的，甚至有人要求免去裴度官职，以安抚藩镇之心。韦贯之、张弘等宰相则保持沉默，认为刺客敢在天子脚下公开刺杀当朝宰相，肯定来路不凡；"主和派"巴不得消除"主战派"的势力，平日里他们早已过惯了太平日子，生怕为此惹来一身膻！由此，便出现了吊诡的一幕：文武大臣对武元衡遇刺案，竟不置可否。

此时的白居易，心中燃起了愤怒的火焰。无论于公于私，他都不能沉默以待。有关武元衡的传说，特别是自己与他以诗唱和的交往，又浮现在了眼前。

武元衡在西川时曾经游玩前任西川节度使韦令公的旧宅园，园中池边有一只漂亮的孔雀，武元衡遂即兴作诗一首，名为《孔雀》，诗曰："荀令昔居此，故巢留越禽。动摇金翠尾，飞舞碧梧阴。上客彻瑶瑟，美人伤蕙心。会因南国使，得放海云深。"

此诗字里行间表达了诗人的同情之心，充满了言外之思，感叹人生的变迁。

武元衡对自己的这首五律也颇为得意，所以回到长安后，他曾将此诗示于朝中大臣，于是引来了众多诗人的唱和。白居易虽与之官阶差隔数级，但武元衡丝毫没有瞧不起他的意思，特地对他说："乐天老弟，你一向诗才敏捷，还望赐教啊！"

白居易从内心感激他对自己的赏识，但读罢此诗，觉得他对孔雀的描述不尽如人意，形象也不够鲜明灵活，且情感不够深沉透彻。因此白居易以诗相和，诗名为《和武相公感韦令公旧池孔雀（同用深字）》，诗曰：

> 索莫少颜色，池边无主禽。
>
> 难收带泥翅，易结著人心。
>
> 顶毳落残碧，尾花销暗金。
>
> 放归飞不得，云海故巢深。

韩愈、王建也都以诗相和。韩愈作《奉和武相公镇蜀时咏使宅韦太尉所养孔雀》："穆穆鸾凤友，何年来止兹。飘零失故态，隔绝抱长思。翠角高独耸，金华焕相差。坐蒙恩顾重，毕命守阶墀。"

王建作《和武门下伤韦令孔雀》："孤号秋阁阴，韦令在时禽。觅伴海山黑，思乡橘柚深。举头闻旧曲，顾尾惜残金。憔悴不飞去，重君池上心。"

三诗相比，白、工二诗俱佳，韩诗稍逊。

事后一次朝罢，二人碰面，武元衡还专门对白居易的诗表示赞叹说："乐天老弟的唱和诗，不仅在韵律上回应了我的原作，在情感上也比我的诗深切悲伤得多，你是说孔雀在蜀地滞留已久，有沦落他乡之感，且羽翮已经残伤，即便将它放飞也难以重归故巢了吧，比我思考得更深一层啊，太好了！"

武元衡这样的气量也让白居易敬佩，还有一件事也让白居易佩服。那年武元衡到西川去，地方官宴请他。西川从事（州府佐官）杨嗣喝得大醉，不顾礼仪，强逼武元衡用大酒杯喝酒。武元衡不喝，杨嗣就把酒浇在他的身上，还说"我用酒来给你洗洗澡"。

旁人都大惊失色，武元衡却一动不动，任他浇完了酒，才缓缓地站起来，换了一身衣服，又继续参加酒会。

当然，开放的大唐，人们同样津津乐道着风花雪月、儿女情长。白居易自然也听说了武元衡在任西川节度使时，与当地的美女诗人薛涛的缠绵故事。

武元衡出身官宦世家，又是武则天的曾侄孙，不仅自幼聪慧好学，博览群书，长于诗文，而且神貌俊朗，风神洒脱淡雅，号称大唐第一美男子。这样既有文才又身居高位的美男子，他当然有资本令同样貌美如花、才高气傲的美女诗人薛涛，为他芳心暗许呀。

白居易也知道，武元衡曾赋《赠道者》一诗："麻衣如雪一枝梅，笑掩微妆入梦来。若到越溪逢越女，红莲池里白莲开。"诗中，他毫不掩饰地赞美欣赏这位美丽的白衣女子，为她的姿色倾倒。在他心中，这女子就如那高雅素洁的白梅一样纯洁无瑕。她的一个眼神、一个微笑都那么楚楚动人又含情脉脉！他仿佛看到这一白衣女子来到越国的一条溪水边，走进一群穿着红色衣裳的浣纱女子中间，那风姿神韵，炫人眼目，就像是开放在一片红色荷花中的一朵亭亭玉立的白莲！她那玉洁冰清的风韵婀娜娇美、妙不可言。世人也都知道，被他赞叹的美人就是薛涛。

身在蜀中的女诗人薛涛，也曾在武元衡举办的宴会上献诗于武元衡：《上川主武元衡相国二首》："落日重城夕雾收，玳筵雕俎荐诸侯。因令朗月当庭燎，不使珠帘下玉钩""东阁移尊绮席陈，貂簪龙节更宜春。军城画角三声歇，云幕初垂红烛新。"

武元衡在蜀中作《题嘉陵驿》："悠悠风斾绕山川，山驿空蒙雨似烟。路半嘉陵头已白，蜀门西上更青天。"

薛涛和作《续嘉陵驿诗献武相国》："蜀门西更上青天，强为公歌蜀国弦。卓氏长卿称士女，锦江玉垒献山川。"

元和三年（808），武元衡上奏薛涛为校书郎，入其幕府，薛涛成为武元衡的贴身秘书。

薛涛还曾作过一首《送友人》诗，更是煽情：

> 水国兼葭夜有霜，月寒山色共苍苍。
> 谁言千里自今夕，离梦杳如关塞长。

诗中字字真切、层层曲折，将那执着的相思之情一步一步推向高潮，这令大诗人白居易也不得不佩服她的才情了，她借用诗经的名篇"兼葭苍苍，白露为霜。所谓伊人，在水一方。溯回从之，道阻且长；溯游从之，宛在水中央"，以此来抒发对武元衡的思念之情。她的思恋是那么的绵长。人隔千里，自今夕始。然而，她没有想到的是，她的诗同样也像一道谶语，预示了他们关塞千里，再也不得相见的结局。

所幸后来，元稹来到这里，填补了薛涛情感上的空缺。

3

白居易要奏请缉捕刺杀武相之贼人。虽然他知道这样的奏请书不该由他来写，但因事关国家兴亡、朝廷荣辱，他已顾不了那么多了。

从大明宫上朝后回家的路上，白居易看到几处高门大户的庭院里正在砍伐树木，原来冠盖如云的大树都被削去了树冠，仿佛是被人砍去脑袋的武士一样，有的甚至被连根拔起了！白居易心里悲愤交加。杀元衡的刺客是隐藏在行道树上的，事件爆发后，许多长安重臣便开始砍伐庭院里的大树，砍树之风还波及了皇宫！自此以后，大唐宰相府邸不种大树成为一个惯例。当时的白居易就感到了一种耻辱，他们只知道防范个人的危险，却不知国家所面临的危机才是最大的危险。刺客不缉拿，背后的指使者不惩治，国家永无安宁，个人的身家性命，更是危在旦夕！

白居易愤愤地一路走着一路想着，他匆匆回到家后，连杨氏的招呼也顾不得回应，就钻进了书房，起草他的奏章。

他整整一天一夜，都在奋笔疾书，将他对武元衡被刺杀一案的看法，从杀手的背景、目的，到此案对国家、对朝廷的恶劣影响，都分析得十分透彻，最后强烈要求缉拿刺客、惩治幕后的指使者！

白居易的奏章在朝堂上一经宣读，立刻引起了一阵骚动。其实，刺客也罢，背后指使者也罢，几乎都是显而易见的，也正为因此，朝堂上才会出现奇怪的罢兵和罢官之说。大家都不言缉凶，唯独你白居易敢言？！何况，白居易只是一个小小的宫官：太子左善赞大夫，连言官也不是，怎么能如此违例，轻言国事？他们心里皆有不爽！而那些曾被白居易当言官时上疏讽谏过的人，则更是欲借此机会，对他进行报复。

就在白居易的奏章上报后的第二天，他正在家中读元稹寄来的诗书，原来元稹自被贬江陵后，自编了诗集二十集，他把诗集寄给了白居易。

4

元稹到通州上任后，曾给白居易写过一封信，详细叙述了那里的情况：山多林密、潮湿闷热。

白居易担心元稹热坏了身子，妻子和侍妾又都不在身边，在那样偏远的山地，知道该怎么照顾自己吗？白居易叮嘱杨氏，赶紧给他缝制了一些轻薄的衣衫，他把这些透气又散热的薄纱衣裳寄给元稹，并在大包裹上题道：

> 浅色縠衫轻似雾，纺花纱裤薄于云。
>
> 莫嫌轻薄但知著，犹恐通州热杀君。
>
> ——《寄生衣与微之，因题封上》

白居易一面等待着朝廷缉凶的消息快一点到来，一面为好友的命运感叹不已。连日的阴雨让他担心起元稹在那样的湿热地带，恐怕日子更是难熬，随口念道：

> 天阴一日便堪愁，何况连宵雨不休。
>
> 一种雨中君最苦，偏梁阁道向通州。
>
> ——《雨夜忆元九》

这时，一队人马停在了他的府第门前，白居易听到有人高声喊着让他接旨，他不知何事，心里想着莫非圣上对他所上缉凶奏章有所嘉许？抑或朝廷缉凶有了消息？便急忙出了书房，迎到客堂。

吏部的宣旨官对他宣读了诏书，他听得模模糊糊的，直到宣旨官们留下诏书走出了大门，他才回过神来，仔细把诏书看了又看，没错，的确是说他：宫官非谏职，不当先谏官言事，贬江州刺史。

仿佛一记重锤，重重地敲在了白居易的脑门上，他百思不得其解。大唐当朝宰相、国家重臣、天子倚重的股肱，竟被人刺死在上朝的路上，这是前所未有的丑闻、朝廷的耻辱、国家的耻辱啊！怎么可以不予追究？居然还有人提出罢兵，那不是公开向藩镇割据势力投降么？更有甚者还提出免去裴度的官职以安抚藩镇之心，这是令亲者痛仇者快的提议。白居易无法不大声疾呼。但是，现在连一向立志要削藩的圣上，也不能理解自己了，就因为自己不是言官，竟然不顾自己所提奏议是为国雪耻，而听信朝中一帮庸人的谗言，贬我为江州刺史吗？

其实，建议贬黜白居易的是宰相韦贯之和张弘靖，他们对他的文才是颇为欣赏的，只是，嫌他自从当上言官后，不断地上书言事，言辞又是那么犀利而不拘礼节，且常有冒犯之语，以致圣上都颇为不满了，正好借这次机会，挫挫他的锐气。

白居易没能完全理解宪宗削藩的决心和难处。藩镇势力强大到非一蹴而就能解决！他不知道，四年后，宪宗终于先后平定了淮西和淄青，削藩事业取得重大胜利，全国在“安史之乱”后的藩镇割据局面得到彻底改变，完成了全国的大一统。只是在此时，条件还不成熟。但是，宪宗不仅并未听从一些人要罢去裴度职务之话，而且还亲自上门去慰问了裴度的伤情。只等到裴度的伤情好转，宪宗还任命他为宰相，担负起讨伐淮西的任务。

然而，白居易不得不离开长安城了。

这个时候，他多么希望元稹能在身边，能听他诉说心中的愤懑和委屈。但是，元稹却在遥远的通州！他只得将一肚子的心事写在了纸上，寄给杨虞卿。

杨虞卿早年进士及第后，又应博学宏辞科，授校书郎。白居易希望能从他那里得到一点点安慰。他信中的大意是：

贬官的敕令已经下达，明天就离京东行了，想把心中委屈详细地对阁下说一说。去年六月里，强盗在大街上杀害了右丞相武元衡，满身血浆，头发和肉体都被砸烂了，我实在不忍心再说下去。当时满朝文武震惊恐惧，不知该说什么话，我觉得有史以来，高级官员从来也没有过这样的事。假如人们当时见到右丞相死的惨状，即使是田夫奴仆，也不该闭口不言，更何况我是朝廷大臣，怎能闭口不言忍受这样的愤恨？已故武元衡丞相黎明时断的气，我的奏章中午呈上，两天之内，满城的人都知道了，那些不乐意我这样做的人，有的人造谣中伤，有的说我这样做大错特错，都说：“尚书郎、给事中、中书舍人、谏官、御史，对武丞相被刺杀一事还没有上书谈自己的看法，一个赞善大夫为什么倒如此忧国呢！”

酒狂引诗魔 悲吟到日西——白居易传

我听到这些话，回到家中仔细思量，赞善大夫固然官职低微，而朝廷中发生这样特殊的事件，当即进一奏疏，说这是忠诚，这是义愤，也问心无愧；说这是虚妄，这是张狂，我又能辩解些什么呢？因为这样一件事而获罪，您以为怎么样？更何况还不是以这件事定罪呢！

白居易匆匆地书写着这些时，杨氏已为他打点好了简单的行装。

贬官接到被贬的诏书后，都是要立即启程的，家眷们倒可稍稍晚一点，待收拾停当后再启程。

白居易无奈背着简单的行装，骑上马，便独自一人匆匆地上路了。

第十九章　伤心诗，难慰藉伤心之伤
　　　　　贬谪客，又遭虐贬途再贬

1

　　一路上，白居易心潮起伏、思绪万千。想自己这样匆匆离家，馨儿不知会怎样忧心，既要担心丈夫远行的安危，又要独自承受爱女离世之痛，还要独自熬过漫漫的长夜！

　　自己与好友元稹的命运颇为相似，都是一片赤诚，尽力孝忠。却不仅不被看重，反而得罪权贵，招惹忌恨，所以才被贬离京。这一次去到那偏远的江州，不知何时才能回到长安啊！在望秦岭上，他望着起伏的山川大地，心想不知什么时候再能经过这里回到长安！去路迷茫。一阵秋风吹来，吹乱了他头上的根根白发，他叹了口气，缓缓地吟哦起来：

　　　　草草辞家忧后事，迟迟去国问前途。
　　　　望秦岭上回头立，无限秋风吹白须。

　　　　　　　　　　　　　　　——《初贬官过望秦岭》

　　过了望秦岭后，就是一片苍茫大地，秋日的骄阳照在大地上，燥热而干渴，人困马乏间，他望见前方出现了几幢房舍，知道快到蓝桥驿站了！想到元稹元月从唐州被招还长安时，也是走的这条路，他一定也会在驿站留下诗文的吧。于是振作起精神，挥鞭打马，向蓝桥驿站而去。

　　驿长热情接待了他，吩咐驿吏将白居易的马牵去饮水食料，也收拾好了休息的房间。但白居易却并不急于进屋休息，而是循着驿站的房舍和院

酒狂引诗魔　悲吟到日西——白居易传

墙慢慢地看将过去。驿长也是个读书人，笑问道："敢情白大夫，哦，不，白刺史是想寻找熟人么？"

白居易只是点着头，并不言语。果然在一处粉墙上看到了几行熟悉的字迹，见字如见人，白居易灰暗的心情顿时一扫而光。他激动地读着墙上的诗句，揣摩着好友当时的心境。

元稹的《留呈梦得、子厚、致用（题蓝桥驿）》就写在蓝桥驿的墙上：

> 泉溜才通疑夜磬，烧烟馀暖有春泥。
> 千层玉帐铺松盖，五出银区印虎蹄。
> 暗落金乌山渐黑，深埋粉堠路浑迷。
> 心知魏阙无多地，十二琼楼百里西。

那时的元稹，是多么的意气风发、踌躇满志啊！可是仅仅两个月后，他又被贬到了通州，仅仅八个月后，自己也从长安贬去江州。风云变幻，竟是如此的诡谲。

晚上，白居易将自己的感慨写了下来。刚写下"蓝桥春雪君归日"，眼泪就不由自主地流淌下来，打湿了纸上的字句，他只得换上一张纸来，继续写下去，《蓝桥驿见元九诗》：

> 蓝桥春雪君归日，秦岭秋风我去时。
> 每到驿亭先下马，循墙绕柱觅君诗。

这貌似平淡的二十八字，却暗含着诗人心底的万顷波涛。

元稹于元和五年（810）自监察御史贬为江陵士曹参军，经历了五年屈辱生涯。到元和十年（815）春奉召还京，他是满心喜悦、满怀着希望的。他说："心知魏阙无多地，十二琼楼百里西。"那种得意的心情，简直呼之欲出。可是，好景不长，他正月刚回长安，三月就再一次远谪通州。他自己现在也被贬江州。那么，被秦岭秋风吹得飘零摇落的，也是他和元積共同的命运啊！

春雪、秋风，西归、东去，道路往来，风尘仆仆，这道路，乃是一条可悲的人生道路！他循墙绕柱寻觅的，岂止是元稹的诗句，也是元稹的心，是两人共同的道路的轨迹！友情可贵，题咏可歌，共同的遭际，更是可泣。

此后，白居易在驿站寻觅元稹的遗诗，便成了一种习惯。这习惯支撑着他一路度过孤苦忧闷的羁途，向着下一个驿站走去。同时，他也不断记录着他与元稹的隔空答和。

九月，白居易抵达襄州驿站。秋风乍起，江寒水涌，"本是多愁人，复此风波夕"，白居易伤感地又是一番唏嘘。在这里，他将换舟经汉水，进入长江，东去九江。在这寂寞的谪戍旅途中，他更加想念远谪通州的元稹。深秋的夜晚，诗人伴着荧荧灯火，细读元稹的诗卷，写下了这首《舟中读元九诗》。

> 把君诗卷灯前读，诗尽灯残天未明。
> 眼痛灭灯犹暗坐，逆风吹浪打船声。

已经读了大半夜了，天都快要亮了，白居易还要"暗坐"，不肯就寝。此刻，他独坐在一只小船内，听着江水拍打着船板的响声，心头眼底，像突然展现了一幅大千世界色彩黯淡的画图。这风浪，变成了"逆风吹浪打船声"，像塞马悲鸣、胡笳呜咽，悲中见悲。熔公义私情于一炉，这满腔汹涌澎湃的感情，使他无法安枕。

2

白居易一路抱屈一路感叹着，心不甘情不愿地去往贬谪地时，他怎么也不会想到，此时的朝堂上有人还觉不解恨，对白居易的贬谪还觉不够，还要进一步地打压他！

酒狂引诗魔 悲吟到日西——白居易传

在庄严肃穆的朝堂上，宪宗正端坐在龙椅上听文武大臣们议论。中书舍人王涯出班说："白居易母亲死于看花坠井身亡，然白居易却写了《新井篇》和《赏花》之诗，极力吹嘘他家新的井台如何光洁美观，井水如何清冽甘甜；还炫耀自己赏花时的好心情，有违人伦纲常，这样品性的人，不适合治理一州之政，任江州刺史恐有伤大雅，请圣上定夺。"

宪宗把目光投向宰相，宰相韦贯之说："臣亦以为然。"

宰相张弘靖说："王大人说得对，请圣上明鉴。"

宪宗还未开口，就听身边的吐突承璀低声说道："圣上，此人言辞浮华，毫无品性，不能治理一方呀！"

宪宗沉吟片刻，道："那就让吏部再追敕贬白居易为江州司马吧！"

刺史相当于省长或市长，是地方的最高行政长官，而司马则不亲实务，朝廷多用以优待宗室或安置闲散官员等人，相当于现在的秘书或顾问，不过是个"送老官"而已。众人听了，这才罢休。

一匹快马飞奔出了长安城，沿着白居易被贬的方向一路追来。而此时的白居易正在驿馆里吟诵他的《放言五首》，这都是他一路上悟出的人生哲理。

其一

朝真暮伪何人辨，古往今来底事无。

但爱臧生能诈圣，可知宁子解佯愚。

草萤有耀终非火，荷露虽团岂是珠。

不取燔柴兼照乘，可怜光彩亦何殊。

其二

赠君一法决狐疑，不用钻龟与祝蓍。

试玉要烧三日满，辨材须待七年期。

周公恐惧流言日，王莽谦恭未篡时。

向使当初身便死，一生真伪复谁知。

就在这时，忽然听得馆外一阵马蹄声乱响，接着有人高声喊道："请江州刺史白居易白大人接旨！"

白居易急忙出屋，来人问明他就是白居易后就高声宣读："上谕：江州刺史白居易，其母因看花坠井而亡，而丁忧期间，作《赏花》《新井》诗，甚伤名教，不宜治郡，追授江州司马……"

白居易一时懵了，他怎么也想不到会有这样的贬谪理由！悲愤交加，望着远去的宣旨人马，他猛地将身边的柳树枝折断，扔出驿馆墙外。

驿长见状过来劝他道："白大人，好歹您还是朝廷的命官呀，宦海沉浮，人生常态。我在这驿站里多年，见过太多贬出京城后又回来的大官，您只管放松心情，留得青山在，还愁没柴烧？！指不定您啥时就回来啦！"

白居易说："驿长，您有所不知，我气愤的不是贬为刺史或司马，而是……唉，算了，不说啦！"

从左拾遗到善赞大夫，其实是从近臣到闲职；现在又从京官被贬为地方刺史，这已经让白居易渐渐地看清了现实，对官场也越来越失去了希望，现在，再次被贬为司马，他才真正认清了自己曾经的"惟思粉身，以答殊荣"的想法是多么幼稚！他想起了对元稹说过的要"达则兼济天下，穷则独善其身"的人生态度，这才是他真正的毕生所求啊！

让白居易气愤的不是一贬再贬的官职，而是这被贬的原因太过荒唐了，他们居然说自己在丁忧期间大不孝！见物咏物，遇事言事，吟诗作文，这在白居易的生活中早已成了一种常态、一种生活习惯，何来的大不孝呢？母亲自年轻时就患下的心病，到年老后是愈发的厉害了，从前家里拮据，后来，随着弟兄们逐个考取了功名，家境渐渐好了起来，不知道请了多少名医来为母亲治病，却总是时好时坏。有一次，母亲发病竟拿着砍芦苇的刀往自己身上乱砍！亏得被人夺下了刀，才得以幸免一死，从那以后，家里就找了两个壮实的婢女来照看她，总以为防着她拿刀斧等利器伤了自己，却不料，这一次，母亲为了看花，不幸坠井身亡。这是何等的家庭悲剧！可恨那些嫉恨他的人，却拿这件事来对他进行人身攻击，而更让人悲愤的是，这样的攻击还让圣上都相信了，将他一贬再贬，他能到哪里去诉说冤屈呢？

3

就在白居易离开驿站之前，他忽然看到一块拆下来的门板上有几行文字，仔细辨认，是一首《无题》：

> 抛却朝笏换酒钱，蕙风伴我下江南。
> 老槐如翁似相告，古人十去九未还。

他不知道是何人所题，更不知道他是否回到了故地，但他的命运与自己一样，都是路过驿站时匆匆留下的内心感受。

他知道，今后也许还会有这样的后来者路过这里。他默默地朝着旧门板躬身一拜，便转身而去了。

白居易满怀忧愤地离开驿馆，向襄州城中而去。白居易在襄州城里走了一圈。二十年前，父亲在这里任职，也是在这里离世的，这里是他少年悲苦伤感之地；后来，他去长安城谋求功名，也在这里稍作停留，那时虽非信心十足，却也是满怀希望的，希望自己能"学成文武艺，货与帝王家"。不似今天这般忧愤难平。看着物是人非的街道，不由得今昔对比，激起他心中的不平，白居易干脆又回驿馆，在那里等待杨氏与家人会合后再去江州。

4

回到驿馆的白居易，拿出了元稹刚贬到江陵时写给他的诗：

> 近来逢酒便高歌，醉舞诗狂渐欲魔。

五斗解酲犹恨少，十分飞盏未嫌多。

眼前仇敌都休问，身外功名一任他。

死是等闲身亦得，拟将何事奈吾何。

莫将心事厌长沙，云到何方不是家？

酒熟俑糟学渔父，饭来开口似神鸦。

竹枝待凤千茎直，柳树迎风一向斜。

总被天公沾雨露，等头成长尽生涯。

……

读着读着，不觉胸中也有一团火燃烧起来，他提起笔来写道：

朝真暮伪何人辨，古往今来底事无。

但爱臧生能诈圣，可知宁子解佯愚。

草萤有耀终非火，荷露虽团岂是珠。

不取燔柴兼照乘，可怜光彩亦何殊。

世途倚伏都无定，尘网牵缠卒未休。

祸福回还车转毂，荣枯反复手藏钩。

龟灵未免刳肠患，马失应无折足忧。

不信君看弈棋者，输赢须待局终头。

赠君一法决狐疑，不用占龟与祝蓍。

试玉要烧三日满，辨材须待七年期。

周公恐惧流言日，王莽谦恭未篡时。

向使当初身便死，一生真伪复谁知。

谁家宅第成还破，何处亲宾哭复歌。

昨日屋头堪炙手，今朝门外好张罗。

北邙未省留闲地，东海何曾有定波。

莫笑贱贫夸富贵，共成枯骨两如何。

泰山不要欺毫末，颜子无心羡老彭。

松树千年终是朽，槿花一日自为荣。

何须恋世常忧死，亦莫嫌身漫厌生。

生去死来都是幻，幻人哀乐寄何情。

好像一切都参悟透彻了，不必为眼前的沉浮羁绊住手脚、困厄住心情。天已大亮，杨氏一行人已到了驿馆。夫妻相见，虽分离时日不多，却免不了又是一番泪眼婆娑。

杨氏给白居易带来了元稹的来信。元稹在得知白居易被贬后十分心痛，立即给他写回信，只是由于邮路遥远，白居易已离家在被贬的路上了，信才到他家中。

白居易读着元稹的信和诗，眼中再一次溢满了泪水，更为元稹的身体担忧起来：

残灯无焰影幢幢，此夕闻君谪九江。

垂死病中惊坐起，暗风吹雨入寒窗。

——《闻乐天授江州司马》

第二十章 慕陶潜，寄情山水悟逝水
羡浮陀，纵游庙观思流年

1

这天，白居易决定再休整一天，明天就改为水路，前往江州。

晚间，船行至鄂州（现武昌）的鹦鹉洲，江面浩渺，月色澄明，这里是汉水与长江的交汇处，商业繁茂，人口聚集，大小各等船只停泊在洲头，等待天明后启程。

白居易像往常一样，饭后坐在船舱内翻看着元稹的诗稿，却听飘飘忽忽地一阵歌声传来，甚是悲切。他好生新奇，不觉走出船舱。却见邻船上一女子独自站立桅杆下，且歌且泣。

白居易细看那女子，十七八岁的样子，面色洁白姣好，不觉动了恻隐之心，轻声问道："小娘子，你为何如此伤心？你的家人呢？"

那女子却掩面抽泣，并不搭理他。看她窈窕的身姿，白居易似曾相识，却想不起来在哪里见过。

这时，杨氏也走出了船舱，她拿了一件长衫披在白居易身上，说："老爷，天凉了，江面湿气也重，回舱里吧。"

白居易还想再多问问那女子，见杨氏担心自己受凉，便不再说什么了，只得怅怅地回到船舱里。心已被搅乱，再也看不进诗稿了。这女子这般地似曾相识，难道真的在哪里见过吗？突然，湘灵的名字跳了出来，这女子不愿告人的悲戚，是否也如当年湘灵对自己爱而不得的苦衷一样，不可对人言说？是啊！也是这般的花样年华，也是这样的娇柔美好，一晃二十多年了，不知湘灵会流落到何方？是否也如这女子般孤身一人、浪迹天涯、

酒狂引诗魔 悲吟到日西——白居易传

185

满怀悲伤？在湘灵的悲伤中，现在还有我的身影吗？唉，她也是人到中年，早该嫁作他人妇了吧？但是，白居易的内心并不愿意承认这个现实。他心目中的湘灵，永远都是十七岁的年华！

虽然嘴上不能说，但可以把这件事写在诗里，记在心里。于是他提笔写下《夜闻歌者》：

> 夜泊鹦鹉洲，秋江月澄澈。
>
> 邻船有歌者，发调堪愁绝。
>
> 歌罢继以泣，泣声通复咽。
>
> 寻声见其人，有妇颜如雪。
>
> 独倚帆樯立，娉婷十七八。
>
> 夜泪如真珠，双双堕明月。
>
> 借问谁家妇，歌泣何凄切？
>
> 一问一沾襟，低眉终不说。

2

终于到达了江州！江州浔阳城（今江西九江）并不大，紧临长江岸边，因长江流经这一带被称作浔阳江而得名，又因河流众多汇集于此，所以水运业发达，是南北水路的枢纽之一，但其繁盛程度远不及长安和洛阳，所以，站在船头的白居易眼中的浔阳城，低矮陈旧、白墙黛瓦的房舍，其间夹杂着不少茅草板皮屋，带着些苍凉之气。不知道自己会在这蛮荒之地要待多久啊！他领着家人郁郁地下了船。

这时，却有一队人马早已恭候在了江边上，一衙役跑来问道："是京城来的白司马白大人么？"

白居易答："正是在下。"

衙役告诉他说，江州刺史大人在此亲自迎接他们，已等候多时了。白居易连忙上前去拜见。

刺史崔能，是江州最高行政长官，他因读了《长恨歌》，早已对白居易的大名敬佩有加。此时，他高兴地对白居易说："大人虽遭贬谪，远离京都，但对我江州城来说却是幸运之至，尤其本人，非此，不知何日能见大人真颜呀！真是幸会幸会！"

一番话说得白居易心中的迷茫顿时减去了一半。

崔刺史在浔阳楼设宴，为白居易接风洗尘。白居易当即口占一首《初到江州》：

> 浔阳欲到思无穷，庾亮楼南湓口东。
> 树木凋疏山雨后，人家低湿水烟中。
> 菰蒋喂马行无力，芦荻编房卧有风。
> 遥见朱轮来出郭，相迎劳动使君公。

在这首诗里，其实白居易是误把这里的南楼当作了晋代庾亮所建楼了！南宋有人考证：庾亮尝为江、荆、豫州刺史，其实则治武昌，若武昌南楼名庾楼则有理，然白乐天诗固已云"庾亮楼南湓口东"则承误已久矣。

虽然是贬官，但终归是被贬的京官，不但在圣上身边沐浴过皇恩，又是远近闻名的大诗人，所以这位江州刺史对白居易颇为敬重。

浔阳楼是城中最豪华气派的酒楼，看着门楼的张灯结彩，白居易恍惚间又看到了京城的风采。而各色当地佳肴不仅让羁旅贬途日久的白居易一解口馋，更让他从心里感受到了一丝温暖。

浔阳楼的厨师按最高行政长官的要求，精心制作了一桌全鱼宴，此外还特意加上了最有名的庐山的石鱼、石鸡、石耳等。酒过三巡，刺史对白居易说："江州之地虽然物茂繁盛，但毕竟难以与京城相比，司马大人不必太过操劳，先与各位大人熟悉熟悉，歇息几日，消除旅途劳顿后，再履职不迟。"

白居易知道这虽是客气之言，但自己一介闲职，不必太过操心衙务也是惯例，乐得一身轻松也好。

白居易的官舍就在江州府衙内的一独立小院，倒伏的竹竿、长满青苔的石阶，显然很久无人居住，显得十分荒僻。府吏和家童忙着把厅堂的窗帘拉起，洒扫一番，再铺开床铺、摆上家什。

夜晚，白居易在窗前点起了烛光读书，耳边却传来几声城墙上的钟声。他早已预想过这里的清冷，没料到却有一股寒意从心里袭来。这样冰冷的官曹，除了被贬黜的人，还有谁愿意来呢？

3

白居易开始在衙署按部就班了。正如刺史所言，江州府衙公务不多，而司马一职更是清闲。人穷则返本。白居易回顾起了自己多年来的足迹，思考为文作诗的目的及其功用，原本就有不同于他人的见解，碍于朝廷繁杂事多，没能好好理出头绪，现在被贬于偏僻小城，正好可以沉心思考，并把这些诉诸笔端，写成《与元九书》寄给了远在通州的元稹：

微之足下：自足下谪江陵至于今，凡杜赠答诗仅百篇。每诗来，或辱序，或辱书，冠于卷首，皆所以陈古今歌诗之义，且自叙为文因缘，与年月之远近也。仆既受足下诗，又谕足下此意，常欲承答来旨，粗论歌诗大端，并自述为文之意，总为一书，致足下前。累岁已来，牵故少暇，间有容隙，或欲为之；又自思所陈，亦无出足下之见；临纸复罢者数四，卒不能成就其志，以至于今。

今俟罪浔阳，除盥栉食寝外无余事，因览足下去通州日所留新旧文二十六轴，开卷得意，忽如会面，心所畜者，便欲快言，往往自疑，不知相去万里也。既而愤悱之气，思有所泄，遂追就前志，勉为此书，足下幸试为仆留意一省。

夫文，尚矣，三才各有文。天之文三光首之；地之文五材首之；人之文《六经》首之。就《六经》言，《诗》又首之。何者？圣人感人心而天下和平。感人心者，莫先乎情，莫始乎言，莫切乎声，莫深乎义。

诗者，根情，苗言，华声，实义。上自圣贤，下至愚呆，微及豚鱼，幽及鬼神。群分而气同，形异而情一。未有声入而不应、情交而不感者。

圣人知其然，因其言，经之以六义；缘其声，纬之以五音。音有韵，义有类。韵协则言顺，言顺则声易入；类举则情见，情见则感易交。于是乎孕大含深，贯微洞密，上下通而一气泰，忧乐合而百志熙。五帝三皇所以直道而行、垂拱而理者，揭此以为大柄，决此以为大窦也。故闻"元首明，股肱良"之歌，则知虞道昌矣。闻五子洛汭之歌，则知夏政荒矣。言者无罪，闻者足诫，言者闻者莫不两尽其心焉。

……

唐兴二百年，其间诗人不可胜数。所可举者，陈子昂有《感遇诗》二十首，鲍防《感兴诗》十五篇。又诗之豪者，世称李、杜。李之作，才矣！奇矣！人不迨矣！索其风雅比兴，十无一焉。杜诗最多，可传者千余首。至于贯穿古今，觇缕格律，尽工尽善，又过于李焉。然撮其《新安》《石壕》《潼关吏》《芦子关》《花门》之章，"朱门酒肉臭，路有冻死骨"之句，亦不过十三四。杜尚如此，况不迨杜者乎？……

浔阳腊月，江风苦寒，岁暮鲜欢，夜长少睡。引笔铺纸，悄然灯前，有念则书，言无铨次。勿以繁杂为倦，且以代一夕之话言也。

微之微之！知我心哉！乐天再拜。

白居易这一番叙述，论为人、论为文，论古论今论自己，好一番真知灼见的鸿篇大论，洋洋洒洒，发乎内心，溢于笔端，特别论及与元稹的知遇之情，也会让才情并茂的元稹感慨万千吧。

4

除了与元稹保持诗书往来，白居易与自家兄弟幼文和行简及堂兄弟们也都一一写信告知，与先前在京城的各位文友及命官们当然也保持着频繁的联系，与妻兄杨汝士、户部侍郎崔群等更是联系紧密。崔群与白居易在十年前同时入充翰林学士，二人交情甚好。除了念及旧情、获知高层信息、白居易日后得以离开江州，在仕途上继续有所作为，朋友的帮助起了很大作用。从户部侍郎崔群的书信中得知当年一同夜值的钱徽舍人已移官闲秩，曾寄来一信，他以诗回复：

> 吾有二道友，蔼蔼崔与钱。
> 同飞青云路，独堕黄泥泉。
> 岁暮物万变，故情何不迁？
> 应为平生心，与我同一源。
> 帝乡远于日，美人高在天。
> 谁谓万里别，常若在目前。
> 泥泉乐者鱼，云路游者鸾。
> 勿言云泥异，同在逍遥间。
> 因君问心地，书后偶成篇。
> 慎勿说向人，人多笑此言。

他已给长兄写了封长信，详述了遭贬的过程，诉说了内心的委屈与憋闷。这天夜里，就梦见送三弟行简去东川的情形，醒来写下一首七言诗：

> 郁郁眉多敛，默默口寡言。
> 岂是愿如此，举目谁与欢。
> 去春尔西征，从事巴蜀间。
> 今春我南谪，抱疾江海壖。
> 相去六千里，地绝天邈然。
> 十书九不达，何以开忧颜。
> 渴人多梦饮，饥人多梦餐。
> 春来梦何处，合眼到东川。

春季的江州地带多雨潮湿，人们常有晾晒被服衣物的习惯，杨氏也学会了这样为衣物祛湿。这天，白居易回家，发现官舍的院内晾晒的物品中，居然有一双旧鞋子，他不禁百感交集，儿时的一幕幕又回到了眼前，那是湘灵送给他的鞋子。他回到书房写下《感情》：

> 中庭晒服玩，忽见故乡履。
>
> 昔赠我者谁，东邻婵娟子。
>
> 因思赠时语，特用结终始。
>
> 永愿如履綦，双行复双止。
>
> 自吾谪江郡，漂荡三千里。
>
> 为感长情人，提携同到此。
>
> 今朝一惆怅，反覆看未已。
>
> 人只履犹双，何曾得相似。
>
> 可嗟复可惜，锦表绣为里。
>
> 况经梅雨来，色黯花草死。

秋去冬来，江州衙府的政务都已熟悉了。闲暇之日，白居易便应友人相约，去游览庐山。先到东林寺、西林寺，还特意去了陶渊明的旧宅。

陶渊明，字元亮，又名潜，私谥"靖节"，世称靖节先生。他就是浔阳柴桑人。东晋时期伟大的诗人、辞赋家。曾任江州祭酒、建威参军、镇军参军、彭泽县令等职，最末一次出仕为彭泽县令，八十多天便弃职而去，从此归隐田园。他是中国第一位田园诗人，被称为"古今隐逸诗人之宗"。

白居易喜欢陶渊明的《归去来兮》《归园田居》，更向往他营造的桃花源。对他的人品及诗才非常敬重，所以，来到陶渊明的故乡，哪有不去拜谒之理？他一路寻访而来，见人就打听，很多人都不知他要找寻的

酒狂引诗魔 悲吟到日西——白居易传

是何许人。

在一个山径的拐弯处，白居易遇到一位樵夫，他赶紧停马过去相问。樵夫昏暗的眼睛闪了闪，指着前方对他说："前面不远了，大约二里地的一棵老槐树边就是。"

白居易兴奋地谢过他，说："陶公家还有后人么？"

樵夫笑着说："谁知道呢！我们这儿方圆几十里，有几个村子里人，都姓陶呢！我就姓陶呀！"

白居易听了，哈哈大笑，说："那你们可能都是陶公的后人呀！"说完打马前行。

但是，时光已过去五百余年，陶公的旧居早已破败得只剩了断壁残垣。站在那棵古槐树下，白居易想象着当年陶渊明在这里"采菊东篱下，悠然见南山"的情景，缅怀陶公在文学创作中不言教化、不事雕琢，注重情感的自由抒发，注重诗文的自然天成，以及不事权贵、不为五斗米折腰的精神，不由得发自内心地敬佩。他躬身揖手，向着想象中的陶公的故居——那处断壁残垣拜了再拜。

回程中，他骑在马上，口中念念有词地吟道：

> 垢尘不污玉，灵凤不啄膻。
>
> 呜呼陶靖节，生彼晋宋间。
>
> 心实有所守，口终不能言。
>
> 永惟孤竹子，拂衣首阳山。
>
> 夷齐各一身，穷饿未为难。
>
> 先生有五男，与之同饥寒。
>
> 肠中食不充，身上衣不完。
>
> 连征竟不起，斯可谓真贤。
>
> 我生君之后，相去五百年。
>
> 每读五柳传，目想心拳拳。
>
> 昔常咏遗风，著为十六篇。

今来访故宅，森若君在前。

不慕尊有酒，不慕琴无弦。

慕君遗荣利，老死此丘园。

柴桑古村落，栗里旧山川。

不见篱下菊，但馀墟中烟。

子孙虽无闻，族氏犹未迁。

每逢姓陶人，使我心依然。

6

裴度头部伤重，卧床休养几月，宪宗时常派人来探视，稍稍恢复后，宪宗即擢其为宰相，下令讨伐刺杀武元衡的王承宗。消息传来，白居易更加明白了宪宗并非对他的奏请本身不满，而是朝中那些大臣对他的嫉恨。而此时，唐军进攻成德，传来的都是不利于官军的消息，各路讨伐军都被王承宗逐一击破。身处偏僻之地的白居易不能不关注着这场讨伐之战，却又无能为力，他只能寄情于山水。

东林寺位于庐山北麓，是中国佛教净土宗发祥地，系东晋名僧慧远于公元386年创建。汉唐时成为中国佛教八大道场之一。唐代高僧鉴真曾至此，并将东林教义携入日本，日本东林教一直以慧远为始祖。

寺院依山就势，天王殿、三圣殿、大雄宝殿、拜佛台、接引桥、大佛台等依次排列，开合有致，相得益彰。白居易带着家仆白丁下马，沿坡而上。

入得山门，穿过几大殿宇，绕到玉佛楼后，有一泓山泉，清澈见底。白居易对白丁说："你把这泉水掬起来喝两口。"

白丁就用手捧起泉水来喝了，说："老爷，又爽口又解渴，你也来喝两口吧。"

白居易笑说："这叫作'聪明泉'，你喝正好，以后再不会把微之的诗卷与其他诗卷弄混了！"

酒狂引诗魔　悲吟到日西——白居易传

白丁憨憨地说："有这神奇？老爷你也喝点，能写出更多更好的诗了！"

白居易听了，哈哈地笑了，说道："我可是不能喝了，以后就是要傻傻地事不关己，高高挂起才好呢！"

白丁似懂非懂地说："哦，哦，那我还多喝点！"

白居易说："你知道它为啥叫聪明泉吗？"

白丁说："它能让人聪明呗。"

白居易被逗得哈哈大笑。

随着笑声，从偏殿走出一位僧人，他听到了两人的对话，朗声说道："二位施主好雅兴！可知为什么叫它聪明泉？"不等白居易二人开口，僧人自答道："传说东晋名将殷仲堪到东林寺来拜访慧远大师，二人行至山脚，见有此处苍松翠柏、泉水潺潺，便于此听泉谈《易》。殷将军博学多才、能言善辩，慧远大师指泉赞道：'将军之辩，如此泉涌，君侯聪明，若斯泉矣！'此泉因此得名'聪明泉'。太宗皇帝在贞观年间来游东林寺，还曾手书'聪明泉'三字哩！二位施主若想瞻仰，可随贫僧而来。"

二人随其来到一处崖壁，果见巨大的御敕"聪明泉"三字刻录其上。白居易知道，太宗皇帝不仅重视对佛经的翻译工作，还重建、新建了数量众多的佛寺，同时通过联姻和通商等对外交流，扩大了佛教的影响。佛教不仅帮助朝廷稳定了民心，而且也是对外交流的一项重要国事。

二人随僧人转到一处佛堂，只听嗡嗡一片诵经声。原来这里正有剃度出家法事。

僧人对白居易道："愿消三障诸烦恼，愿得智慧真明了，普愿罪障悉消除，世世常行菩萨道。佛说'若人以四事供养天下罗汉，尽于百年，不如有人一日一夜发心出家功德'，你们看，善男信女剃除须发，出家入禅，行六波罗蜜，学无量法门，度一切人，续佛慧命，令三宝不断，其功德殊胜难量啊！"

白居易早就有向佛之心，此时听他这样说，又见偌大的佛堂里，乌泱泱地跪了一大片剃度出家之人，心中隐隐有所动。

离开时，僧人送他们到一处石桥处，指着下面的溪流说："这就是虎溪！"

白居易会意地笑了，说："多谢长老指点，后会有期！"僧人笑道："不妨不妨！"白居易却执意让他留步。

<h1 style="text-align:center">7</h1>

二人前行，一路往西林寺去。路上，白丁不明白地问："老爷，你告别时说后会有期，那和尚怎么说不妨？有点驴唇不对马嘴呀！"

白居易笑了，说："你不知道这虎溪有一个典故啊。"

白丁欢天喜地，说："我最喜欢听老爷讲典故了。"

白居易说道："东晋时，著名的禅宗法师慧远在庐山修行。三十余年间，不但不下山、不进城，送客也从不越过虎溪。一日，诗人陶渊明、道士陆修静两人远道来访，三人相聚，相谈甚欢。后来，慧远送他们下山。到了虎溪，三人耳旁虽不时传来老虎的鸣号声，但因为谈得太热烈，竟完全没发觉。直到越过了虎溪，三人才惊觉，但旋即会心地纵情大笑起来。原来，他们在不经意间，已破除了不过虎溪的执念，笑声传递了他们难以言喻的欣喜之情，自然也成了名垂千古的美谈了。这就是'虎溪三笑'的故事啊。其实吧，这都是后人编造的事，但却反映了儒、释、道三家相互交融，为历代名士所欣赏。大诗人李白在《别东林寺僧》一诗中就写道'东林送客处，月出白猿啼。笑别庐山远，何烦过虎溪'，借用的也是这个典故啊。"

白丁半懂不懂地笑着说："你们文人真有趣，真事假事都可以弄成个典故！"

"哈哈……"白居易开怀笑了。

白丁说："老爷，咱以后常出来爬山吧，你在家时几乎不怎么笑，这次出来爬山，你都笑了多次了！"

白居易答说"好，好"，二人说笑着一路向西林寺走去。

后来，白居易才知，这次他所遇见的是东林寺高僧智满。

在下山的路上，他忽然想到，宰相裴度还在指挥官军与叛臣王承宗作战，自己却在这里游山玩水！于是，在西林寺的禅房，写下了诗句：

> 下马二林寺，翛然进轻策。
> 朝为公府吏，暮是灵山客。
> 二月匡庐北，冰雪始消释。
> 阳丛抽茗牙，阴窦泄泉脉。
> 熙熙风土暖，蔼蔼云岚积。
> 散作万壑春，凝为一气碧。
> 身闲易澹泊，官散无牵迫。
> 缅彼十八人，古今同此适。
> 是年淮寇起，处处兴兵革。
> 智士劳思谋，戎臣苦征役。
> 独有不才者，山中弄泉石。

——《春游二林寺》

庐山真是一处清静幽闲处！此后，白居易常来这里与僧人晤谈，结识了一些方外高人，与他们建立了深厚友谊。

第二十一章 江湖怨女，珠落银盘琵琶泪
江州司马，玉阶天涯青衫湿

1

夏天不期而至，江州的夏日炎热潮湿。坐在衙府清凉的大堂内，就可见外面毒辣辣的太阳照得人睁不开眼。这时，却见白丁汗涔涔地在门外向他招手，白居易连忙出门，问何事。

白丁说："老爷，大老爷来了，夫人请您早些回家。"

大兄白幼文从宿州来了！白居易激动不已，心想，大兄是从他寄去的信中得知了他的委屈和愤懑，特意从宿州赶来看望他的，从小到大，大兄都是家里的支撑，长兄如父啊！白居易忙向刺史告假回家。

刚到官舍门口，就听见屋内有小孩子们喧哗打闹之声，白居易进屋看见大兄正在与六七个孩子在一处说笑。兄弟相见，不禁双泪长流。白幼文拉着白居易的手，将那孩子们一一牵来向他做介绍。

他们都是已成孤儿的堂弟妹或子侄。白居易问："他们这些年都是你在抚养吗？"

幼文点头说："我们若是不管他们，就没人管了呀！"

白居易明白了，大兄幼文二十年来一直在浮梁主簿任上，未有升迁的缘故了。看着还不到五十的大兄，头发已全白了，瘦骨伶仃，背也驼得厉害，就是一个行将就木的老人！白居易愈加心伤，想起他们早年丧父，年幼的大兄靠着刻苦读书，后来谋得个浮梁主簿的职位，全家人都靠着大兄一人微薄的薪水来维持生计。那时他也不过才二十出头，却承担了长兄如父的艰辛。有一年奉母命去浮梁求资，大兄将不多的薪资分出一半让他带

回家后，还亲自背上一袋米送他上船。手足情深、江边送别的情形历历在目。后来，自己又是在大兄的鼓励和支持下参加科考，才有了现在的生活。如今父母都已不在人世，兄弟四人，小弟早殇，三弟去年远赴东川，常年不得见面，骨肉分离，怎么能不伤感？

兄弟二人絮絮叨叨地回顾着从前。杨氏已命家人做好了一桌丰盛的饭菜。一家人围桌而坐。大兄对白居易说："弟妹可是不久就要生产了吧？好哇，祝你早日添丁进口！"

这一夜兄弟二人抵足而眠，说不完的血脉相连、骨肉情深。

白居易留大兄一定多住些时日。白幼文答应了，在这里住了一个多月。大兄要回徐州了。白居易和杨氏为大兄准备了各种带回家去的礼物，其中还有两张蕲州蕲叶簟，是当地特产凉席，因为蕲州属丘陵地带，山多竹茂，盛产好笛及蕲叶簟。在酷暑难耐的炎夏，只要铺上这竹编的凉席，暑热就减去了一半。

白居易送大兄回家，一路话别，不胜伤感。送了一程又一程。望着载着大兄、子侄一行人远去的车马，白居易想着骨肉天涯，不知何时再能相见，他心中酸酸地流下了眼泪。他不知道的是，这次与大兄的相别，将成为永诀！

这时，身边的白丁催他说："老爷，回家吧，夫人还等着你呢。"

是的，杨氏的身子越来越沉了，得抓紧给她找一个稳婆，帮助分娩接生了。

回到书房，白居易再次拿起了元稹的诗书，蓦地想到，通州那地也是湿热且多瘴气的，微之的小妾又死在江陵，现在是独身一人，无人照顾，应该给远在东川的小弟行简和通州的元稹都寄一张蕲州蕲叶簟去！说办就办，随凉席寄去的，还有他写给元稹的一首诗：

　　　　笛竹出蕲春，霜刀劈翠筠。

　　　　织成双锁簟，寄与独眠人。

卷作筒中信，舒为席上珍。

滑如铺薤叶，冷似卧龙鳞。

清润宜乘露，鲜华不受尘。

通州炎瘴地，此物最关身。

——《寄蕲州簟与元九，因题六韵》

过了月余，就接到了元稹答谢他的一首诗《酬乐天寄蕲州簟》：

蕲簟未经春，君先拭翠筠。

知为热时物，预与瘴中人。

碾玉连心润，编牙小片珍。

霜凝青汗简，冰透碧游鳞。

水魄轻涵黛，琉璃薄带尘。

梦成伤冷滑，惊卧老龙身。

两个好朋友，就是这样互相牵挂并慰藉着彼此。

2

天气渐凉时，杨氏又为白居易生下一个女儿，这一年白居易已经45岁了！他为这个女儿取名阿罗，一家人欢天喜地，宴请亲朋，又烧香拜佛，祈祷老天保佑这个孩子健康成长。

家里喜庆欢畅正忙碌间，有小童来报，李景信路过江州，特来探望司马白大人，恐家中忙碌，不便打扰，备贺礼一份略表寸心。

白居易听说是李景信来江州，哪有不见之理？忙到卧室与杨氏说明，便打马到江边码头去会见老友。

秋风飒飒，秋雨淅沥。白居易老远就见一叶小舟停在江边，果然李景信就在船上！白居易下马上船，一定要请李景信上岸一叙，李景信却

酒狂引诗魔 悲吟到日西——白居易传

笑着说："我料定乐天兄会来见我，这不，船上已备好了酒菜，何必上岸呢？"

果然，舱内小桌上已摆上了好几样菜肴，除了新鲜的果蔬，主要就是江鱼。看到白居易疑惑的神色，李景信笑道："我们停船打听你时，这船家就在船舷上钓鱼呢！菜也是岸边小贩送上来的，何须上岸呀？来来来，我敬你一杯，恭喜嫂夫人为你生下一位千金，祝你多子多孙多福！"

白居易开心地接过酒杯一饮而尽。李景信是从京城来的，话题自然先从那次京城城南之游说起，一直说到圣上命裴度平藩之事。最后，李景信为白居易抱屈说："乐天兄，你不知道吧，现在京城里大户人家把庭院的树都砍光了，主要是怕有人藏在树荫里谋刺呀！你的主张是对的，也是符合圣上想法的，却被贬到这山高皇帝远的地方来，太委屈你啦！"

白居易却笑了，说："我已渐渐习惯了这样的偏远地，挺好的呀！"

李景信说："那就好，我就怕你不适应啊！"

白居易见李景信还有点将信将疑，就举起酒杯与他碰了碰，说："来，我给你吟唱一段前日写的小诗吧。"说着就干了手中的酒，自顾自地吟唱起了他的《咏怀》：

昔为凤阁郎，今为二千石。

自觉不如今，人言不如昔。

昔虽居近密，终日多忧惕。

有诗不敢吟，有酒不敢吃。

今虽在疏远，竟岁无牵役。

饱食坐终朝，长歌醉通夕。

人生百年内，疾速如过隙。

先务身安闲，次要心欢适。

事有得而失，物有损而益。

所以见道人，观心不观迹。

李景信高兴地拍起了手，也干了杯中之酒，笑着说道："乐天兄，我明白了，你现在真是逍遥自在得很哪！"

白居易也来了兴致，说道："今日贤弟来，不如我再题一诗吧，船家可有纸笔么？"

李景信道："何劳船家，小弟自然随身携带的有。"说着，让童子取出了纸笔，白居易就在酒桌上腾出一块空处，挥笔题诗《答故人》：

> 故人对酒叹，叹我在天涯。
> 见我昔荣遇，念我今蹉跎。
> 问我为司马，官意复如何。
> 答云且勿叹，听我为君歌。
> 我本蓬荜人，鄙贱剧泥沙。
> 读书未百卷，信口嘲风花。
> 自从筮仕来，六命三登科。
> 顾惭虚劣姿，所得亦已多。
> 散员足庇身，薄俸可资家。
> 省分辄自愧，岂为不遇耶。
> 烦君对杯酒，为我一咨嗟。

李景信看罢诗文，笑道："乐天兄谦逊！人如其名啊！好！好！好！"

岸上柳色浓绿，白居易硬要陪着李景信登岸，逛一下江州城，于是二人又在城中游览了一番。白居易邀李景信住下来，明日带他一同登庐山去，但李景信执意要赶路，只得回船上去了。

雨过天晴，夜色渐合，一轮圆月悬在空中，照得江水波光粼粼，岸边的芦苇摇曳生风，远山的枫叶层峦叠嶂。有朋自远方来，不亦乐乎！可是，朋友相聚，总是短暂的，送君千里，终须一别。李景信还要赶路，白居易依依不舍地送他登船。

白居易正欲上马回家，却听见一阵琵琶声"叮叮咚咚"地从江面的一条小船上传出来。不知什么时候，附近又停靠了几条小船。在这偏远的小城，不要说是郊外的江边，就是在城中、在最豪华的酒楼，也是很难听到管弦之声的啊，对音乐颇有天赋的白居易，被这琵琶之声刺激得无法迈开脚步了！他侧耳细听，叮叮咚咚，节律稳健有度，以他的音乐分辨力，马上判断出，这不是一般的技艺，仿佛长安城中的著名琴师弹出的弦音。抬头看，李景信的船也没挪动，于是，白居易果断地将马系到树上，转身又回到了船上。

　　李景信也听到了琴声，他当然明白白居易的心事，便呼来船家，把船靠近那条传出琵琶声的小船，问道："请问，弹琵琶的是哪位琴师？"良久，才传出一声轻轻的女子声音。

　　白居易说："这浔阳城中还不曾有过这般琴声，不如出来见一面吧！"

　　李景信也说："来吧，来吧，到我们船上来再弹几曲吧！在这里能听得懂你琴声的人，恐怕也就只有我们啦！"

　　那边一时却没了声音！

　　等了一会儿，李景信明白了，他连忙自我介绍了一番，又隆重地介绍了江州司马白居易，特意说明："他是从京城来江州的大诗人白居易，就是《长恨歌》的歌主白居易呀！"

　　不一会儿，看见女子出了船舱，怀里抱着一把琵琶掩住了半边脸面。李景信一边伸手接住女子过船，一边喊道："船家，温酒添菜，我们再重喝一席，刚才的不算，现在有了音乐，才叫吃酒啊！"

　　船家机灵，应声就将灯烛点得更加明亮了，他高兴的是又可多收入一份酒菜钱了！他不知道，今晚，他将亲耳听到那一曲千年绝唱《琵琶行》。

　　元和十年，余左迁九江郡司马。明年秋，送客湓浦口，闻舟中夜弹琵琶者。听其音，铮铮然有京都声。问其人，本长安倡女，尝学琵琶于穆、曹二善才。年长色衰，委身为贾人妇。遂命酒，使快弹数曲。曲罢悯然，自叙少小时欢乐事，今漂沦憔悴，转徙于江湖间。予出官二年，恬然自安，感斯人言，是夕始觉有迁谪意。因为长句，歌以赠之，凡六百一十六言，命曰《琵琶行》。

浔阳江头夜送客，枫叶荻花秋瑟瑟。

主人下马客在船，举酒欲饮无管弦。

醉不成欢惨将别，别时茫茫江浸月。

忽闻水上琵琶声，主人忘归客不发。

寻声暗问弹者谁，琵琶声停欲语迟。

移船相近邀相见，添酒回灯重开宴。

千呼万唤始出来，犹抱琵琶半遮面。

转轴拨弦三两声，未成曲调先有情。

弦弦掩抑声声思，似诉平生不得志。

低眉信手续续弹，说尽心中无限事。

轻拢慢捻抹复挑，初为《霓裳》后《六幺》。

大弦嘈嘈如急雨，小弦切切如私语。

嘈嘈切切错杂弹，大珠小珠落玉盘。

间关莺语花底滑，幽咽泉流冰下难。

冰泉冷涩弦凝绝，凝绝不通声暂歇。

别有幽愁暗恨生，此时无声胜有声。

银瓶乍破水浆迸，铁骑突出刀枪鸣。

曲终收拨当心画，四弦一声如裂帛。

东船西舫悄无言，唯见江心秋月白。

沉吟放拨插弦中，整顿衣裳起敛容。

自言本是京城女，家在虾蟆陵下住。

十三学得琵琶成，名属教坊第一部。

酒狂引诗魔　悲吟到日西——白居易传

曲罢曾教善才服，妆成每被秋娘妒。

五陵年少争缠头，一曲红消不知数。

钿头银篦击节碎，血色罗裙翻酒污。

今年欢笑复明年，秋月春风等闲度。

弟走从军阿姨死，暮去朝来颜色故。

门前冷落车马稀，老大嫁作商人妇。

商人重利轻别离，前月浮梁买茶去。

去来江口守空船，绕船明月江水寒。

夜深忽梦少年事，梦啼妆泪红阑干。

我闻琵琶已叹息，又闻此语重唧唧。

同是天涯沦落人，相逢何必曾相识。

我从去年辞帝京，谪居卧病浔阳城。

浔阳地僻无音乐，终岁不闻丝竹声。

住近湓江地低湿，黄芦苦竹绕宅生。

其间旦暮闻何物，杜鹃啼血猿哀鸣。

春江花朝秋月夜，往往取酒还独倾。

岂无山歌与村笛？呕哑嘲哳难为听。

今夜闻君琵琶语，如听仙乐耳暂明。

莫辞更坐弹一曲，为君翻作琵琶行。

感我此言良久立，却坐促弦弦转急。

凄凄不似向前声，满座重闻皆掩泣。

座中泣下谁最多，江州司马青衫湿。

4

这一夜的听琴饮酒、叙谈吟诗，让白居易感慨万千，来江州已近两年，除了心中有一点不平和委屈之外，后来，也渐渐习惯了，有一种得过且过，甚至享受其中的感觉。

今天遇到这红颜老去、倍觉凄凉的琵琶女，才突然有了一种"同是天涯沦落人，相逢何必曾相识"的感叹。原来自己不过是与这曾经红极一时"妆成每被秋娘妒""一曲红消不知数"的歌伎般，最终还是被人遗弃，落得个"门前冷落鞍马稀"的结局。他听琵琶演奏时的眼泪，湿透了身上的青衫。

白居易对这位韶华渐逝的琵琶女，不但赞美了她高超的弹奏技巧，如她在音乐中描绘出的美妙的艺术形象，更多的是寄予了她深深的同情。诗中表达的更是一种人性之美。

这种艺术之美，才能引起人们心灵的共鸣，才能被人接受并流传下来。

酒狂引诗魔 悲吟到日西——白居易传

第二十二章　结庐大山中，觅得春归处
　　　　　悟透司马职，自慰自安适

1

　　白居易喜欢上了登庐山，更喜欢去山上的各寺院走访。他与各个寺院的长老都成了朋友。年底时节，庐山上三个寺院的长老都发来了请柬，邀请他参加他们的祭祀典礼。白居易便利用放年终假的机会，上得山来，在各处寺院都有停留，并都虔诚地上香祭拜，参加各项典礼。还应邀写下祭文，内容都大同小异，无非祈祷国泰民安，他还特意说明，自己每次上山，"不惟耽玩水石，以乐野性，亦欲罢去烦恼，渐归空门"。并表示"傥秩满以来，得以自遂，余生终老，愿托于斯"，智满上人看了他的祭文，会心地笑了。

　　在山上住了几日，这天红日初升、云蒸霞蔚，斋后，智满兴致勃勃地对他说："大人多次登山，有否登临香炉峰？"

　　白居易说："不曾登过。"

　　"不如今天去试试？"

　　白居易欣然同意。于是叫上寺院多位僧人，带上没用完的斋饭和水，一起去登香炉峰。

　　顺着羊肠小路，他们开始爬山。树木荆棘，遮天蔽日，白居易跟在智满身后，已是气喘吁吁、汗水涔涔了。但见智满仍拉着藤萝蹬着岩石，手足并用地往上攀爬着，还不时地伸手下来拉他一把。白居易心中受到了极大鼓舞，同行的两个僧人已经坐在一块大石上，说道："我们实在爬不动了，我俩就在这里等你们，你们上吧！"

庐山上以"香炉"命名的山峰共有四座。白居易所登的香炉峰大约就是东林寺南边的香炉峰。登到山顶，才知宇宙的辽阔、尘事的渺小。这正与当年杜甫登泰山时写的"会当凌绝顶，一览众山小"十分相似。事后，白居易有感而作：

> 迢迢香炉峰，心存耳目想。
> 终年牵物役，今日方一往。
> 攀萝踏危石，手足劳俯仰。
> 同游三四人，两人不敢上。
> 上到峰之顶，目眩神怳怳。
> 高低有万寻，阔狭无数丈。
> 不穷视听界，焉识宇宙广。
> 江水细如绳，湓城小于掌。
> 纷吾何屑屑，未能脱尘鞅。
> 归去思自嗟，低头入蚁壤。

——《登香炉峰顶》

上山容易下山难。白居易的小腿肚已有点发抖了。在一处开阔地，智满说，在这里歇歇吧。众人便驻足，在这里饮水进斋。

白居易环顾四周，见前有香炉峰，旁有遗爱寺，依着山崖，一片开阔平坦地，山风徐来，十分宜人，不禁喜自心来：

> 行年四十五，两鬓半苍苍。
> 清瘦诗成癖，粗豪酒放狂。
> 老来尤委命，安处即为乡。
> 或拟庐山下，来春结草堂。

——《四十五》

酒狂引诗魔 悲吟到日西——白居易传

智满听了，笑道："好，好，我料知司马大人会有心结庐于此，大人果然眼力非凡，这一方好山水，非你莫属啊！"

白居易满心欢喜，马上就开始了结庐茅舍的工作。他亲自规划设计、因地制宜、选料购材，在一众好友的帮衬下，请来了当地最好的石瓦工匠，前后忙活了几个月，一座依山崖而建的三间草堂，终于完工了！白居易非常满意，他在草堂周边四处转了半天，越看越欢喜，越看越满足。

草堂建在香炉峰的半山腰间，依山傍水，南北通透。三间大房、两根门柱，内设一客堂、二居室。堂中摆木榻四张，挂素屏二张，漆琴一把，还有儒、道、佛各家经文多卷。堂前有平地，长宽各有十丈，中间有一平台，平台南边是个大水池，水池周围都是山竹野花，池中养着白莲白鱼。堂后侧有石涧，涧下深潭流水。夹涧有古松、老杉，树干得十几人才能合围，树高百尺，高干可穿流云，低枝可拂潭水。树下灌木丛生，萝茑叶蔓，层层叠叠，盛夏来风，如八九月间凉爽。堂侧还有崖石，杂树异花，覆盖其中，绿荫浓密，红果累累，泉水叮咚。种上茶叶，可以山泉烹茶，妙不可言。真是"春有锦绣谷花，夏有石门涧云，秋有虎溪月，冬有炉峰雪。阴晴显晦，昏旦含吐，千变万状，不可殚纪"。

若要一切顺遂，就得尊崇神灵。白居易认为："开构池宇，在神域中。往来道途，由神门外。"他写了一篇《祭匡山文》来祭匡山神。

匡山是庐山别称。庐山草堂"葺构既成，游息方始"，他又写下一篇《祭庐山文》。白居易就在草堂门前摆下香案，沐浴更衣，然后焚香跪拜，祭奠庐山遗爱寺旁上下大小诸神，祈求神灵保佑"疾厉不做，魑魅不逢，猛兽毒虫，各安其所"。待这一切礼毕，他才开始入住草堂。

三月二十七日，一个阳光明媚的早晨，白居易入住在了草堂，这一住便觉身安体泰、不忍离去。"仰观山，俯听泉，旁睨竹树云石，自辰及酉，应接不暇。俄而物诱气随，外适内和。一宿体宁，再宿心恬，三宿后颓然嗒然，不知其然而然。自问其故，答曰：是居也"，于是铺纸拿笔，欣然作《草堂记》：

……噫！凡人丰一屋，华一篑，而起居其间，尚不免有骄稳之态。今我为是物主，物至致知，各以类至，又安得不外适内和，体宁心恬哉？昔永、远、宗、雷辈十八人，同入此山，老死不返，去我千载，我知其心以是哉！

刻予自思：从幼迨老，若白屋，若朱门，凡所止，虽一日二日，辄覆篑土为台，聚拳石为山，环斗水为池，其喜山水，病癖如此。一旦寒剥，来佐江郡。郡守以优容而抚我，庐山以灵胜待我，是天与我时，地与我所，卒获所好，又何以求焉？尚以冗员所羁，余累未尽，或往或来，未遑宁处。待予异时弟妹婚嫁毕，司马岁秩满，出处行止，得以自遂，则必左手引妻子，右手抱琴书，终老于斯，以成就我平生之志。清泉白石，实闻此言！……因为《草堂记》。

于此，还不尽兴，他又乘兴写了一首诗，请来石匠，刻在了石崖上：

香炉峰北面，遗爱寺西偏。

白石何凿凿，清流亦潺潺。

有松数十株，有竹千馀竿。

松张翠伞盖，竹倚青琅玕。

其下无人居，悠哉多岁年。

有时聚猿鸟，终日空风烟。

时有沉冥子，姓白字乐天。

平生无所好，见此心依然。

如获终老地，忽乎不知还。

架岩结茅宇，斫壑开茶园。

何以洗我耳，屋头飞落泉。

何以净我眼，砌下生白莲。

左手携一壶，右手挈五弦。

傲然意自足，箕踞于其间。

酒狂引诗魔　悲吟到日西——白居易传

兴酣仰天歌，歌中聊寄言。

言我本野夫，误为世网牵。

时来昔捧日，老去今归山。

倦鸟得茂树，涸鱼返清源。

舍此欲焉往，人间多险艰。

——《香炉峰下新置草堂，即事咏怀，题于石上》

此时的白居易，已为自己找到了归隐的最好去处，他是真心想在这里颐养天年、归林终老。他将此事写信分别告知了大兄和元稹。

2

然而不久，就收到了大兄白幼文去世的消息，年仅五十岁。

少年时的生活清贫，青年时承担着沉重的家庭压力，一生操劳过度，这都是大兄过早离世的原因。白居易希望能迎接大兄来草堂小住的愿望，再也不能实现了。

小弟白行简远在信息不灵通的东川，白居易率家人去奔丧，也因信息的迟缓和路途的遥远，没能亲自为大兄扶棺送葬。悲恸欲绝的白居易只能将一腔悲怆写进《祭浮梁大兄文》，在大兄的画像灵位前跪哭祭奠。

望着身边围跪着的孤寡子侄，白居易安慰大嫂说，自己没有儿子，这些子侄们，以后就是自己亲生的一般，以后会按时给他们寄来生活费，尽力帮助抚养的。

夏日来临，河南的元集虚和元余，邀约范阳张允中、南阳张深之、广平宋郁、安定梁必复、范阳张特一同来看望白居易。于是，在白居易的安排下，大家一同上山。

白居易又邀约了东林寺沙门法演、智满、士坚、利辩、道深、道建、神照、云皋、息慈、寂然等人，总共十八人，再登香炉峰。他们从遗爱草堂又去了东、西二林寺，然后登顶香炉峰，返回时就宿在大林寺。

大林寺山高地深，人迹罕至，环寺多清流苍石，短松瘦竹。虽是孟夏时节，却如正、二月天气。寺前的山泉清冽，门边两株宝树曲干垂枝、花团锦簇、灿若云霞。众人都称奇，似感觉到了另一世界。白居易站在树下，随口念道：

人间四月芳菲尽，山寺桃花始盛开。

长恨春归无觅处，不知转入此中来。

众人皆击掌称妙。然后，大家浏览屋壁，见只有萧郎中存、魏郎中弘简、李补阙渤三人姓名诗句。白居易对元集虚叹道："此地真是庐山第一境地，由官道至山门前，也不过半天路程。但自萧、魏、李游赏后，至今已二十年，却再无来访者。哎呀，功名利禄是多么的诱人啊！"

元集虚说："听说圣上已敕令来年正月朝贺宜权停止，不知是否与官军讨伐淮寇有关啊。"

白居易心情沉痛地说："定是吴济元、王承宗等淮寇未平，官军陈师于野，圣上心忧，才有此敕令啊！"

他一时心中气愤不平，就要立即上书皇帝，要求去前线战场带兵打仗。可一转念，上次上书皇帝的教训就在眼前，不是圣上不愿追凶，也不是圣上不愿平藩，更不是圣上认为自己的请求不合理，而是自己屡次上书都遭到权贵们的嫉恨，还是罢了吧！从此以后，免去那"兼济天下"的想法，安安心心地"独善其身"吧！

这一晚，大家都宿在大林寺，白居易与元集虚共一室，大林寺内全是板屋木器，甚是适意。元集虚虽是河南人，但却隐居在庐山上，年少时博览群书，当过协律郎的小官。博通三教，以儒为主。后弃官隐居来到庐山，结溪亭于东南五老峰下的相辞涧。自称山人，不复出仕。其实，他对世事颇为通达。对白居易被贬江州的缘由也颇为知晓。

元集虚说："乐天老弟来江州已两年有余，大约已经适应了这样的山高皇帝远的生活了吧？"

白居易道："不是适应，是已经喜欢上了这样的随心所欲了。"

元集虚笑了："自元和九年（814）十月李吉甫卒后，宪宗命宰相武元衡主持用兵淮西事宜。淄青节度使李师道企图救援淮西，遣刺客潜入京城暗杀武元衡，以为元衡若死，其他朝官必不敢再言用兵。可圣上不为其所动，派卫兵护卫受伤在家卧床的裴度，在京城严密搜查刺客，后又擢升裴度为宰相，令其主持征讨，时至今日，淮西叛军仍然未平，但只要圣上决心不改，平定叛军乃迟早之事！那时说不定圣上念及贤弟的忠心耿耿，会再度起用乐天老弟呢！"

白居易摆手道："君不闻'昔虽居近密，终日多忧惕。有诗不敢吟，有酒不敢吃。今虽在疏远，竟岁无牵役。饱食坐终朝，长歌醉通夕'。这是我前日给友人的诗中之句。以我看，现在真正要回归我的名字所寓之意了。"

元集虚"哦"了一声，马上会意："是了，乐天乐天！乐天知命，故不忧。'死生无可无不可，达者达者白乐天！'"

二人畅述到天明。

3

元集虚所言果然灵验，到了这年年底，传来官军平定淮西吴元济叛乱的消息。白居易心情大好，坐在草堂读书良久，唤杨氏温酒烹肴，好不自在！

杨氏体贴地端上了新酿的清酒，看那浅绿色的浮沫，就好像小蚂蚁飘在酒面，红泥小火炉上炖煮的羊肉香味四溢。这样的时刻，应该邀友举杯、细斟慢饮的。他突然想起曾与嵩阳刘处士一起下围棋赌酒的趣事来，前几天还相约去东林寺，结果，自己冒雨赶去了，他却已离开了。刘处士也在庐山建有草堂，不如趁此邀来一述。于是取来书笺，写上"问刘十九"几个字，自己也暗暗地笑了：

绿蚁新醅酒，红泥小火炉。

　　　晚来天欲雪，能饮一杯无？

　　写好信笺，唤过小童，让他速速送往山后刘十一草堂处。

　　杨氏难得见白居易这么高兴，便问何事这么急？白居易将那小令说给杨氏。杨氏听后笑说："他一准来，我得再去加两道好菜！"

　　次日，刘十一尽兴而归。

　　这天，门外信使到，是东川三弟行简来信了。白居易迫不及待地打开了信。原来，白行简将于明年春从梓州来江州，想让二哥高兴，就早早地写信告知。

　　这真是让人欣喜的好消息啊！白居易忙吩咐杨氏快快准备准备房间、床铺。杨氏笑道："老爷，看你高兴的！他得明年春才从梓州出发，一路上要经过三峡不说，还有潇湘之水，时间还早得很呢！"

　　白居易这才想到，白行简这一路山高水险，不是说来就来的，刚刚的欢喜，马上又变成了担心和忧愁，四兄弟现在只剩下他与三弟了，他担心三峡的急流险滩，三弟行舟是否安全？他担心潇湘的瘴雾毒霾，行简行路是否防备？哎呀，好好的喜讯，生生地被他担忧得满眼含泪了！杨氏见到，自责地说："好啦，怪我不该多言，你也别多想了，行简弟一定会平安到来的！"

　　白居易回到书案前，提笔写下了此刻的心情：

　　　朝来又得东川信，欲取春初发梓州。

　　　书报九江闻暂喜，路经三峡想还愁。

　　　潇湘瘴雾加餐饭，滟滪惊波稳泊舟。

　　　欲寄两行迎尔泪，长江不肯向西流。

　　　　　——《得行简书闻欲下峡先以此寄》

此时，杨氏抱着阿罗来到身边，两岁多的阿罗扯着白居易的衣角，咿呀着好似让他不要伤心。白居易抚摸着她的脑袋，又望了望镜中日渐增多的白发，心想等到阿罗长大成人，自己恐怕已白发苍苍了呀。于是，他一边逗着阿罗，一边写下《罗子》：

> 有女名罗子，生来才两春。
> 我今年已长，日夜二毛新。
> 顾念娇啼面，思量老病身。
> 直应头似雪，始得见成人。

终于等到白行简到达江州的日子了。白居易早早地就打马来到江边等候。白行简从船上走下来时，白居易差点没认出来，自从上次送他赴东川梓州任，手足泪别，祈望"莫作经年别"，不想一晃已经四年时光，他也苍老了许多。兄弟相见，想到大兄离世，从此只有二人相依，好一番抱头痛哭。白居易将行简一家大小六七口人接回家中，与自己住在一处，希望从此以后，骨肉不再分离。

从此后，兄弟二人一个大家庭，和和美美在一处生活，每天逗着侄子阿龟和女儿阿罗在一处戏耍欢笑，他心里都十分的惬意。不由得将这样的天伦之乐也付诸笔端：

> 有侄始六岁，字之为阿龟。
> 有女生三年，其名曰罗儿。
> 一始学笑语，一能诵歌诗。
> 朝戏抱我足，夜眠枕我衣。
> 汝生何其晚，我年行已衰。
> 物情小可念，人意老多慈。
> 酒美竟须坏，月圆终有亏。

亦如恩爱缘，乃是忧恼资。

举世同此累，吾安能去之。

——《弄龟罗》

4

每日上衙署点卯应事之后，闲暇时，白居易就带着三弟四处浏览，同时结识文友达人及僧侣方士。

这一日，兄弟二人在司马官舍厅堂看了看，就寻到一处安静的酒肆，叫了几样小菜酒水，二人促膝而坐。

白行简向他讲述了他在剑南东川节度使卢坦幕中任职的见闻，然后说："二哥，现在，朝廷已平定淮西吴元济叛乱，各个割据的藩镇也都相继归顺，你有何打算？"

白居易道："是啊，成德（今河北正定）节度使王承宗以二子王知感、王知信为人质，已归顺。幽州自'安史之乱'后割据，迫于朝廷威力，现也归顺朝廷。想当年，官军征讨淮西吴元济时，淄青节度使李师道出兵声援淮西，派刺客暗杀宰相武元衡，烧河阴（今郑州西北）转运院仓储，还密谋在东都制造血案未遂，现在李师道已诛，淄青割据近六十年，也终于归顺朝廷。听说圣上有意罢王涯相呢！当今圣上养精蓄锐，用忠谋，国家将有中兴之势啊！"

白行简点头道："正因为如此，二哥不想东山再起为国效力么？我看你那司马官曹是不是有点屈才啊？"

白居易"呵呵"笑了，说："你忘了我说过的'不叹乡国远，不嫌官禄微。但愿我与尔，终老不相离'的话了？"他叹了口气，接着说道，"我当然知道，司马一职早已沦为闲冗之官，司马应主管的事务其实早都丧失了，只有头衔和薪俸还保存着。凡任职久、资历高，昏聩糊涂，软弱无能，不能胜任工作，当时又不忍心废弃不用的人，就担任司马的这个职务。任司马的人，在职时朝廷不考核他们的才能，免职时又不责罚他们的无能，

酒狂引诗魔　悲吟到日西——白居易传

有才还是无才都是一样的。假如有胸藏奇才，急于为国家建功立业的人担任这个职务，即使一天也不会快乐；倘若有培养志向而忘记名位，安心于自我修养的人担任了这个职务，即使一辈子也没有苦闷。当官不当官，为时机所决定；心里畅快不畅快，决定于本人。"

白行简认真地听着他的话，只觉得二兄已不似初来江州时那样的愤懑不平，而是有点安于现状了。

白居易继续说道："你看，江州左边有匡庐山，右边有江湖，地势高，天气清明，有极美的风景可供游赏。刺史是守土之臣，不能远去观赏游玩；各属吏是具体办事的官员，也不敢自行消磨时间去追求安闲逸乐。唯独司马有宽裕的时间、闲散的心情，可以从容不迫地在山水风光和饮酒吟诗中乐而不倦。这江州郡的南楼山、北楼水、溢亭、百花亭、风篁、石岩、瀑布、庐宫、源潭洞、东西二林寺、泉石松雪等景致，司马全赏玩了。你说是也不是？"

白行简点头如啄："可以想见二哥的闲散自在！可是……"

白居易继续说："如果有立志于为官而又愿过隐士生活的人，除了这司马外还能去谋求什么官职呢？你知道的，现在最大的地盘或重要的州的司马，官居五品，每年官府发给的粮米有几百石，每月的薪俸有六七万钱呢！江州虽不是重要大州，但我现在的官职足可庇护自身，也可用来养家糊口。江州百姓生活安康，不是司马的功劳；江州政治败坏，也不是司马的罪过。不必去责备什么，也没有什么事情要自己去担忧。多么惬意呀！"

白行简听二兄讲得闲散自得、头头是道，可他还是听出了二兄隐微曲折复杂的情绪："这是在苦中求乐、自我宽解啊，二兄岂是尸位素餐之人呢，但不这样又能怎么样呢？"说到此，行简默默地为白居易斟满了酒。

白居易喝干了杯中的酒，行简又给他斟满，听他继续说。"如果为国家考虑，那么居官不尽职而白吃薪俸的人中，司马最有害于国家；如果替自身着想，那么司马一职是俸禄最优厚、地位最稳当的。我当这江州郡的司马，快四年了，自己内心安闲自得，好像刚过了一天两天一样，这是什么原因呢？只不过我识时务，深知命该如此罢了。又怎知在我之后，当司马的人中，没有与我同志的人呢？”

白行简笑了，说：“二哥一番话，真可以为文一篇，题目就叫《司马论》”

白居易笑了，说：“你倒提醒我了，我要把自己任司马以来的体会写下来，以便告知后来接替司马职务的人。嗯，‘论’太深奥了，不如就叫《江州司马厅记》吧。”

说完，又叫酒家取来笔纸，挥笔写下一诗：

今旦一尊酒，欢畅何怡怡。

此乐从中来，他人安得知。

兄弟唯二人，远别恒苦悲。

今春自巴峡，万里平安归。

复有双幼妹，笄年未结褵。

昨日嫁娶毕，良人皆可依。

忧念两消释，如刀断羁縻。

身轻心无系，忽欲凌空飞。

人生苟有累，食肉常如饥。

我心既无苦，饮水亦可肥。

行简劝尔酒，停杯听我辞。

不叹乡国远，不嫌官禄微。

但愿我与尔，终老不相离。

——《对酒示行简》

二人尽兴而归。

回到自己房中，见杨氏仍在灯下缝补衣裳，阿罗却与龟儿在床上玩耍。杨氏见白居易回来，立马拿出一件新缝制好的衣裳来让白居易换上，看那新装，绿裳白裤，颜色光鲜，面料细腻，知道是前几日元稹从通州给他寄来的衣料，杨氏忍着病痛为他裁缝而成的。白居易感觉十分温馨，

酒狂引诗魔　悲吟到日西——白居易传

217

穿在身上，立即感觉年轻了好多，可是对镜一照，才知自己早已不是年轻时的身姿容貌，不太适合这样的衣装了。

可是杨氏却坚持说："很好！"又拿着刚补的衣裳继续穿针引线道，"家里一下子增加了好几口人，每天的开支也增加不少，我们可得节省着点儿。"

白居易也叹了口气，说："总好过那到死都衣不遮体的贫士吧！"随口吟道：

白发长兴叹，青娥亦伴愁。

寒衣补灯下，小女戏床头。

暗淡屏帏故，凄凉枕席秋。

贫中有等级，犹胜嫁黔娄。

——《赠内子》

第二十三章　时来运转，迁刺史欣赴忠州
　　　　　　出蜀入川，遇至交首游仙洞

1

元和十三年（818）三月，御史大夫李夷简为门下侍郎、同平章事。七月，改检校左仆射、同平章事。元和八年（813）正月，又以李夷简为检校户部尚书、成都尹，充剑南西川节度使。

李夷简与元稹关系十分契洽，白居易心想，好友入相，元稹必能得志。按大唐惯例，并不避讳以"造化权"来称谓宰相。白居易为元稹高兴，他写了《闻李尚书拜相因以长句寄贺微之》：

> 怜君不久在通川，知己新提造化权。
>
> 夔高定求才济世，张雷应辨气冲天。
>
> 那知沦落天涯日，正是陶钧海内年。
>
> 肯向泥中抛折剑，不收重铸作龙泉。

不久就收到了元稹的诗：《酬乐天闻李尚书拜相以诗见贺》：

> 初因弹劾死东川，又为亲情弄化权。
>
> 百口共经三峡水，一时重上两漫天。
>
> 尚书入用虽旬月，司马衔冤已十年。
>
> 若待更遭秋瘴后，便愁平地有重泉。

白居易心里有了底了。

元和十三年（818）十二月二十日，天气晴暖，白居易与行简在草堂烹茶，邀来众位高僧方士饮茶闲述，就在相谈甚欢之际，一匹快马停在了草堂门前，衙役进来报说："刺史大人请白司马大人速回衙府有要事相告！"

白居易来江州四年，刺史待他颇为礼遇。公务不多，任由他随心所欲地纵情山水，少有这样急招他回府衙之事。众人都猜测：莫非朝廷有意起用乐天大人的敕令来了么？

白居易也心有所动，因为好友崔群自去年七月拜为中枢侍郎、同中书门下平章事。崔群与白居易同为翰林学士，在京城的居所相邻，来往甚密。而且，对白居易贬到江州之事也颇为不平，白居易来江州后，他多次书信问候安抚。现在刺史令他回府衙，莫非真的涉及自己官职变迁？

白居易的猜测没错，果然是朝廷的敕令已送达府衙：授白居易为忠州刺史。由司马迁授刺史，无疑是大大地提拔升迁了！

江州刺史崔能与他握手祝贺道："早知乐天老弟非久居人下之人，祝贺祝贺！"

白居易压抑已久的愤懑，终于得以纾解。他十分感谢崔能几年来对他的关照和宽容。

白居易脱下了青衫，换上了绯色官服，心里总算得以平抚。他知道，这是崔群的提携之功。虽然忠州同样远离京城，且地势险要，雾瘴颇多，但毕竟是升迁提拔，不同于当年的贬谪。

回到官舍家中，杨氏也早知道了消息，她兴奋地问白居易，何时起程赴任。

白居易说："尽早尽早！我现在要写封信。"说完后就去了书房，他给崔群写上一封诚挚的感谢信，字斟句酌地写完信后，仍觉得还没有完全表达出感激之情，又附上了一首诗：

提拔出泥知力竭，吹嘘生翅见情深。

剑锋缺折难冲斗，桐尾烧焦岂望琴？

感旧两行年老泪，酬恩一寸岁寒心。

忠州好恶何须问，鸟得辞笼不择林。

——《除忠州，寄谢崔相公》

一帮好友纷纷为白居易设宴饯别畅饮。江州刺史崔能在江边庾楼安排了隆重的酒宴，欢送他赴任忠州。

白居易也颇为感叹：在这蛮瘴之地居然能活着走出，实仍幸事。同时，也对崔刺史的多年关照感激之至，他借着酒劲在席上赋诗《山中酬江州崔使君见寄》：

春晚情无恨，优容礼有余。

三年为郡吏，一半许山居。

酒熟心相待，诗来手自书。

庾楼春好醉，明月且回车。

2

早春的朝阳照在江面上，远山还有雪影，春风做伴，白居易率家小与三弟一家同赴忠州履新。望着宽阔的江面，兄弟二人感慨不已。白行简想的是去年春天才从蜀中顺江而来投奔二兄，现在又陪同二兄前往蜀中赴任，一晃就是一年时间，真是时光飞逝如流啊！

白居易站在船上，看到江岸上欢送他的人群，想起四年前来江州时的晦暗心情，他知道，自己不能像陶渊明那样做个真正的隐士，那就"无妨隐朝市，不必谢寰瀛"吧。

想到隐士，就又想到了自己的草堂，那真是个好去处啊！他十分留恋那幽静舒适的茅庐，但又不得不暂别，心里想的是，等到任期满时，还回草堂来住！于是回到船舱，写下了《别草堂》：

> 正听山鸟向阳眠，黄纸除书落枕前。
>
> 为感君恩须暂起，炉峰不拟住多年。
>
> 久眠褐被为居士，忽挂绯袍作使君。
>
> 身出草堂心不出，庐山未要勒《移文》。
>
> 三间茅舍向山开，一带山泉绕舍回。
>
> 山色泉声莫惆怅，三年官满却归来。

白行简也回到舱内，见二兄正摇头晃脑地念叨着纸上的诗句，也凑了过来。看完后，他笑着说："就这江州的四年，让二哥的志趣变化不小呀。庐山草堂的确是个修身养性的好地方！我都没住够呢！"

江阔风正好行船。白居易兄弟一大家子人，月底行至夏口。鄂州刺史、鄂岳观察使李程在江岸已等候多时了。见到岸边鼓乐齐鸣的景象，白居易非常感动。他拉着李程的手说："老兄如此兴师动众，在下实在既感动又有愧呀！"

李程说："恭喜乐天老弟加官晋爵，喜着绯袍呀！忠州刺史乃一方行政长官、朝廷要职；乐天老弟文才名满天下，况且又是与在下同登过金銮宝殿的翰林学士，岂有怠慢之理呀？"

一句话，从国家说到个人，又说到二人的私交，让白居易通体舒泰。他们在元和初年同为翰林学士，认识多年，私交颇好，所以白居易在快到夏口之前，就遣信使报告了李程，李程便在江边码头安排了隆重的欢迎仪式，迎接白居易一行人上岸。

休整、观光待了两日后，白居易赠给李程一诗《重赠李大夫》，作为答谢，然后继续赶路：

早接清班登玉陛，同承别诏直金銮。

凤巢阁上容身稳，鹤锁笼中展翅难。

流落多年应是命，量移远郡未成官。

惭君独不欺憔悴，犹作银台旧眼看。

3

帆船逆流而上，沿途游历两岸山水，拜访名胜古迹，寻故访友，好不畅快。

江面越来越窄，水流也越来越急。这天，白居易问船家："这到哪里了？"

船家说："大人，这是夷陵了，前面的水路更急，您要小心！"

这时前方一船也正相向行来，船上人听见这边船上的声音，立即高声问道："请问对面船上说话人，可是乐天兄么？"

这么熟悉的声音，简直是天籁之音！白居易放眼望去，站立那边船头的可不正是那个熟悉的身影吗？

"微之微之老弟！"

"乐天兄，乐天兄！"二人同时高呼，两只船的船家也都心领神会，赶忙把船靠向了岸边。

元稹不等船停稳就一步跨了过来，两人的手紧紧握在一起。原来，元稹自通州司马授虢州长史，也是在赴任途中。一个出蜀一个入蜀，就这样相遇了！

就在前天夜间，白居易还梦见与李宗闵、庾敬休等人在京城同游，经过靖安里时，大家一同下马寻找元稹宴饮呢！今天的巧遇是多么惊艳，他激动不已，这是上天赐予他们的丰厚馈赠，以安慰他们彼此久念未悟的心。

两家人都聚到一条船上来，大家一一见过。元稹续娶的妻子裴淑也被请了过来，杨氏忙着吩咐船家置酒备菜。

这一番叙谈就到了半夜，家人都各自睡去，白居易就留元稹同榻而眠。白居易说："我得到消息说李尚书夷简被招为御使大夫，后入相，就知你老弟不久于通州了。"

元稹笑道："李相国是朝廷宗室、皇亲国戚，高祖李渊第十三子郑惠王李元懿的四世孙。他在剑南西川节度使任上没少眷顾我。"

白居易点头，元稹说："我得知乐天兄授忠州刺史后，就计算着时日，预想或许能在路上遇见你，所以每遇上水的船只，就问询一番，果然就遇到了啊！"

白居易感动不已。

元稹把话题一转，说："乐天兄可知不久前在朝廷发生的迎佛骨事件么？"

白居易说："有所耳闻。"他知道元稹的信息来源比自己多。

元稹说："圣上一直信奉佛法，淮西平定后，更是有精力对佛法大加弘扬了。今年正月，圣上派使者去凤翔迎佛骨，长安一时间掀起信佛狂潮，韩愈却上书《论佛骨表》，极力劝谏，认为供奉佛骨实在荒唐，甚至要求将佛骨烧毁，不能让天下人被佛骨误导。你想圣上是多么生气！就要处死韩愈！多亏了裴度、崔群等人极力劝谏，宪宗仍愤怒不已，据说要贬他为潮州刺史。你知道他在《论佛骨表》中怎么说吗？他居然说'人主奉佛就位促寿短。'我真佩服他的胆略，可这不是犯上吗？"

白居易听了，心中也暗暗惊叹韩愈的胆略。韩愈的文风立意深刻，气势雄伟，深险怪僻，逻辑性强，而白居易的文风则追求通俗易懂，明白晓畅，关心社会现实。

在江州这几年，白居易结识了众多世外高人方士，心中向往他们的恬然自处的生活态度和出世法则，何况，白居易幼年时的家庭是崇尚拜火教的，祖辈、父母的虔诚在他脑海中留有极深的印象。所以他虽敬佩韩愈的人品和文韬武略，但却不能苟同他对佛骨的宏论。

天亮后，按说应该各奔西东了，可是元稹却恋恋不舍，说："乐天兄，这一路，你可没我熟悉。不如我送你一程吧！"

尽管知道太麻烦了，但白居易也希望能与微之多待些时日，于是，元稹令船家掉转船头又往西逆水而行，一直走到了下牢关。

下牢关山险水窄，他们只能彼此牵引着船在下牢关一段江中缓缓而行。这天，白居易、白行简与元稹三人喝酒喝到痛快的时候，听到石间有泉声，于是下船上岸。步行到了崖岸缺口的地方，见有一块大石，如叠如削，怪异得像张开的翅膀，又像下垂的旗帜。他们也看到了瀑布，如泻如洒，奇特得犹如悬挂的白绢，又像绵延不断的丝线。

元稹说："乐天兄，我们去看个究竟吧！"

于是他们一起把小船拴在岩石下，带着仆夫割倒杂草前行。在危险的地方，架起梯子爬行，滑溜的地方拴绳子牵拉，攀爬一会儿，歇一会儿，爬了四五次，终于到达大石下的巨大的洞堂内。大家都惊奇于有这么大而宽敞的石洞，上下周围察看一番，发现绝无人迹到过这里，只有水石相激，水清石明，跳珠溅玉，惊动耳目。

从未时直到戌时，他们流连忘返。再过了一会儿峡山昏黑，云破月出，月光忽明忽暗，互相交替。晶莹奇幻，各种美妙的景象交现展，即便是口舌敏捷的人也无法用语言形容！

三个人边惊叹边议论。白行简说道："这个地方如此美妙，天地间能有几处？为什么此洞下面就和渡口相通，却多年来寂寂无闻，被人抛弃，极少有人到这里来呢？"

白居易说："此处乃天下鲜有，令人惊叹！"

元稹说："此话对极！况且我们三人难得相逢，如此绝胜美景也不易遇到。现在两件事凑在一起，岂能不记述一番？就请各自赋古体诗二十韵，写在石壁上吧。乐天兄，你还要写一篇序记录下来。"

三个人都为发现了这个奇观而兴奋，一致认为，既是我们三个人首先到此游玩，何不把题目取为"三游洞"？

白居易说："希望将来有人知道这个地方，更知道是我们三人首次到访的佳境处啊！"

酒狂引诗魔　悲吟到日西——白居易传

三个人既怜惜于此奇景又感伤于将别离，于是，各自在心里打腹稿，就这样，通宵未睡，直到天明，才不舍地离去。现在，三游洞已成为湖北宜昌著名的旅游景点了。

　　三天的时间过去了，各自都要赶路，不得不分别了，他们回到各自的船上，挥手泪别。元稹继续顺江而下，白居易则要逆流而上入蜀。

　　望着远去的船帆，白居易口中念道："君还秦地辞炎徼，我向忠州入瘴烟；未死会应相见在，又知何地复何年？"

　　两行清泪，流下了面颊。

4

　　船行到秭归时，白居易让船家靠岸停泊，他要去看看昭君的故里。

　　从前，他写过关于王昭君的诗，可那时是一个少年凭空想象，有感而发，现在，他要去探寻孕育过这样一位绝代佳人的地方，是什么样的碧水青山？

　　千古风流美人的家乡，竟是这般的荒僻简陋！稀疏的几户人家，依水而居，过着平淡清苦的日子。白居易和白行简一路问过来，大家都知道有这么个宝坪村的村名，却无人能指明当年的宝坪村具体在哪里。

　　在江边，遇到了一位渔翁，他是这里颇有见识的老者，他长叹了一声说："昭君叫王嫱，是我们这里的好女儿，是大义和亲的女子！可是，你瞧见没？我们这儿谁家有了长得好看的女娃，都会在脸上烧个疤痕呢！就是怕再被选中入宫，更怕遭到王嫱那样的苦呀！"

　　白居易心中颇为讶异，大义和亲的昭君家乡，千百年过去，这里居然留传下来这样的风俗！想想，也是啊，如果不是国家有难，一个娇弱的女娃儿，谁愿意去那遥远的地方，嫁一个语言不通、饮食不同、风俗迥异的人呢？回到船中，他提笔写下了《过昭君村》：

灵珠产无种，彩云出无根。

亦如彼姝子，生此遐陋村。

至丽物难掩，遽选入君门。

独美众所嫉，终弃出塞垣。

唯此希代色，岂无一顾恩？

事排势须去，不得由至尊。

白黑既可变，丹青何足论？

竟埋代北骨，不返巴东魂。

惨澹晚云水，依稀旧乡园。

妍姿化已久，但有村名存。

村中有遗老，指点为我言。

不取往者戒，恐贻来者冤。

至今村女面，烧灼成瘢痕。

　　船行越来越艰难了，上面有万仞高山，下面是千丈急流，苍茫的两岸之间，好像仅一条芦草宽的水道，这就是瞿塘峡！白居易早就听过这一带的艰险。

　　一块巨石横卧在江中间，黑乎乎一片，水流冲起滔天的白浪，如刀剑、似巨齿的石块排列其中，稍不留意，船只就会撞在大小石块上，立即粉身碎骨！白居易看着这骇人的场景，一阵阵的浪涛掀打着船板，发出震雷般的轰鸣，耳边时时传来船工们竭尽全力稳舵划桨的吼叫声。心想，这样的险阻，一般人一步都不可能走，何况是一千三百里啊！全家人的身家性命，都得仰仗这些赤足短褂的船工们了。他心里有些紧张。常听说忠诚信用之人是可以畅行于艰难险阻中的，但自古以来，漂泊沉浮之人，又怎么可能没有君子呢？而我的时运塞舛不足以恃，难道果真会死在这里么？想到这里，他无法自我解脱，只得回到舱内，盘腿端坐下来，像那些打坐的僧人一样，祈祷佛祖保佑！

终于到了一片水流缓和处，船到了万州。岸边突然传来了一阵锣鼓声，惊魂未定的白居易走上船板，看到万州刺史杨归厚率人在岸边向他招手。

白居易忙唤船家靠岸。

杨归厚只比白居易小四岁，但看上去要年轻很多。白居易上岸后，他就拉着白居易的手说："乐天兄，我听说你要去忠州高就，必定要经过我这里，我早早算好了日子，在这里等你呢！"

白居易高兴地说："多谢使君！"

杨归厚道："山高水险，舟车劳顿，在这里歇息两天，我带你们各处看看。"

杨归厚也是一年前才来万州任刺史的，万州与忠州南北相邻，他颇知白居易诗文，所以十分敬重。白居易也知杨归厚不仅书法造诣深厚，是卫门书派的传承者，而且善医药，对妇科、产科及泌乳症都有研究。他进士出身，也曾任左拾遗，却因婚姻之私假借公馆，而被贬为国子主簿，后贬为万州刺史。他为人率性自然，喜结交士贤。他与柳宗元、刘禹锡都交往密切。

杨归厚在万州城最好的一家酒楼招待白居易一行。同为京城被贬官员，在这山川阻隔的蜀中相见，兴奋中难免夹杂着一点心酸。

次日，白居易就登船赶路，启程前，为他写了一首《答杨使君登楼见忆》：

> 忠万楼中南北望，南州烟水北州云。
> 两州何事偏相忆，各是笼禽作使君。

5

日近黄昏时，终于到达了忠州码头，前任忠州刺史李景俭在岸边迎接了白居易。

李景俭是贞元十五年（799）进士，曾任谏议大夫，元稹的岳父韦夏卿留守东都时，曾任其为从事。后因窦群的引荐，官至监察御史。贞元末年，韦执谊、王叔文在太子东宫执事时，对他颇重视。韦执谊等八人先后被贬（二王八司马案）后，李景俭因为守丧未遭波及。但窦群获罪后，李景俭被贬为江陵户曹。再转为忠州刺史。所以他与元稹、李绅相交颇好。

白居易知道李景俭性情俊朗，博闻强记，喜欢研究历史，考察其成败缘由，也了解他很自负，自认为有治国安邦之才。此时正是他赶赴京城待命之际。二人相见甚欢，李景俭设宴为继任接风，并送给白居易五马朱轮官车，白居易笑说："此地出门即爬山，没有平地可行，这官车我可是白受了呀！"

李景俭道："白受也得受，这是门面呀！"

众人皆笑。工作交接完毕，李景俭即乘船顺江而下，去往京城；白居易则拾级而上，登上高高的府衙，履行他的新职。

第二十四章　敬奉神灵，祈祷国泰民安
　　　　　　垦植东坡，营造花好月圆

1

忠州山高平地少，城邑狭小，气候潮湿，多雨雾阴天，而且农业尚处在刀耕火种的落后时代，到处是烧草木灰的烟雾和煮岩盐的火焰。

站在府衙的东楼之上，可以望见长江向东奔腾而去，却少见船只逆流而来。白居易想到刚刚分手不久的杨归厚，他俩辖区相连，可是交通不便，相见也不是那么容易啊！

杨氏与弟媳一起已将官舍收拾停当，又把家中大小事务安顿妥帖。白居易在府衙了解熟悉公务一整天，晚上才回到家中，他磨墨铺纸起草《忠州刺史谢上表》。在表章中，他表达了自己受殊恩特奖，感戴惊惶的心情，说自己喜极魂惊、感深泣下。发誓要"负刺慎身，履冰励节，下安凋瘵，上副忧勤，未死之间，期展微效"。

上次离京去江州，以为会老死在那炎瘴之地，不料还能有这升迁殊荣，虽然忠州离京城也是路遥而艰险，但无论如何，他的心情是舒畅的，他重新燃起了报效皇恩、兼济天下的信心。于是又另换一纸，写下了《自江州司马授忠州刺史，仰荷圣泽，聊书鄙诚》：

> 炎瘴抛身远，泥涂索脚难。
>
> 网初鳞拔剌，笼久翅摧残。
>
> 雷电颁时令，阳和变岁寒。
>
> 遗簪承旧念，剖竹授新官。

乡觉前程近，心随外事宽。

生还应有分，西笑问长安。

写完最后一句，他叫来白行简。白行简看完全诗，想了想，他提醒二兄说："万州刺史和前忠州刺史都是受了二王八司马案牵连的人，二兄与他们联系太多，会不会有什么不好的影响？"

白居易摇了摇头："虽然事情已过去多年，但他们的革新不无是处，只是在方式和用人上有不当之处。我与他们是私交，并未参与其中啊！再说，他们也不是当年革新的核心人物，何况当今圣上不是也在召回他了吗？"

行简点点头，说道："二兄，我相信你会回到京城的！"

白居易也颔首而笑。

2

白居易眼见忠州的百姓还处在落后的农耕生产和生活之中，希望能在自己治下有所改变。他按时颁布各种催促春种秋收的告文，希望促进经济发展；又兴办学堂，想把中原的文化传播到忠州，教化引导当地百姓。同时也祈祷上天照应，风调雨顺，忠州的百姓能安居乐业。

风伯雨师是中国神话中的风神和雨神。风伯又称风师、箕伯。其相貌奇特，长着鹿一样的身体，布满了豹子一样的花纹。头像孔雀的头，头上的角峥嵘古怪，有一条蛇一样的尾巴。风伯之职，就是"掌八风消息，通五运之气候"。风是气候的主要因素，事关济时育物，即所谓"鼓之以雷霆，润之以风雨，养成万物，有功于人。王者祀以报功也"。

秦汉以来，对风伯的奉祀，就已经列入国家祀典。大唐更是奉祀风伯，要"诸郡各置一坛"，与王同祀。作为一州刺史的白居易，不敢有丝毫怠慢。

十月初五这天，正是风伯神诞之日。白居易按照朝廷的规定，早早就起床沐浴，焚香更衣，穿上华丽的绯色官服。然后骑上一匹枣红马，在众衙吏的簇拥下，去了城郊。前面有当地向导带路，一队人马向着野外的深山走去，那里早早就搭起了一座高台，高台上置有祭祀神坛。

山地本来水气就重，天还只蒙蒙亮，水雾浓重得衣衫都被打湿了。人们手举着火把照明，远远望去，那火光仿佛比天上的星群还高！

在一片肃穆庄严的气氛中，白居易下马来到香案前，按照习俗，点燃三支高香，举过头顶，然后三跪三拜，口中念念有词，祈祷风调雨顺、国泰民安。他身后的一众属员、道长，也都跟随着他跪拜再三，朗声齐颂、共同祈祷。

在众人的跪拜和祈祷声中，白居易想起了多年之前，他与一帮同僚们上早朝、步龙庭的情景，也是这般虔诚肃穆。唉，自从离京分别之后，人越来越衰老，心却还没安宁，那踩在玉阶石上的声音，分明还回响在耳边啊！

也许真的是诚心感动了天地神灵吧，接下来的日子，果然风调雨顺。到了秋季，山地树木果实累累，一小片一小块的土地上，都展现出了一派丰收景象。到了收缴赋税的日子，白居易将衙役们派遣出去，不久，都先后回来报告说税赋收缴顺利，府库充盈满足。

白居易知道，他上缴朝廷府库的任务完成了，而且治下的百姓生活也有暂时的保障，心中十分舒坦。这不仅是丰登的一年，而且是平安祥和的一年，百姓不仅安居乐业，而且和谐共处，连诉讼的案件都很少，他乐得享受清闲。

坐在衙府东楼的廊檐下，看着山峦起伏，赏着庭院中挂在树枝上的各色果实，在秋风中时而落下几颗来，还有池塘中的鱼儿随意地游荡，逗人喜爱，白居易不禁发出了"南亭日潇洒，偃卧恣疏顽"的感慨。

3

这天早晨，白居易正准备出门上衙府办公，却听得侄儿与小女阿罗在一处嬉笑玩耍，见他要出门，便跑了过来，递给他几颗红红的如槟榔大小的果子。原来是堂前的那棵荔枝树，在不经意间挂满了一串串荔枝，红红火火的，都熟了。白居易剥开一颗放进嘴里，那白玉般的果肉，琼浆四溢，鲜香无比。这样的美味，只有天上才有啊！他还是第一次尝到。此时，他才真正体会到了当年杨贵妃为何这么喜爱吃荔枝了，而明皇李隆基也不惜动用千里快骑，为她从岭南专程递送荔枝进京。数千之里，日夜兼程，不知累死了多少匹骏马！

白居易来到树下，把那高处成熟了的几串摘下来，分给了两个孩子。他又叫来杨氏，吩咐他们将荔枝都摘下来，分与下属们品尝。白行简、白行简的媳妇都出来帮忙采摘。一会儿工夫，就摘了满满两大筐。

望着筐中的绿叶红果，白居易想，应该把这世间稀有的珍果分享给京城的亲朋好友，特别是元稹。可是山高地远，他可没有动用千里快骑的权力，只能按一般信使的路程来寄送，到达京城时，早已烂了。只有最近的万州刺史杨归厚，可以与他共享这份美味。想到此，他提笔给杨归厚写下一首诗，还顺便跟他开了个玩笑：

奇果标南土，芳林对北堂。
素华春漠漠，丹实夏煌煌。
叶捧低垂户，枝擎重压墙。
始因风弄色，渐与日争光。
夕讶条悬火，朝惊树点妆。
深于红踯躅，大校白槟榔。
星缀连心朵，珠排耀眼房。
紫罗裁衬壳，白玉裹填瓤。
早岁曾闻说，今朝始摘尝。
嚼疑天上味，嗅异世间香。
润胜莲生水，鲜逾橘得霜。
燕脂掌中颗，甘露舌头浆。
物少尤珍重，天高苦渺茫。

已教生暑月，又使阻遐方。

粹液灵难驻，妍姿嫩易伤。

近南光景热，向北道路长。

不得充王赋，无由寄帝乡。

唯君堪掷赠，面白似潘郎。

——《题郡中荔枝诗十八韵，兼寄万州杨八使君》

然后，他又想到天下不知道荔枝为何物的人太多，他要为大家介绍这珍稀的美味，于是，便请来画师，专门画出了荔枝图，又从树形、叶、花、果等仔细地描摹，还亲自配上序文：

荔枝生巴峡间。树形团团如帷盖，叶如桂，冬青；华如橘，春荣；实如丹，夏熟。朵如葡萄，核如枇杷，壳如红缯，膜如紫绡，瓤肉莹白如冰雪，浆液甘酸如醴酪。大略如彼，其实过之。若离本枝，一日而色变，二日而香变，三日而味变，四五日外，色香味尽去矣。

元和十五年夏，南宾守乐天，命工吏图而书之，盖为不识者与识而不及一二三日者云。

4

荔枝在忠州这一带十分常见，可是其他地方却难见到。白居易看着已画好的荔枝图，叹道："可惜呀，要是能抵作赋税物就好啦！"

这天一大早，白居易就换上了便装，来到衙府，属下大小官吏和衙役们也都聚集在了大院内等候着他。看大家人人穿着便装、手拿铁锹或锄头等工具，都很兴奋，白居易也很高兴。本来，昨天白居易只选了十几个人，准备今天跟他一起去栽树，想不到大家积极性这么高，一个不少地都带着工具来了。他对大家说："既然大家兴致这么高，那就索性趁着公务比较闲适的时机，今天衙府暂停办公一天，大家随我一齐去一个地方栽种树木吧！"

　　州府衙门平常的公务，尽是催缴税赋、征丁服役、审查刑案、纠察恶吏之类，这样的植树造林活动还真是少有。

　　白居易早已勘查清楚了地点：忠州城的东边，有一条小河，河边是一片荒地，荒地与山坡的坡地相连处却有稀疏的几棵柳树。正是早春时节，柳树即将发芽，白居易指挥大家截取那些树上粗枝，栽种到荒地上，沿河岸一线，也种下一长排。大家挖土坑，截树枝，又从小河里提来水浇上。白居易也接过身边小吏的锄头挖起坑来。

　　不一会儿工夫，一大片荒地就都种上了大大小小的柳树，白居易想象着，这柳树不久就会抽枝、发芽、成林。他对小吏及身旁的人道："松树柏树长成林得很多年，楩树楠树又难以成活，只有这柳树是最易成活的，没有根也易活，成林也不会太迟，我作为忠州刺史，任期三年，希望能看见它们柳荫依依的时候啊！"

　　大家听了，都点头称是。

　　种完柳树，大家坐在河边歇息，一个年轻的衙役跑过来报告说："白大人，花树苗都备好了！"

　　原来，白居易早已命人到各地买来了各色花果树木，要种到那东坡上。他还要求，购买的果木不限桃李梅，只要是有花的一律买来。

　　于是，大家又来到东坡上，将那些花树统统种在了山坡上。时已近午，大家就地歇息，等待衙府的伙夫送来饭食。

　　自此之后，白居易早上也来这里走走，晚上也来这里看看，看着那些随意栽种的树，虽不成行，却"红者霞艳艳，白者雪皑皑。游蜂逐不去，好鸟亦来栖"。

　　东坡的前面有小河流水，下面还有个小平台。白居易时常携酒来这个小平台上观花独酌，享受着"花枝荫我头，花蕊落我怀。独酌复独咏，不觉月平西"的悠闲，流连忘返，不舍离去。他来得太多太频繁了，那原本长满青草苔藓的地面，都被他踩出了一条小路，他边走边吟《步东坡》：

朝上东坡步，夕上东坡步。

东坡何所爱？爱此新成树。

种植当岁初，滋荣及春暮。

信意取次栽，无行亦无数。

绿荫斜景转，芳气微风度。

新叶鸟下来，萎花蝶飞去。

闲携斑竹杖，徐曳黄麻屦。

欲识往来频，青芜成白路。

由于多山地，忠州的农人多种黍酿酒。忠州城南四里地，有座引藤山，出产一种藤枝，长十几尺，粗如手指，中间是空心。农人们在酒瓮封口时，将引藤插入其中，取酒时，嘴对着引藤吸气，酒便可源源不断地流出。这种藤被称为引藤。这就是最早的吸管。这种新颖的饮酒方式很快就被白居易喜欢上了，后来定居洛阳时还用它汲酒。

可是饮酒无人对酌，这也是一种浅愁啊。他摘来一片芭蕉叶，乘兴在上面题了一首《寄王质夫》：

忆始识君时，爱君世缘薄。

我亦吏王畿，不为名利著。

春寻仙游洞，秋上云居阁。

楼观水潺潺，龙潭花漠漠。

吟诗石上坐，引酒泉边酌。

因话出处心，心期老岩壑。

忽从风雨别，遂被簪缨缚。

君作出山云，我为入笼鹤。

笼深鹤残悴，山远云飘泊。

去处虽不同，同负平生约。

今来各何在，老去随所托。

我守巴南城，君佐征西幕。

年颜渐衰飒，生计仍萧索。

方含去国愁，且羡从军乐。

旧游疑是梦，往事思如昨。

相忆春又深，故山花正落。

可是信刚刚寄出不久，即听闻了王质夫的死讯，白居易悲痛不已：

仙游寺前别，别来十年馀。

生别犹怏怏，死别复何如。

客从梓潼来，道君死不虚。

惊疑心未信，欲哭复踟蹰。

踟蹰寝门侧，声发涕亦俱。

衣上今日泪，箧中前月书。

——《哭王质夫》

5

日复一日，只能独自赏花饮酒，得空了，就摘片芭蕉叶来题写诗歌，愁闷了就取来引藤枝汲酒，这种闲散的日子，他很快就习惯了。他把这种日常也写进了《春至》诗中：

若为南国春还至，争向东楼日又长。

白片落梅浮涧水，黄梢新柳出城墙。

闲拈蕉叶题诗咏，闷取藤枝引酒尝。

乐事渐无身渐老，从今始拟负风光。

一天，白居易率衙吏们出巡农事，返城时，大家都已饥肠辘辘。正此时，一阵奇香飘来，循味望去，街边一家胡饼铺正热气腾腾地出炉一笼胡饼。这胡饼加入了芝麻、胡桃和香油等多种调料和面，在炉中烤制而成，吃在嘴里脆香无比。白居易停马命人买来胡饼充饥，果然味道香甜脆爽。他想起在长安城的街市，胡饼铺多由胡人经营，这里离长安山高路险，胡饼铺的老板虽是当地人，做出的胡饼形状、味道，却是一模一样，很是难得。他对身边的衙吏道："这种胡饼，不仅味道好，而且可保存很长时间，胡人们远行，都是携带这种胡饼充饥的。你去多买几个，寄给万州的刺史杨大人，让他也尝尝。"

那衙吏又去买来几个。望着他刚买来的胡饼，他便写了一首《寄胡饼与杨万州》，得意扬扬地吟道：

胡麻饼样学京都，面脆油香新出炉。

寄与饥馋杨大使，尝看得似辅兴无。

春天很快就过去了，成片的花朵开始凋零，刚刚长出绿叶的树木也倒伏了，将要枯死。每日公事完毕，白居易就领着童仆，扛着锄头来这里除草、松土、挖沟、浇水。养护了一段时日后，大大小小的花木又开始枝叶繁茂起来了。

白居易对吏役们说："你们看，培养花木是这样，培养民力又有什么不同呢？要想让枝叶繁茂，就先得救它的根茎呀。怎么样救根茎？就是要教导百姓均平田赋的道理。怎么样让枝叶繁茂？就是要实行宽松的管理之策呀！把这道理用在州郡的管理上，应该就可以唤醒良好的风俗了！"

吏役们听了，都点头称是。

他们不知道，几百年后，宋代的大文豪苏轼放贬黄州团练副使，全家生计窘迫，不得不在黄州的东坡上开垦荒地，种植粮菜，并自号"东坡居士"，或许就是他仰慕白居易的人品、诗歌，所以才取"东坡居士"之号的。

第二十五章　择贤良秉公，不畏权贵
慰豪杰戍边，岂贪钱财

1

忠州城里平安祥和，京都长安却暗流涌动。

元和十五年（820），春天未来临，就传来宪宗突然因"误服丹石，毒发暴崩"的消息！

这消息来得猝不及防又诡异莫测。毕竟，宪宗才四十三岁，执政十五年，正是一个有作为的帝王年富力强之时，而且，大唐帝国在经历了"安史之乱"后，衰败的颓势越来越严重，好不容易在宪宗的强势政策下，平息了藩镇，出现了中兴局面。正待继往开来时，宪宗却中年暴亡了。

虽然宪宗确实在平藩之后，希望自己长生不老。他听信宦官推荐的方士，服用了丹药，但服丹致死的消息还是来得太突兀。不久后，又有传言，说宪宗脾气暴虐，常因小事暴打宦官，导致他们怨恨不已。

庚子日夜间，宦官王守澄、陈弘志等为了立李恒为帝，潜入寝宫谋杀了宪宗，然后守住宫门，不准朝臣入内，伪称皇上"误服丹石，毒发暴崩"，并假传遗诏，命李恒继位，还刺杀了吐突承璀。

消息四面八方而来，不知真假，但有一个确切的事实：就是新帝即位了！

新帝就是太子李恒，他是宪宗的第三个儿子，史称穆宗。

这年五月，元稹擢为祠部郎中，知制诰，已回京。

白居易得知消息，一面为元稹高兴，一面也暗自思想：来到忠州已一年有余，不知三年期满时，自己身在何处啊！

夏日的一天，一匹快马停在了府衙门前，信使快步登上高高的府前台阶，将印封泥书简交给闻报迎上来的白居易。白居易见到紫泥书简，便知是朝廷的圣旨到了，他虔诚地打开来阅览，一股暖流迅速激荡在他的心头：圣上召他回长安，除为尚书司门员外郎。

在外贬官近七年，到忠州才一年半，终于等到了召他回京的消息。这个消息来得太迟，他的头发都等白了，但终归是等来了！他害怕是不是自己眼花看错了，睁大眼睛把那紫泥书简摸了又摸，看了又看。衙府的大小官吏们都来争相问候、传览，又纷纷向他表示祝贺，他才平静下来。

他急急地回到家中报喜，杨氏等人听说后，也都激动不已，都忙着准备回京的行装去了。

白居易却舍不得他亲手种下的东坡花树，眼见那片花海就要成林，自己却又要舍弃它们了！希望新来的刺史大人也是一位爱花惜花之人才好呀。他信手就取过桌上的笔纸来，一挥而就，写下了一首《别种东坡花树两绝》，其是：

> 三年留滞在江城，草树禽鱼尽有情。
>
> 何处殷勤重回首，东坡桃李种新成。
>
> 花林好住莫憔悴，春至但知依旧春。
>
> 楼上明年新太守，不妨还是爱花人。

此次回京，白居易决定经过三峡后，取商州路返回长安。

一路上，过白狗滩，闯黄牛滩，一个个急流险滩如竹节一样稠密，回京是多年的愿望，现在真正踏上回京的道路，却又不停地回首曾经待过的地方，不知何时还能回来！他其实是个随遇而安的人，走过的地方都是那么留恋。这不，尚未远离，便已怀恋起来：

白狗次黄牛，难如怕节稠。

路穿天地险，人续古今愁。

忽见千花塔，因停一叶舟。

畏途常迫促，静境暂淹留。

巴曲春全尽，巫阳雨半收。

北归虽引领，南望亦回头。

昔去悲殊俗，今来念旧游。

别僧山北寺，抛竹水西楼。

郡树花如雪，军厨酒似油。

时时大开口，自笑忆忠州。

——《发白狗峡，次黄牛峡登高寺，却望忠州》

年底，白居易一大家子人终于回到了长安城。车马行进在熟悉又陌生的大街上，耳边响着孩子们不时发出的欢呼声，还有白行简夫妻与杨氏的对话，白居易思绪万千，从符离苦读到来京赶考、在京为官、因言被贬、离京时的悲愤凄惶，江湖上的期盼等等，现在，多年的愿望总算实现了，他要珍惜往后余生，首先要尽快融入京城的生活。他不知道，有一项棘手的差事，正在等待着他，让他后半生的生活改变了方向。

亲朋好友间的欢聚、迎来送往是必须的。元稹告诉他，可能新的任命就要下来，果然，到十二月二十八日，他就接到了新职任命：除主客郎中，知制诰，即掌管起草诰命之职。这敕令文正是元稹起草的呢！

元稹邀约了中书舍人王起、李宗闵等人一起庆贺。宴会设在京城的一家酒楼里。美酒、美食和佳人，饮酒畅谈又赋诗，个个兴高采烈。特别是元稹，对白居易的回京，由衷高兴，他不停地干着杯中的酒，又不停地与每一个人碰着杯。看着他们一个个意气风发的样子，白居易又高兴，又伤感，明显感觉自己已年老体衰跟不上形势了，不禁在心里叹道：

闲宵静话喜还悲，聚散穷通不自知。

已分云泥行异路，忽惊鸡鹤宿同枝。

紫垣曹署荣华地，白发郎官老丑时。

莫怪不如君气味，此中来校十年迟。

——《初除主客郎中知制诰与王十一李七元九……同宿话旧感怀》

　　白居易暂在朋友处借住了一段时日，就在长安城的新昌里买了一处宅院，又在新昌里将一家大小安顿下来。新昌里是他从前住过的街巷，虽非城中心，但离大明宫也不远，他非常满意。特意嘱咐工匠们，要仿照辋川寺，在北窗的廊外随意地种些竹子，他还写了首《竹窗》：

常爱辋川寺，竹窗东北廊。

一别十余载，见竹未曾忘。

今春二月初，卜居在新昌。

未暇作厨库，且先营一堂。

开窗不糊纸，种竹不依行。

意取北檐下，窗与竹相当。

绕屋声渐渐，逼人色苍苍。

烟通杳霭气，月透玲珑光。

是时三伏天，天气热如汤。

独此竹窗下，朝回解衣裳。

轻纱一幅巾，小簟六尺床。

无客尽日静，有风终夜凉。

乃知前古人，言事颇谙详。

清风北窗卧，可以傲羲皇。

然而，舒心而安稳的生活才只刚刚开始，白居易的烦恼就来了。

这年的正月初四，穆宗于圜丘祭祀昊天上帝，还宫后，集群臣于丹凤楼，宣诏大赦天下，改元长庆，赏赐内外文武百官、宿卫将士官爵及钱物。

长庆元年（821）春，举行全国进士贡举。白居易的内兄、右补阙杨汝士与白居易的好友、礼部侍郎钱徽为主考官。科考的结果是，中书舍人李宗闵的女婿苏巢、宰相裴度之子裴撰、杨汝士之弟杨殷士及郑覃之弟郑朗等皆登第。

此结果公布后，引起了很大的骚动。段文昌和李绅更是异常气愤。

段文昌是出镇蜀川的时任宰相，而李绅则是翰林学士，他们双双向穆宗李纯面奏，说此次科考所录用的进士郑朗等十四人，都是官宦子弟且学识浅薄，主考官们一定是收受了他们的好处，这些人不应该录用为进士。

穆宗李纯听说居然还有这等事，有点不相信，便询问身边的翰林学士李德裕、元稹、李绅。可他们皆曰："诚如文昌所言。"穆宗非常气愤，问该当如何，元稹便说："圣上可下旨，对及第的十四人重新考试。"

穆宗又问："何人可担此任？"元稹答："中书舍人王起与主客郎中知制诰白居易，可担任主考官。"

此时的元稹，是翰林承旨学士，有"大凡大诏令、大废置、丞相之密画、内外之密奏、上之所甚注意者，莫不专对，他人无得而参"的特殊职责，他所处地位较李绅为高，因此他的意见自然应比李绅的更有分量，穆宗依从了元稹所言，命王起、白居易二人任主考官，重新对这十四人进行考试。并要求此次重考要从严要求。

白居易接到任务后，心中颇为疑虑。一边是他的内兄内弟杨汝士、杨殷士，还有好友钱徽，当然还有宰相裴度；另一边是他的挚友元稹、李绅及权势更为显赫的前宰相、现西川节度使段文昌等。而同为重考官的王起，则是自己和元稹吏部乙科时的同年，还是元稹贬任江陵时的同僚。

白居易心里忐忑不安地回到家中，杨氏已摆好了几盘他平常喜欢的小菜在桌上等他了。见他回来，忙起身相迎，给他倒上了酒又夹上了菜。白居易看看她，说："夫人有话？就讲吧！"

杨氏道："老爷，刚刚我二兄来过，说了殷士小弟进士科复试之事。"

白居易道："此事圣上非常气愤，已明令复试要严于首试，我能不照办？"

杨氏道："我不是这个意思，只是告诉你，二兄为此事来找过你了。"

虽未见面，白居易哪有不明白？但是，他知道，这次他不可能再徇私情。刚刚下班时他去找钱徽，想询问一下详情，钱徽却避而不见他。钱徽在礼部的一个同僚却悄悄告诉他说，首试前，宰相段文昌在临出发去蜀州时，写了封亲笔信给钱徽，他估摸就是替人说情的，因为此前他就听说了已故刑部侍郎的儿子杨浑子，将家藏的书画送给段文昌，求段文昌让自己进士及第的事。他还不相信，等看到段文昌的亲笔信后，心里就有所怀疑了。然后，首试进士公布后，却没有杨浑子；还有那李绅，也在钱徽面前保荐过学子周汉宾，结果，周汉宾也没及第，所以段文昌和李绅便气愤不平，在圣上面前告发此次科考不公，他心里就猜到了是这个缘由。白居易心中已明白了他猜得没错。

白居易当然知道，进士科考前，各地的举子们除了以"行卷""温卷"向主试官员显示自己的才学外，还常常要辗转托人，或以人情或以财物相托，以求如愿登第，谓之"关节"。主试官员也难免受人之托，卖放人情录取亲故。当年，他与元稹就是苦于求告无门，在科考前也有过愁闷苦恼。白居易岂有不明白之理？但他嘴上还是对那同僚说道："这事查无实据，不可凭猜测认定啊。"

现在，杨氏虽然嘴上不说什么，白居易也心知肚明。圣上要求重试，本身就表明了对此事的重视和怀疑，况又重申复试从严。他祈愿复试的结果，所有的首试十四位进士们，人人都考出好成绩，这样就能让双方都心悦诚服。

白行简见白居易一副忧心忡忡的样子，心里明白他的苦恼，趁着嫂子去忙她的事时，他走到白居易书房，说："二兄，我知道你很为难，且不说这一边有嫂嫂的兄弟，那一边有微之兄，就裴相与段相二人而言，都是圣上倚重的朝廷重臣、国家宰辅，得罪哪一方都不好过呀，你好不容易才从贬谪地回京，可得好好把握啊！"

白居易道："科考是为国家选拔贤良之才，有真才实学就该选举。"嘴上如此说，可他心里也担心，这些人是不是真有真才实学？

白行简道："外面传言很多，都说段文昌和李绅之所以向圣上告发此次科考不公，是因为他们所请托的两个人没有及第，所以才告发的。如果他们请托的二人都及第了，根本就不可能有这事！你知道是哪两人吗？"

白居易故意问："何人？"

白行简说："一个是已故刑部侍郎的儿子，另一个李绅保荐的人，反正都是官宦子弟呗！"

见白居易沉吟不语，白行简又说道："二兄可记得平淮西碑文之事？先是先帝让韩愈撰文，刻上石碑，都立在那里了，后来却又让段文昌再重新撰写了一篇平淮西文，将韩公的文字磨去，重新刻上了段公的文字。"

白居易说："我当然知道，这事已过去两三年了。两人的文字着重点不一样，韩愈所撰的平淮西碑文突出的是裴度的功绩，强调了裴度排除众议，亲自督战，总揽战前战后大局的功绩。正是由于裴度的坐镇，参与平定淮西的诸将才团结在一起，为朝廷效命。蔡州城破后也是裴度代表先帝赦免当地百姓，安抚人心。而对于袭破蔡州，虏获吴元济的大将李愬，韩愈却只是寥寥数笔，一带而过；段文昌则对李愬作战的过程描述详细，并给予很高的评价。段文昌突出的是武将功劳，更加迎合了先帝准备大兴武功，实现大一统局面的心愿。"

白行简说："我就是要提醒二兄，这二人可能那时就心存芥蒂了吧。"

白居易道："这是两码事！我只管此次的重考！"

复试这天，考场设在长安城的子城城楼亭内，子城的上下通道，均有军士把守，无关人等均不得进入。每一个举子进入试场时，都有军士搜身，将他们身上所携带的典籍资料全部没收。以往考试时是允许查阅典籍的，这次却不允许查阅任何典籍。考场的气氛更加严肃紧张了。而考试时间，由正常进士试的"通宵"缩短为"两条烛"。重试的题目，是《孤竹管赋》《鸟散余花落诗》。这也是诏书上内定的题目。

严肃紧张的"两条烛"时间很快就到了，考试结束。所有人等离场，王起和白居易开始阅卷。

王起与白居易阅卷完后，都很沮丧，放宽一点标准，也只有三人能称合格。其实，这样的结果既是他们担心的又是预料中的，但他们只能如实呈报。

王起说："乐天兄，这样的结果报上去，不仅使这些新科举子们无缘登科，可能还会受到一定处罚，严重的是还会累及那些主考官们呀！处罚他们也是正当名分，但他们也是受人之托，最要紧的是请托于他们的人，很可能不会被查出来，而他们才是最有权势而以权谋私之人呢！"

白居易知道王起的意思是这些人得罪不起。但他们更明白，现在谁也不敢再敷衍塞责或私下掩饰了。当晚，两人再三商定后，决定给圣上起草一份密奏：《论重考试进士事宜状》云：

右臣等伏料自欲重试进士已来，论奏者甚众。伏计烦黩圣听之外，必以为或亲或故同为党庇。臣今非不知，但以避嫌事小，隐情责深，所以冒犯天威，不敢不奏，伏希圣鉴试详臣言。伏以陛下虑今年及第进士之中子弟得者侥幸，平人落者受屈，故令重试重考乃至公至平。凡是平人，孰不庆幸？况臣等才识浅劣，缪蒙选充考官。自受命以来夙夜惶惧，实忧愚昧不副天心，敢不尽力竭诚苦考得失，其间瑕病纤毫不容，犹期再三，知臣恳尽。然臣等别有愚见，上裨圣聪，反覆思量，辄敢密奏。伏准礼部试进士例许用书策，兼得通宵。得通宵则思虑必周，用书策则文字不错。昨重试之日书策不容一字，木烛只许两条。迫促惊忙，幸皆成就。若比礼部所试，事校不同。虽诗赋之间皆有瑕病，在与夺之际或可斟量。倘陛下垂仁察之心降特达之命，明示瑕病以表无私，特全声名以存大体。如此则进士等知非而愧耻，其父兄等感激而戴恩。至于有司，敢不惩革！臣等皆蒙宠擢，又忝职司，实愿裨补圣明，敢不罄竭肝胆！谨具奏闻，伏待圣裁！

谨奏，长庆元年四月十日。

他们的奏状中首先认为："今年及第进士之中子弟得者侥幸，平人落者受屈。"而十四名已及第的举子重行考试时，题目并不深僻，重试后十四人的情况是："诗赋之间皆有瑕病。"但又请求穆宗"垂仁察之心降特达之命，明示瑕病以表无私，特全声名以存大体"，恳请以宽容的态度处理。其实，虽是密奏，他们也知道，圣上身边的人，都是会知道的，这样，他们两边都不会得罪了。

密奏呈上后，白居易一直在不安中等待着消息。最后等来的是朝廷的裁夺和对所有人的处罚：孔温业、赵存约、窦洵直及第，裴度之子裴撰虽成绩不佳，因其父功，特赐及第，郑朗、苏巢等十人落第。主考官钱徽被贬为江州刺史，中书舍人李宗闵被贬为剑州刺史，右补阙杨汝士被贬为开江令。

钱徽和杨汝士离开京城前，白居易又分别去送他们。杨汝士对白居易说："科考贡举，谁不为自己子弟行便宜之事？世人皆如此行事，身为主考官，我也只是顺带着帮了殷士一把，你……唉……乐天兄你好自为之吧！"他心中似乎还有很多的话，却不愿再说，便挥手而去了。

钱徽这次倒没有回避白居易，他告诉白居易："我也是情非得已，当初托情于门下的人太多了，没能把持得住，卖放了人情，为录取势门纨绔而榜落寒族子弟，实属徇私渎职之举，有今日之贬，也是罪该如此。"

白居易很能体谅他的心情，换位思考一下，自己也难免不徇私情，便问："复试前我是想找你问问详情的，你为何不见呢？"

钱徽道："你无非想知道是否真有人请托于我，又是何人请托于我吧！我告诉了你，怕你不敢据实禀报了，现在这样挺好的！"

白居易不肯罢休，追问那外面传言的事是否为真。

钱徽道："世风如此，不怪他人。"

白居易试探地问："如果将那些请托信上交或许可免除你的处罚吧？"

钱徽笑了，摇头道："的确有人劝我上交那些信件以求自免，但是，那样就能说明我是无辜的了么？"说完，道声珍重，他就踏上贬谪之路。

回家的路上，正遇上了元稹，他在马上苦苦地思考着什么，见到白居易，元稹拱手道："乐天兄，难为你了。"

白居易问他在想什么，元稹叹气道："我去送李七宗闵赴剑州，他避而不见我！"

白居易想到杨汝士的不冷不热，他当然明白元稹的处境。

元稹却说："乐天兄，我知道你会秉公执事的。你们给圣上的密奏我也看到了。"

白居易有点惭愧，他知道，重试虽然得到了应该有的结果，但自己这种两边都不得罪的骑墙态度，是逃不过元稹的法眼的，他不知说什么好。

元稹道："乐天兄，我理解你的苦衷。内弟也离京了吧？唉，我真不愿看到他也……"

白居易打断了他，说："贤弟你不用解释，我明白。"

元稹说："我知道你是深明大义的。朝廷如果一任这样的风气继续下去，国家还怎么选拔真才实学之人？你看，李宗闵还有你内弟杨汝士，他们利用手中职权，为自己的亲故登第而排斥有才华的寒门子弟，这就是营私舞弊啊！裴相裴公和郑覃等父兄为了自己的子弟及第，奔走钻营，这不就是心术不正吗？还有段相段公为势门子弟登第受贿于前保荐于后，一旦自己的请托没有如愿，就发难于钱徽举奏于穆宗，这行为就为人不齿啊！连李绅亦因自己的保荐没有得成，就附和段文昌的举奏，显属于假公济私之举呀！"

白居易很惊讶元稹知道得这么详细。

元稹却继续说着："所以，乐天兄，我还要写一份奏章，题目我都想好了，就叫《戒励风俗德音》，希望能抵制住贡举中的腐败行为。"

白居易听了，大为吃惊，他本以为事情就此结束了的，现在看来，元稹还要借此大做文章啊！

白居易知道，元稹跟自己一样，与裴、段双方的关系都很密切，甚至与裴方更密，举子郑朗的父亲郑珣瑜是贞元十八年（802）元稹、白居易吏部考试时"领选部"的官员。郑朗的伯父郑馀庆曾为东都留守，元稹曾任分司东都的监察御史。后来，郑馀庆又是元稹通州司马任的上司，元稹在通州"染瘴危重"，虐病将死，在元稹医病期间，郑馀庆对元稹多方照顾。而元稹妻子韦丛的生母是裴耀卿的亲孙女，郑馀庆最好的朋友裴佶也是裴耀卿的亲孙子。钱徽为元稹元和十四年（819）虢州长史任时的顶头上司，元稹与他书信来往颇多。苏巢的岳父李宗闵是元稹多年的朋友，白居易刚回长安时，元稹还约李宗闵的一起喝酒庆贺。李宗闵伯父李夷简曾任御史中丞，是监察御史元稹的顶头上司，曾大力支持元稹举发严砺、惩办藩镇的斗争。元稹与李夷简关系密切。

裴撰之父裴度与元稹也同受知于裴垍，元稹还曾支持过裴度弹劾权倖的斗争，并因此被贬为河南尉，与元稹同路奔赴贬地，有着同相知、共患难的友情。可是，元稹仍然这样大义凛然地站到了反对者一边，而且还想凭一己之力，挽回"贡举猥滥"的社会现状。白居易不敢相信他真能实现，但元稹有如此愿望和行为，白居易自愧不如。

两天后，元稹果然写成了《戒励风俗德音》，他在文中说："卿大夫无进思尽忠之诚，多退有后言之谤；士庶人无切磋琢磨之益，多销铄浸润之谗。进则谀言诡笑以相求，退则群居杂处以相议。留中不出之请盖发其阴私，公论不容之词实生于朋党。擢一官则曰恩皆自我，黜一职则曰事出他门。比周之迹已彰，尚矜介特；由径之纵尽露，自谓贞方。居省寺者不能以勤恪莅官，而曰务从简易；提纲纪者不能以准绳检下，而曰密奏风闻。献章疏者，更相是非；备顾问者，互有憎爱。"

元稹所指的范围就不仅限于这次重考案的当事者了，而是矛头直指"卿大夫""士庶人""居省寺者""提纲纪者""献章疏者""备顾问者"等满朝大臣，所以，立即引起了众多朝臣的怨恨和不满，或许这也为他之后的命运不济埋下了祸根。

重试风波后，进士考试中舞弊积习得到一定程度的纠正，依靠关系而得以及第的权贵子弟受到了沉重打击。但是，至此，朝廷也形成了以牛僧孺、李宗闵等为领袖的牛党与李德裕、郑覃等为领袖的李党之间的争斗，并延续了四十余年，史称"牛李党争"或"朋党之争"。

4

其实，这次科考只是导火索而已，党争多年以前就已拉开序幕。李德裕之父李吉甫是宪宗朝的宰相，元和三年（808），也是在一次制科考试中，考生牛僧孺、李宗闵、皇甫湜通过对策，"皆指陈时政之失，无所避"，结果被主考官录取，而作为宰相的李吉甫，认为他们是对自己的人身攻击，乃"泣诉于上"，并指责考试中有作弊现象。结果，不仅牛僧孺、李宗闵长期未能升迁，主考官也被贬。当时，作为翰林学士的白居易还曾为牛僧孺、李宗闵等人辩护，所以受到了李德裕的敌视。不过，这次反过来了，李宗闵之婿也被黜落。白居易本意是不想介入他们之间的争斗的，但是，他还是被时人认作是新官僚集团的人物，因为，他是进士出身，是通过科举走上了官宦之路，而当时，官员主要来源于两个途径：一是通过科举考中进士，如白居易、元稹等人，这些人喜爱诗赋，情趣相同，认为自己是凭真才实学入仕。二是通过父祖门荫而当官，如李德裕等人，他们推崇儒家经学，以门第清高自居。这两部分官员，因为入仕的门径不同而互相鄙薄，形成两个集团。

这天，白居易在回家的路上又与元稹相遇，自从回京城后，虽同在一城，二人见面却并非想象得那么多了，缘是公务比之从前忙得多。白居易夸赞元稹的《戒励风俗德音》写得切中时弊，很好。元稹告诉白居易说："我还要改变制诰书的体例，现在的旧体太烦琐模糊，只因为迁擢者须补述其资历、政绩，降谪者须指斥其罪过，散文难以措辞，而骈体易得含糊，我们要复古改良公式文字新体，要用简洁明了的散文来取代骈骊烦琐的诰文。"

白居易高兴地说："微之贤弟，我知你'海内声华并在身，箧中文字绝无伦'，我一定依你说的照办，你看，我除中书舍人，是你撰制词；你除翰林学士，我撰制词。以后，有我俩共同努力，一定会实现'制从长庆辞高古，诗到元和体变新'的愿望。"

说话间已到新昌里，白居易说："微之，今天去我家里歇息吧，我们已好久没同榻共眠、彻夜长谈了。"

元稹则挥手说："还有好多事等着我呢，乐天兄早点歇息吧。"

白居易说："微之，你要保重身体！"

二人各自回家。

不久后，白居易被加朝散大夫，转上柱国。从此脱掉青衫，在忠州刺史任上虽也着绯色服，但回京城后，在京官中他却只能着青衫，现在，终于可以穿上绯色朝服了。

在宫中值守，看日月交错、树木青黄，他感到心满意足，回到书案前写下《西掖早秋直夜书意》：

> 凉风起禁掖，新月生宫沼。
>
> 夜半秋暗来，万年枝裛裛。
>
> 炎凉递时节，钟鼓交昏晓。
>
> 遇圣惜年衰，报恩愁力小。
>
> 素餐无补益，朱绶虚缠绕。
>
> 冠盖栖野云，稻粱养山鸟。
>
> 量力私自省，所得已非少。

酒狂引诗魔　悲吟到日西——白居易传

五品不为贱，五十不为天。

若无知足心，贪求何日了。

更让白居易高兴的是，他的妻子杨氏也被授予弘农县君，三弟白行简授拾遗。白行简可与白居易一同早朝入阁了。真是三喜接踵而至。

每天凌晨天还未亮，听着长乐宫内的钟鼓声传出来，兄弟二人，骑马并肩，走在通往皇宫的槐荫道上，在大明宫门外下马，再按官阶排队入内，共同为圣上书诏令、为朝廷进谏言。白居易对这种兄弟二人"尔随黄阁老，吾次紫微郎""斗班花接萼，绰立雁分行"的状态非常满足，他从内心深处感激皇恩浩荡，勉励白行简"唯求杀身地，相誓答恩光"。

而对于妻子杨氏的受封，他则戏谑地作了一首《妻初授邑号告身》：

> 弘农旧县授新封，钿轴金泥诰一通。
> 我转官阶常自愧，君加邑号有何功。
> 花笺印了排窠湿，锦褾装来耀手红。
> 倚得身名便慵堕，日高犹睡绿窗中。

白居易把这首诗念给杨氏听，杨氏羞赧地笑道："那还不是沾了老爷的光么！"

正说笑间，家仆报告门外停了几辆马车，车上拉着些布绢，说是酬谢白老爷的。白居易忙出门看究竟，那几个赶车的人见了白居易，都上前行礼，告诉他说："魏博节度使田大人差我们给白大人送来了 599 匹绢布。请大人过目查收！"

白居易听了，明白是怎么回事了。

原来这年七月，成德节度使田弘正被部将王庭凑勾结牙兵杀害，王庭凑自称留名，即不经朝廷同意，擅自宣布自己为继任节度使。

穆宗令诸将往讨，但因缺乏统一指挥，以致战果不大。八月，穆宗遂命白居易去田弘正的儿子田布家，宣谕田布出任魏博节度使，统兵讨伐王庭凑，并慰问将士。白居易不敢怠慢，立即照办，事成后，田布派人送599匹布绢到白家来，以示酬劳。

代表圣上慰问，接受一定酬劳在当时很普遍，但是，白居易并没有接受，他让那几个差使原封不动地将布绢拉了回去，然后写了篇《让绢状》报告给穆宗。

穆宗接到奏状，便派使者王文岑来到白居易家相劝，白居易仍然不肯接受。正如他在《让绢状》中说："臣食国家厚禄，居陛下清宫，每日俸钱，尚惭尸素，无名之货，岂合苟求。"

白居易告诉王文岑，田布的父仇和国耻均未昭雪，正处在极其困难的时期，人们不以物资帮助他，反而要收他的财物，于情谊来说，实在不忍心。此时正是朝廷慰问频繁的时候，如果都有所赠送，必定贼人未灭，而田布的资财早已枯竭了。

王文岑听了十分感动，立刻回朝禀报穆宗。穆宗也被白居易的言行打动，于是下诏听任他辞掉馈赠。

5

在京城为京官，比之江湖贬谪地，白居易感到事情繁多倒好应对，人情关系错综复杂最伤脑筋。寒食节，官员大多放假，白居易在宫中值夜，熟悉的书案、灯烛和卧榻，使他怀想起了从前。从前与钱徽同值夜班时，常闲聊小饮至深夜，而在贬途中，也几次偶遇元稹，还能同塌共眠话衷肠，现在，与元稹同在京城为官，一年多了，二人却未再像从前那样彻夜深谈，这与在地方为官时有什么两样呢？

次日回到家中，却见书案上放着一封来信，是钱徽的！钱徽告诉白居易，他在江州，看到了白居易建在庐山上的草堂，很喜欢那样的山居，钱徽还为它题了字。这又勾起了白居易对江州庐山草堂以及庐山上高僧佛陀

酒狂引诗魔　悲吟到日西——白居易传

们的想念，还有那些忠州花树，应该也是如霞似锦一般了吧。想到此，他写下了一诗：

> 一别东林三度春，每春常似忆情亲。
> 头陀会里为逋客，供奉班中作老臣。
> 清净久辞香火伴，尘劳难索幻泡身。
> 最惭僧社题桥处，十八人名空一人。
>
> ——《春忆二林寺旧游，因寄朗、满、晦三上人》

他还给钱徽写了一信，自谦说："事随心未得，名与道相妨。若不休官去，人间到老忙。"第二天，就将这信寄往江州了。

转眼到了长庆二年（822）二月，元稹以工部侍郎同中书门下平章事，三月，裴度以司空平章事，皆为宰相之职。白居易很为好友们高兴。

春季是科考的时节。这天，白行简兴冲冲地进了书房，告诉白居易说："二兄，好消息，礼部新科发榜，用晦进士及第了！"

用晦是白居易同祖父的堂弟白敏中，这真是大好消息，兄弟三人一个接一个地进士及第，怎么不让人兴奋呢！白行简见白居易兴奋，他体贴地为二兄递上了笔，铺上了纸，说："二兄，写篇贺词吧！"

白居易点头，提笔写下：

> 自知群从为儒少，岂料词场中第频。
> 桂折一枝先许我，杨穿三叶尽惊人。
> （始予进士及第，行简次之，敏中又次之。）
> 转于文墨须留意，贵向烟霄早致身。
> 莫学尔兄年五十，蹉跎始得掌丝纶。
>
> ——《喜敏中及第偶示所怀》

他希望白敏中能比自己早一些出人头地。

白行简又问起了另一件事：田布自杀之事。

白居易心情变得沉重起来，说："朝廷以田布为魏博节度使，命他讨伐王廷凑。田布知道魏人难调用，与妻子宾客诀别而去。至魏州，将士果不肯为朝廷出力，家仇国恨未报，便引刀自杀了。圣上为此罢朝三日，称他为忠臣孝子啊。"

白行简道："田布是被史宪诚胁迫而死，朝廷却授史宪诚以魏博；平贼有功的其父田弘正也被王庭凑所杀，朝廷却授王庭凑以成德，这怎么……"

白居易立即止住了他的话，说："此话不可以乱说。朝廷自有其道理的。"

白居易还告诉行简说："长庆二年（822）正月，成德王庭凑率军围攻深州（今河北深县）牛元翼，官军从东、北、西三面出兵救援，皆因缺粮不能速进。深州军士皆自采薪柴，每日仅陈米一勺。朝廷不得已，赦庭凑之罪，以其为成德节度使，军中将士皆复其官爵。以兵部侍郎韩愈为宣慰使。"

唐王朝从此便再失河朔，直至唐末，都未能复取。

白行简说："听说韩愈出使成德镇时，颇有一番周折呢！"

白居易说："韩愈讽谏先帝迎佛骨之事，若非裴度、崔群等极力劝谏，差点被处死！后被贬为潮州刺史。不久就量移袁州（今江西宜春）刺史。元和十五年（820）九月，韩愈入朝任国子祭酒，后转任兵部侍郎。朝廷赦免王庭凑及成德士兵时，命韩愈为宣慰使，前往镇州。

"韩愈即将出发时，百官都为他的安全担忧。微之就说过：'韩愈可惜。'圣上也感到后悔，命韩愈到成德军边境后，先观察形势变化，不要急于入境，以防不测！韩愈却说：'皇上命我暂停入境，这是出于仁义而关怀我的人身安危；但是，不畏死去履行君命，则是我作为臣下应尽的义务。'于是毅然只身前往。

"到镇州后，王庭凑将士拔刀开弓迎接韩愈。韩愈到客房后，将士仍手执兵器围在院中。王庭凑对韩愈说：'之所以这么无礼，其实都是这些将士干的，而不是我的本意。'韩愈严厉地说：'皇上认为你有将帅的才能，所以任命你为节度使，却想不到你竟指挥不动这些士卒！'

"有一士卒手执兵器上前几步说：'先太师（王武俊）为国家击退朱滔，他的血衣仍在这里。我军有什么地方辜负了朝廷？以致被作为叛贼征讨！'

"韩愈说：'你们还能记得先太师就好了，他开始时叛乱，后来归顺朝廷，加官晋爵，因此，由叛逆转变而为福贵难道还远吗？从安禄山、史思明到吴元济、李师道，割据叛乱，他们的子孙至今还有存活做官的人没有？'众人回答：'没有。'

"韩愈又说：'田弘正举魏博以归顺朝廷，他的子孙虽然还是孩提，但都被授予高官；王承元以成德归顺朝廷，还未成人就被任命为节度使；刘悟、李祐当初跟随李师道、吴元济叛乱，后来投降朝廷，现在，都是节度使。这些情况，你们都听说过吗！'众人回答：'田弘正刻薄，所以我军不安。'

"韩愈说：'但是你们这些人也害死了田公，又残害他家，又是什么道理？'众人都有所心动。王庭凑恐怕将士军心动摇，命令他们出去。然后，对韩愈说：'您这次来成德，想让我干什么呢？'

"韩愈说：'神策军和羽林军、龙武、神武六军的将领，像牛元翼这样的人不在少数，但朝廷顾全大局，不能把他丢弃不管。为什么你到现在仍包围深州，不放他出城？'

"王庭凑说：'我马上就放他出城。'便和韩愈一起饮宴，正逢牛元翼逃溃出围，王庭凑也不追，最后恭敬地送韩愈回来了。"

白行简称赞道："韩愈真是有勇有谋啊！"

白居易说："是啊，他是裴度的行军司马，参与了平定淮西之乱。所以先帝首选他记述平淮西战事呀。可谓文韬武略啊，只可惜，我敬重他，他却不怎么待见我啊！我也不明白究竟是什么原因，难道是因为微之力促进士重试导致的与裴相之间的不和谐吗？是啊，段文昌此前还在圣上面前大力推荐微之呢，难免不让裴度猜忌啊！"

白行简说．"可是二兄不是也有与韩愈的诗歌畅和吗？"

白居易说："是啊，那只是众人相邀一起游玩时的兴起之作，你看我这里还有一篇哩。"说着，他拿起了书案上一张纸递给了白行简，只见上面写的是《久不见韩侍郎戏题四韵以寄之》：

近来韩阁老，疏我我心知。

户大嫌甜酒，才高笑小诗。

静吟乖月夜，闲醉旷花时。

还有愁同处，春风满鬓丝。

白行简叹了口气，说道："我听说裴相上了三道奏表，弹劾微之兄呢！"

白居易忧郁地说："是啊，裴度写了三封奏表弹劾微之，我看全是无稽之谈，我相信微之是光明磊落的。唉！"

6

白居易的担忧不无道理，果然到了六月，裴度就被罢为右仆射，元稹被罢为同州刺史。李逢吉为同平章事。

白居易明显地感觉到了危机，如果继续留在人情复杂的京城，不知道会有什么结果等着自己，不如早作打算为好啊。他想起了前日与沈传师、杨嗣复在宫中值守时，圣上命几个宫人送来了几大盘樱桃赏赐给他们，那是禁苑中种植的珍果，绿叶红果，鲜甜多汁，令他们均感恩戴德，思以身报国；可是转念，他又想到昨日应邀去中书侍郎、同中书门下平章事萧俛家聚会之事，萧相年龄与自己差不多，可是相貌气韵却比自己看着年轻许多，他主张偃武习文，以仁义治天下。后因见宦官弄权、官场腐败，便主动辞官归家。

白居易颇有感触，他也想问问在座的自远禅师，自己该如何处之？

自远禅师只笑而不语。他知道是自己"应是世间缘未尽，欲抛官去尚迟疑"。看看镜中自己日渐增多的白发和衰弱的容颜，又怀念起了在州郡时自由的生活了，便信手在纸上写下一首《衰病无趣因吟所怀》：

> 朝餐多不饱，夜卧常少睡。
>
> 自觉寝食间，都无少年味。
>
> 平生好诗酒，今亦将舍弃。
>
> 酒唯下药饮，无复曾欢醉。
>
> 诗多听人吟，自不题一字。
>
> 病姿引衰相，日夜相继至。
>
> 况当尚少朝，弥惭居近侍。
>
> 终当求一郡，聚少渔樵费。
>
> 合口便归山，不问人间事。

第二天，他向朝廷递交了一份奏表，请求外放任职，不过心中还是希冀圣上或许能挽留自己。

第三天，七月十四日，圣旨下来，敕令白居易除杭州刺史。

这虽是意中之事，可白居易心中仍然五味杂陈，无处倾诉，只能诉诸笔端，写下了《初罢中书舍人》：

> 自惭拙宦叨清贵，还有痴心怕素餐。
>
> 或望君臣相献替，可图妻子免饥寒。
>
> 性疏岂合承恩久，命薄元知济事难。
>
> 分寸宠光酬未得，不休更拟觅何官。

白居易一家又要离京东赴了。

此时离京的心情与前次被贬江州时已有所不同，他已看淡了许多。何况杭州是经济发达的大郡。因宣武军乱，汴河未通，白居易只好取道襄汉赴任。

　　一路上，白居易观风景、会朋友，途经江洲，又绕道去庐山草堂看了看。一别五年，草堂竹窗依旧，小径却长满了野草，那水池是自己亲手砌成，荷花也是亲自种下，荷叶如盖，荷花盛开，在碧波中摇曳着，似在向旧主人问候。白居易在草堂里住了一宿，次日，才不舍地离开，直奔往杭州而去。

酒狂引诗魔　悲吟到日西——白居易传

第二十七章 弄巧成拙，宰相遭贬俱败伤
兴利除弊，刺史被赞史留名

1

白居易七月十四日接到诏书，一路走走停停，经过两个多月的行程，终于在十月一日到达了杭州。

杭州郡内公务忙闲适度，务公之余，他与朋友们常常流连于湖光山色之中。

他到灵隐寺寻访高僧，去钱塘江会见方士。在西湖的游船上听歌，到王羲之的兰亭去看曲水流觞。处处宴饮欢歌，一片祥和。"余杭形胜四方无，州傍青山县枕湖。绕郭荷花三十里，拂城松树一千株。"好一派江南风光，本性随遇而安的白居易，很快就喜欢上了这里。

杭州府衙的官舍，经几任刺史修整，十分幽静，高树参天，花果环绕，飞鸟翔集，正是白居易所喜欢的景象。才七岁的阿罗学着母亲的样子，把眉毛画得长长弯弯的，嘴里还学着父亲吟诗的样子，念念有词。她满院子跑着，她在后院的树上，摘下一个半红半青的橘子，塞到白居易嘴中，问："甜不？"

白居易爱怜地将她抱在怀中，杨氏过来牵她走，她却赖在父亲身边。杨氏笑说："老爷太娇惯她了，要是有个哥兄小弟的，也不至于吧？"

白居易笑了："夫人不可这么说，虽然我们没有儿子，娇女没有兄弟，但是想想古人，蔡邕也无儿，文姬却倍受怜爱，于公遭难时，还是女儿缇萦为他争得免刑呢！我不敢有这种奢求，但父爱可不能少啊！"

杨氏听了，点头称是。

杭州与湖州、苏州紧临，正好，钱徽去年底从江州刺史拜工部郎中、湖州刺史，还有御使中丞、苏州刺史李谅，这二人都是白居易的老友，又都是学士。白居易刚一到杭州就任，就给这二人去了信，不久，就同时收到二人寄来的箬下酒、五酘酒。他回信告诉二人，与在京时相比，"唯此钱唐郡，闲忙恰得中"。忙闲适中的生活，正好是他想要的。

州郡的事务忙闲适当，闲暇时，白居易就在树下喝一杯酒，吟几句诗，也与钱徽、李谅常以诗书往来。

这天收到李谅的来信，信中有给其子的诗，触动了白居易的心事，这么多年，他不仅晚婚，而且第一个和第三个女儿都夭折了，只剩了二女阿罗。看了李谅的信，他既羡慕又感伤，于是寄去一首诗以自嘲：

> 遥羡青云里，祥鸾正引雏。
> 自怜沧海伴，老蚌不生珠。
> ——《见李苏州示男阿武诗，自感成咏》

这日，白居易与衙吏们巡察在西湖沿岸，绕过孤山寺以北漫步在贾公亭的西边，只见湖水初涨与岸平齐，白云也垂得很低。刚刚发绿的树梢上，燕雀飞来飞去，白居易随口念道："几处早莺争暖树，谁家新燕啄春泥。"又见野花竞相开放，春草还只浅浅地没有长高，他又念道："乱花渐欲迷人眼，浅草才能没马蹄。"他们骑着马，在这湖畔流连忘返，在杨柳成荫的白沙堤上缓缓而行。

衙吏告诉白居易："这钱塘湖又叫上湖，方圆有三十里，北面有石函桥闸，南面有笕决湖，湖周边的农田在干旱时节，就靠放湖中水来浇灌。"

白居易说："这段时日，我每阅衙府书简，见到干旱年总有农人们的书状，或者说放水不及时，延误了农时；或者状告乡官放水故意阻挠或加收费钱的，怎么回事？"

衙吏告诉白居易："如果遭遇旱年，百姓请求放水，必须让他前往州衙递交状纸，刺史再批给地界，当天放水。如果等待状纸交上州府所属的

酒狂引诗魔 悲吟到日西——白居易传

261

各个部门，州府的公文下达到各县，县里再发到各乡，乡里再派遣所属地界的小官，动不动就要十来天，即使得到了水，也早已来不及了！再则，湖中蓄水有限，大旱年时，根本满足不了周围农田灌溉所需，何况还有从钱塘到海宁盐官镇周边的农田，也是依靠运河灌溉的农田，必须放湖水入河，河水入田。旱情严重时，湖水就不足了。"

白居易带着几个衙吏继续往前走，来到一处农户家门口，见一老农正在自家田里挖沟，白居易下马去问道："老人家，您贵姓，您这是干吗？"

老农见是官家的人来了，急忙从沟中上到田埂来答道："大人，我姓黎。我在清理沟渠，这沟渠要是不挖通，等到要湖水来浇田时，水就过不来呀，唉，我这是先把自家田地的沟挖好，等水来，可真到时候，还不知道能不能有水来呢！"

白居易问："黎老伯，不是统一放湖水灌溉吗？怎么会没有水来呢？"

黎老伯叹口气，道："湖水要流经多处农田，近湖的农田比我这远湖的田早得水也就罢了，坏的就是中间有些人故意把水引向别处，远湖的农田只能四处求告、打点，遇上大旱，湖水本就不足，我们就只能出去逃荒了呀！"

白居易试探地问："大旱的年份并不多吧？"

黎老伯说："大旱年份虽不多，但这湖水还要供给运河那边呀，所以，总是不够；要是遇到多雨的年份，也够呛呀，湖水漫过湖堤，周围的农田又都淹了呀！唉，这湖要是能再大一些，多蓄点水就好了呀！"

黎老伯的话提醒了白居易，他又走访了好几家农户，大致的情况都如老农所讲，他心中萌生了要修筑钱塘湖堤，增大蓄水量的想法。

2

次年八月，元稹自同州刺史迁浙东观察使、越州刺史。他来信告知白居易，白居易欣喜不已，计算着他出发和到达的日子，盼着他经过杭州时二人相会。但他还是喜不自禁地给元稹寄去了贺信和诗句：

稽山镜水欢游地，犀带金章荣贵身。

官职比君虽校小，封疆与我且为邻。

郡楼对玩千峰月，江界平分两岸春。

杭越风光诗酒主，相看更合与何人。

——《元微之除浙东观察使，喜得杭越邻州，先赠长句》

　　左盼右盼，到了十月，元稹果然到了杭州，白居易为他举行了隆重的欢迎仪式。震耳的乐鼓声声，簇拥的人群欢呼，让骑在马上并肩而行的元稹和白居易，在别后重逢的欣喜中，又平添了一份感动和兴奋。

　　见过了几个州县长官，吃过了杭州城内最豪华的酒楼，欣赏过了华服佳丽的歌舞伎艺，更浏览了杭州城的湖光山色。

　　站在游船上，望着湖面上来往穿梭的游船，耳畔飘来一阵阵丝竹之声，白居易对元稹说："这钱塘湖不仅是观光浏览的胜景，也是周围百姓灌溉的水库，只可惜蓄水量太小，不能抵抗大旱大涝，我要在任期内，重修钱塘湖，让它为周围百姓旱涝保收，造福于民。"

　　元稹为白居易鼓起掌来，说："我没看错，乐天兄是个好官。我的《元氏长庆集》已编定成书了，我要为你编辑一本《白氏长庆集》并写序言。"

　　白居易说："有劳贤弟，那太好了。"

　　终于又有机会与元稹促膝而谈、抵足而眠了。

　　夜已深，湖上游船也稀少了。白居易屏开左右衙吏，让他们在湖岸应招，只留下船家与一两个家仆照应。他与元稹在游船的舱内歇息。白居易说："圣上对微之老弟还是眷顾有加的，只因裴度……唉，圣上才不得不贬你呀。"

　　元稹道："裴度弹劾我的奏表中，说我'逆竖构乱，震惊山东，奸臣作朋，扰乱国政'，还说我'与朝苑近臣，结为朋党'，这都是些诬陷不实之词。裴度在率兵平西战中，出兵延期，至牛元翼被围，官兵供给奇缺，这些他都难辞其咎，所以朝中有人提出罢其兵权，圣上也有此意，非我一

酒狂引诗魔　悲吟到日西——白居易传

263

人主张啊；而田布因为宪诚的离间，见众兵终不为其所用时，叹道'功无成矣！'当即，向圣上密表陈军情，且称之为遗表，他在密表中说：'臣观众意，终负国恩，臣既无功，不敢忘死。伏愿陛下速救光颜、元翼，不然，则义士忠臣，皆为河朔屠害。'然后，奉表号哭，将军事拜受其从事李石。然后到父亲灵位前，抽刀自刺，说：'上以谢君父，下以示三军。'言毕而气绝。圣上得闻后骇叹，废朝三日。"

白居易说："这些大家都知道！"

元稹说："可你知道田布死时求圣上速救光颜、元翼这些参与平叛的将领，却只字不提平叛的最高统领裴度是何意吗？这里不能不说，他对统兵是失望的啊！"

白居易说："田布出征时，解散了伎乐，与妻子宾客诀别时就说：'吾不还矣！'到离魏三十里时，就光足披发，号哭而入，居垩室，屏节旄。对待将士老者，以兄长之礼。俸禄月百万，都不自用，还拿出家中十余万缗钱来颁发给士卒。当时军中度支馈饷不继，田布以六州租赋给军。引兵三万进屯南宫，破贼二垒。但因错用一人，那就是以为牙将史宪诚可重用，委之以精锐，最终被迫自刎。可谓忠勇啊！"

元稹边听边频频点头。

白居易说："可是后来，李赏告和王府司马于方受你指使，收买刺客要行刺裴度，又是怎么回事？"

元稹叹道："这事荒唐得就连裴度都不相信啊！我与裴度其时同在相位，我何苦要谋刺于他？说来话长，当初王廷凑、朱克融连兵围牛元翼于深州，朝廷赦免其罪，并赐予节钺，令其罢兵，但他们都不奉诏，我想设法解决这个难题，以报答圣上的知遇之恩。正好和王府司马于方告诉我说，有二位奇士王昭、王友明，在燕赵一带居住多年，与叛党中多人熟稔，不妨通过他们行反间计，以解救牛元翼，其费用，于方以家财相资，但需有兵部和吏部颁发的有关官职证明，以便二人相机行事，赏赐给人。我觉得此事可行，就帮他们办理了一些告身。

"可是，李逢吉不知怎么知道了此事，你知道，他与裴度一向不和，他被召为兵部侍郎回朝，后为兵部尚书。他也知道我与裴度之间的不和，就暗中叫李赏向裴度诬告我，说我暗中让于颐之子于方，收买武艺高强、身手不凡的燕赵奇士，寻机谋刺裴度，想一人独揽相职，可是裴度并不相信，也未理睬此事。但是，李逢吉并不死心啊，他又令李赏向神策军直接告状，这样，惊动了圣上，一番调查审讯下来，证明纯粹是子虚乌有。可是，最终，李逢吉的阴谋得逞了，我和裴度都罢了相，李逢吉坐上了相位。于方和李赏分别被流放到端州和潮州。唉！"

白居易心中实在不愿元稹与裴度闹到这份田地，当初他为武元衡、裴度被谋害上表请愿，被贬到江州，也是出于对他们的尊重，而元稹又是自己的至交。他只能安慰元稹说："罢黜你的诏书中说你'察以中情，虽非为已，行兹左道，岂曰效忠，体涉异端，理宜偕黜'，说明圣上还是理解你的，所以，才有今日的迁任呀！"

元稹："我在相位总共才三个月时间，很多事情都还没来得及做呀！可恨这帮奸佞小人，只知道结党营私，不顾国家安危。"

白居易："国乱之际，朝廷缺乏统兵的将帅，圣上倚重武将也是可理解的。你的同州刺史谢官表，我看到了。我相信你。"

元稹便站起身来念道："臣忝有肺肝，岂并寻常相，况当行营退敌之后，牛元翼未出之间。每念陛下轸念之言，微臣恨不身先士卒。所问于于方计策，遣王友明等救解深州，盖欲上副圣情，岂是别情他意，不料奸人疑臣杀害裴度，妄有告论，尘黩圣聪，愧羞天地。"饮干了杯中之酒，一行清泪顺着脸颊流了下来。

元稹在杭州待了三天，二人才依依不舍地分别，元稹前往越州赴任。白居易目送他的船启航后，就开始了思念：

> 烛下尊前一分手，舟中岸上两回头。
> 归来虚白堂中梦，合眼先应到越州。
>
> ——《答微之上船后留别》

此后，二人诗简往来，唱和甚富。

酒狂引诗魔 悲吟到日西——白居易传

送走了元稹，白居易有条不紊地进行郡治的工作，恰逢江潮猛涨害民，他认为自己"祗奉玺书，兴利除害，守土受水，职与神同"。他命属下，在江渚之上摆下香案，祭祀浙江神灵。

天刚破晓，白居易已带领众属僚一起跪拜在香案前，恭敬地诵读着自己亲自撰写的《祭浙江文》：

"朝议大夫、使持节杭州诸军事、守杭州刺史、上柱国白居易，浸以清酌少牢之奠，敢昭告于浙江神，祈求保佑杭州百姓平安。"

他身后跟随着自发来祭祀江神的百姓，在江堤跪了一大片！大家跟随着他的声音，一起齐声诵读着《祭浙江文》。

在尊崇风俗、礼拜神灵的同时，白居易更坚定了修筑钱塘湖工程的想法。

但是，让白居易没想到的是，他把修筑钱塘湖堤工程的想法一提出来，就有衙吏提醒他可能会遭到州府、县乡官员的反对。

果然，几个风闻刺史想修筑钱塘湖的县官，纷纷上书反对此事，也有稍稍亲近一些的，就当面劝告他，他们的理由一是修筑湖堤后，鱼龙就无处藏身了，而且不利于茭白、菱藕的生长；二是对地方官员的升迁之路有碍；三是修筑时要放掉湖水，湖水放了，城里六井就干涸了，城中居民生活堪忧。

白居易便带着一行人四处走访，接触了众多的农户，又访问了杭州城里有名的水利专家，广泛征求他们的意见，最后得出结论：兴修钱塘湖水利，绝对是利大于弊的民心工程！

于是，白居易一方面下令各州县张贴布告、招募民工、筹集人力财力，并一一驳斥了反对者的言论；另一方面，他还召集了一批水利专家和能工巧匠，勘验规划、预算协调，拿出了一套详细可行的修筑方案。

开工的日子终于到了！随着一阵鼓乐齐鸣，白居易看到，几千人的工地上，旌旗招展，车水马龙，排水、挖湖、挑泥、搬运，忙碌而有序。湖水已经放干，人们在湖底开挖淤泥，疏通水道，湖周岸边上的人们，则在修筑湖岸，加固加高湖堤。工地一片繁忙的景象。

白居易走到一位正指挥匠人垒石的专家面前，问道："这湖面扩大加固后，蓄水能灌溉多少亩水田？"

专家信心十足地说："请大人放心，杭州这个地方，往往春天多雨，秋天干旱，我们经过多次精心测算，堤防按我们的规划修筑后，雨季及时蓄水，旱季及时放水浇田，钱塘湖水可从以前的灌溉五百亩农田，扩大一倍，增加到一千亩，以后钱塘湖附近的一千多亩农田都不会有荒年了。"

几个工匠一边忙着手中的活儿，一边说："白大人，你这是给杭州的百姓做了件功德无量的大好事啊！"白居易听了，心里也乐滋滋的。

他又想起了第一次见到的那个黎老伯，在放水的时候，还得有官吏引导，防止损人利己的事情发生！是啊，管理也是一件大事。于是，白居易又思谋着要制定出一套放水的规则。

与此同时，白居易又亲自带人查看了城中的李泌的六井。

李泌的六井是建中二年（781）李泌任杭州刺史时，在靠近西湖的滩地上，由钱塘县往南开凿的六口水井，通过阴窦（用竹、木、石、瓦制成的输水管）引西湖水到居民聚居点的水池，供民汲用。但是，几十年过去，阴窦早已淤塞，百姓汲水不但困难，又因海潮倒灌，水质不好。白居易便派工匠对城中的六井分别都进行了清淤疏通，使居民汲水便捷且水质清甜，百姓无不称赞。

钱塘湖的蓄放水管理也须遵循一套规则，才能把好事做得更好。他经过反复的调查研究后，制定了一套可行的规则，一切都在按照他制定的办法有条不紊地进行着，除了日常的郡务外，他还时常到工地去巡查和督导，闲暇时，他也不忘享受自由自在的慢时光，抚琴望月，饮酒吟诗。如他作的《食饱》诗：

食饱拂枕卧，睡足起闲吟。

浅酌一杯酒，缓弹数弄琴。

既可畅情性，亦足傲光阴。

谁知利名尽，无复长安心。

4

这天，翻看皇历，发现是双日子，若在京城，应该要早早出门，排队入宫，去随圣上上朝，听候派遣了。虽然高贵，恐怕未必是真正的高贵吧！可是现在，自己还躺在竹椅上，正闭目养神呢，这样的适意，也许才是真适意呢！于是喃喃自语，成为《郡中即事》：

漫漫潮初平，熙熙春日至。

空阔远江山，晴明好天气。

外有适意物，中无系心事。

数篇对竹吟，一杯望云醉。

行携杖扶力，卧读书取睡。

久养病形骸，深谙闲气味。

遥思九城陌，扰扰趋名利。

今朝是双日，朝谒多轩骑。

宠者防悔尤，权者怀忧畏。

为报高车盖，恐非真富贵。

终于，钱塘湖修筑工程竣工了，钱塘湖湖面扩大，湖水加深，湖岸加固，蓄水和灌溉能力都提升了一倍！周边农田再无旱涝之忧了！他请来当地有名的石匠，将他亲自拟就的《钱塘湖石记》，刻在一方大石之上，立于湖边，以示后人：

钱塘湖事，刺史要知者四事，具列如左：

钱塘湖一名上湖，周回三十里，北有石函，南有笕。凡放水溉田，每减一寸，可溉十五余顷；每一复时，可溉五十余顷。先须别选公勤军吏二人，立于田次，与本所由田户，据顷亩，定日时，量尺寸，节限而放之。若岁旱百姓请水，须令经州陈状，刺史自便压帖，所由即日与水。若待状入司，符下县，县帖乡，乡差所由，动经旬日，虽得水，而旱田苗无所及也。大抵此州春多雨，秋多旱，若堤防如法，蓄泄及时，即濒湖千余顷田无凶年矣。（原注：州图经云："湖水溉田五百顷。"谓系田也，今按水利所及，其公私田不啻千余顷。）自钱塘至盐官界，应溉夹官河田，放湖入河，从河入田。准盐铁使旧法，又须先量河水浅深，待溉田毕，却还本水尺寸。往往旱甚，即湖水不充。今年修筑湖堤，高加数尺，水亦随加，即不啻足矣。脱或水不足，即更决临平湖，添注官河，又有余矣。虽非浇田时，若官河干浅，但放湖水添注，可以立通舟船。俗云：决放湖水，不利钱塘县官。县官多假他辞以惑刺史。或云鱼龙无所托，或云菱芡失其利。且鱼龙与生民之命孰急？菱芡与稻粮之利孰多？断可知矣。又云放湖即郭内六井无水，亦妄也。且湖底高，井管低，湖中又有泉数十眼，湖耗则泉涌，虽尽竭湖水，而泉用有余；况前后放湖，终不致竭，而云井无水，谬矣！其郭内六井，李泌相公典郡日所作，甚利于人，与湖相通，中有阴窦，往往埋塞，亦宜数察而通理之。则虽大旱，而井水常足。湖中有无税田约数十顷，湖浅则田出，湖深则田没。田户多与所由计会，盗泄湖水，以利私田。其石函、南笕，并诸小笕闼，非浇田时，并须封闭筑塞，数令巡检，小有漏泄，罪责所由，即无盗泄之弊矣。又若霖雨三日已上，即往往堤决。须所由巡守预为之防。其笕之南，旧有缺岸，若水暴涨，即于缺岸泄之；又不减，兼于石函、南笕泄之，防堤溃也。大约水去石函口一尺为限，过此须泄之。余在郡三年，仍岁逢旱，湖之利害，尽究其由。恐来者要知，故书于石。欲读者易晓，故不文其言。长庆四年三月十日，杭州刺史白居易记。

几项大的工程竣工后，果然取得了很好的防洪抗旱效果，赞美之声不绝于耳。作为一州之长的刺史，白居易的心情也十分舒畅。正值清明时节，几个朋友相约前往湖堤一起饮酒休闲。

钱塘湖上早就准备好了几条豪华彩船，船工们训练有素地各司其职，最高大宽敞的那条船自然是留给最尊贵的刺史大人的。白居易与一众随从登上了船，船舱内摆满了各色美酒佳肴，友人分坐左右，白居易居中，他早已习惯了这样的前呼后拥和宴必首席的位置了。

在众人的敬奉下，他慢慢地品着杯中的"状元红"酒。酒桌的一边，早已齐整地排好了几十个鼓乐手，笙箫笛、琴瑟鼓，一应俱全，吹拉弹唱，渐起渐强。一群身着碧绿翠玉的俏娇娃，舞向了酒桌面前。白居易满面笑容地欣赏着这些活色生香的天音与美色。

一个粉面含春的女子，款款走到他的面前，娇声说道："使君大人，为这钱塘湖边百姓不再害怕洪水和干旱，小蛮敬您一杯酒。"

白居易爽快地干了，小蛮又倒满了酒，说："这第二杯酒，小蛮代表众位姐妹敬您，因为百姓生活安定，我们才能纵情歌舞，小蛮要为您独舞一曲，感谢您为杭州百姓造福！"

白居易笑了："幸逢盛世明主，望百姓皆能安居乐业！"说着，干了手中的酒。

小蛮见了，躬身施了一礼，然后走向场子中间，随着乐曲轻歌曼舞起来。她轻盈的舞姿带动着薄如蝉翼的红裙，飘飘洒洒，如水中仙子、绿原奇葩。原来，她跳的是刚刚习得的《霓裳羽衣曲》！而且刺史大人还亲自督促排练过。她的舞姿，看得众人叹为观止。一位友人情不自禁地吟起诗来助兴。

小蛮舞完，娇喘吁吁，又来倒酒，说感谢刺史大人让她耳目一新，学得从长安传来的舞蹈，她替与她同来的姐妹再敬一杯，一随从上来阻拦道："刺史大人因筑堤十分辛劳，身体微恙，不可过量。"

白居易心情大好，笑道："今日高兴，饮来无妨！"又喝干了手中的酒。几个佳丽纷纷给白居易敬酒，说能有机会为刺史大人献艺，是莫大的荣幸。

几番下来，不觉面红耳热，这种产自绍兴的黄酒，虽然酒劲不烈，却也醉人。白居易望向窗外，船已行向湖心，湖面风平浪静，有如一面巨大的菱花镜面，倒映着天上的蓝天白云，有机灵的衙吏送上来笔墨纸砚，趁着酒兴，他提笔就写：

> 欲送残春招酒伴，客中谁最有风情。
> 两瓶篾下新开得，一曲霓裳初教成。
> 排比管弦行翠袖，指麾船舫点红旌。
> 慢牵好向湖心去，恰似菱花镜上行。
>
> ——《湖上招客送春泛舟》

众人拍手叫好，有人帮着研墨铺纸，有人忙着端茶递水，那红衣女子小蛮带着刚刚舞罢的娇喘，也过来凑趣，将白居易已搁置在砚台上的笔，又饱蘸了墨汁递到他的手中。白居易看着她笑了，随手又写《清明日观妓舞听客诗》：

> 看舞颜如玉，听诗韵似金。
> 绮罗从许笑，弦管不妨吟。
> 可惜春风老，无嫌酒盏深。
> 辞花送寒食，并在此时心。

白居易已习惯并喜欢上了这样的自在生活，但是他也清醒地意识到，这一切都将是过眼烟云。他对身边一位正在给他倒酒的歌伎道："席上争飞使君酒，歌中多唱舍人诗。不知明日休官后，逐我东山去是谁。（《醉戏诸妓》）"那倒酒的歌伎只是冲他笑了笑，调皮地说："小蛮呗！"众人皆笑，一切都照常进行。

这一夜，白居易与那纤纤细腰的舞女小蛮共度良宵。

他在给朋友钱徽的信中感叹道：

昔为凤阁郎，今为二千石。

　　自觉不如今，人言不如昔。

　　昔虽居近密，终日多忧惕。

　　有诗不敢吟，有酒不敢吃。

　　今虽在疏远，竟岁无牵役。

　　饱食坐终朝，长歌醉通夕。

　　人生百年内，疾速如过隙。

　　先务身安闲，次要心欢适。

　　事有得而失，物有损而益。

　　所以见道人，观心不观迹。

　　　　　　　　　　　　　　——《咏怀》

5

　　白居易生性是恬淡的，每到一处，他都能很快找到生活的闲适愉悦，并很快就适应且喜欢上当地的生活。但是，这往往是他人生命运的改变之时。

　　五月的一天，白居易接到朝廷新的任命：除太子左庶子分司东都。即太子的侍从之臣，同时分管东都洛阳。他又要离开杭州了。

　　消息传出，杭州城的百姓自发到道路两边为刺史白大人送行。

　　送别的酒宴吃过了，祝福的话语还在耳边回响，白居易一家的车马走在出城的路上，两边站满了为他们送行的百姓。人们依依不舍地向白居易挥手惜别，恋恋不舍这位为民谋利的好官，同时又祝愿他能步步高升。

　　白居易也已对这里的山水和百姓产生了浓厚的感情，车马走到钱塘湖边，他深情地回忆起三年的刺史生活，写了一首《西湖留别》：

　　征途行色惨风烟，祖帐离声咽管弦。

　　翠黛不须留五马，皇恩只许住三年。

绿藤阴下铺歌席，红藕花中泊妓船。

处处回头尽堪恋，就中难别是湖边。

　　车马走出了杭州城，行进在官道上，两边仍有三五成群的人们聚在一处向他们挥手告别。一位老农拦住了官车，他把一筐鸡蛋和一包茶叶放在白居易的车上。白居易认出来了，他就是那日自己遇到的在田间劳作的黎老伯。黎老伯说："白大人，感谢你为我们做了大好事呀，我们再不愁水涝和干旱无粮食啦！白大人一路高升、一路平安啊！"

　　白居易也感动得两眼潮湿，他望着微波荡漾的钱塘湖，朗声吟道：

耆老遮归路，壶浆满别筵。

甘棠无一树，那得泪潸然。

税重多贫户，农饥足旱田。

唯留一湖水，与汝救凶年。

　　杭州百姓对于这样一位为民谋福的"父母官"，感恩戴德，永远怀念。在白居易离开杭州后，他们在孤山南麓建起了白公祠，又把他修筑的那道白沙堤改名为白堤，来纪念他在杭州留下的功绩。

第二十八章　表丹心，使君欣赋验贡橘
　　　　　续绝艺，诗魔喜填歌羽衣

1

　　唐穆宗是长庆四年（824）正月二十二日夜驾崩的，时年三十岁，太子湛继位，他就是唐敬宗，次年改元宝历。

　　白居易是五月底离杭州的，过常州，宿淮口，经汴河路，秋天时到达洛阳。

　　在任三年的刺史，各色礼物都有人敬献，白居易却只取了两片太湖石和一双华亭鹤带回洛阳，因为他就喜爱它们贞洁的姿态和孤高的天性。他要在洛阳城里，为它们寻一处幽静处，有竹有树，有泉有池，只有那样的洁净之地，才可以安置他的石与鹤。

　　经多方找寻，得知在洛阳城的长夏门东的履道里，有一家田姓人家正欲典卖宅院。白居易去看过后，才知那是故散骑常侍杨凭的宅院。

　　杨凭擅长诗文，与弟弟杨凝、杨凌在大历年间一同考中进士。时称"三杨"，曾担任过京兆尹，后被弹劾贬官。其宅院最后落在田姓人家手里。

　　宅院屋宇占地五亩，而庭院有十亩，有水池，有竹林，白居易很是喜欢，最让他高兴的是，他终于可与崔群毗邻而居了。因为庭院的南面，就是崔群家，崔群对白居易是有提携之恩的，他于元和十二年（817）七月官拜中书侍郎同中书门下平章事。曾任宣歙观察使。能与之为邻，他也感到十分荣幸。于是，赶忙写诗《题新居寄宣州崔相公》，寄给他，既是告知，也是示好：

门庭有水兼无尘，好称闲官作主人。
冷似雀罗虽少客，宽于蜗舍足容身。
疏通竹径将迎月，扫掠莎台欲待春。
济世料君归未得，南园北曲谩为邻。

同时，也给户部侍郎、同平章事的牛僧孺写去了信和诗。

宝历元年（825）的三月，白居易将旧园修整一新。他十分满意这处宅院，在外任官多年，官舍再好，也不是自己的家，这里却是按照他自己的喜好来修葺的。从始至终，河南尹王起都给予他很大的帮助，他们在贞元末同为校书郎，王起甚至还派人来为他在水池上修建了一座小桥，白居易在小桥完工后，想请王起来家中一叙，既是感激，也想述旧，还给他写了封邀请函式的诗《题新居呈王尹，兼简府中三掾》：

弊宅须重葺，贫家乏美财。
桥凭川守造，树倩府僚栽。
朱板新犹湿，红英暖渐开。
仍期更携酒，倚槛看花来。

一家人高高兴兴地搬进了新居。望着满院的树木花草，白居易心满意足。白行简也从长安来洛阳与他相聚，白行简已经从司门员外郎迁主客郎中了。

这段时间，白居易忙着指挥家仆植树栽花，辛苦了一个多月，杨氏连忙让家仆做了几道好菜给兄弟俩下酒。

白行简说："二兄，搬了新居，不写点什么纪念一下吗？"

杨氏笑道："你二兄呀，白天在院子里忙着不进屋，夜晚在书房里忙着不出屋，哪里会不写呢？"

兄弟二人都笑了。

白居易去书房拿出一幅字来，白行简接过看到，是《春葺新居》：

> 江州司马日，即州刺史时。
> 栽松满后院，种柳荫前墀。
> 彼皆非吾土，栽种尚忘疲。
> 况兹是我宅，葺艺固其宜。
> 平旦领仆使，乘春亲指挥。
> 移花夹暖室，徙竹覆寒池。
> 池水变绿色，池芳动清辉。
> 寻芳弄水坐，尽日心熙熙。
> 一物苟可适，万缘都若遗。
> 设如宅门外，有事吾不知。

又一页上写的是《洛下寓居》：

> 秋馆清凉日，书因解闷看。
> 夜窗幽独处，琴不为人弹。
> 游宴慵多废，趋朝老渐难。
> 禅僧教断酒，道士劝休官。
> 渭曲庄犹在，钱唐俸尚残。
> 如能便归去，亦不至饥寒。

白行简看到此，笑了，他很理解二兄的性情，二兄已经五十有四了，大兄不到这个年龄就往生了，好像自家兄弟都不是身强体壮的类型，确实应该注重养生。他对白居易说："二兄，你的心情我是懂的。你知道吗？吏部侍郎韩愈去年底病故了。"

白居易点点头，长叹一声，不知是为韩愈还是为自己。他又翻出了在杭州时的一首诗来，递与白行简看，这是一首《自咏五首》：

朝亦随群动，暮亦随群动。

荣华瞬息间，求得将何用。

形骸与冠盖，假合相戏弄。

但异睡着人，不知梦是梦。

一家五十口，一郡十万户。

出为差科头，入为衣食主。

水旱合心忧，饥寒须手抚。

何异食蓼虫，不知苦是苦。

公私颇多事，衰惫殊少欢。

迎送宾客懒，鞭笞黎庶难。

老耳倦声乐，病口厌杯盘。

既无可恋者，何以不休官。

一日复一日，自问何留滞。

为贪逐日俸，拟作归田计。

亦须随丰约，可得无限剂。

若待足始休，休官在何岁。

官舍非我庐，官园非我树。

洛中有小宅，渭上有别墅。

既无婚嫁累，幸有归休处。

归去诚已迟，犹胜不归去。

白行简看了，说道："原来，思退之心，二兄早已有了。"

可是，让白居易没想到的是，他回洛阳还不足一年的时间，宝历元年（825）三月四日，诏除苏州刺史！

二十九日，白居易又告别了洛阳，踏上去往苏州的征程。

白居易从东都洛阳出发，过汴州，渡淮水，经常州，于五月五日到达苏州任上。

这一次离开京城，远没有前几次的愤懑忧愁，他心情轻松。因为他看淡了宦海沉浮，向往着闲散与自在。

在去往苏州的路上，他想起了年幼时，随父旅居闲游，见识过苏州太守和杭州太守出巡时的排场景象。当年，那个少年的心中，是多么的敬佩和羡慕啊！他还在心里给自己暗暗定下一个目标：将来自己能有一郡的官职，就能实现父亲所教诲的光宗耀祖的目标了！想不到如今，已为两郡之刺史！他心中的自豪感油然而生。

他到达苏州后的第一件事，除了按惯例写谢上表外，还给吏部侍郎李程、户部侍郎判度支并同中书门下平章事宝易植以及同平章事裴度等人也寄去了诗信。在调侃他们的同时，也戏言自己是庸人，不堪大用，怎么换官印换得如此频繁？其实，这也是为了拉近一下彼此的关系，特别是对于裴度，他不想因为元稹而与之疏远了，便写了一首《去岁罢杭州今春领吴郡惭无善政聊写鄙怀兼寄》，寄给了他：

> 为问三丞相，如何秉国钧。
>
> 那将最剧郡，付与苦慵人。
>
> 岂有吟诗客，堪为持节臣。
>
> 不才空饱暖，无惠及饥贫。
>
> 昨卧南城月，今行北境春。
>
> 铅刀磨欲尽，银印换何频。
>
> 杭老遮车辙，吴童扫路尘。
>
> 虚迎复虚送，惭见两州民。

苏州的政务十分繁忙冗杂，白居易在给元稹的信中告诉他，自己刚到苏州两个月，时间都消磨在了衙务中："清旦方堆案，黄昏始退公。可怜朝暮景，消在两衙中。"

苏州也是鱼米之乡，物产丰富。"既备献酬礼，亦具水陆珍。"他一方面日夜埋头衙务案牍，另一方面也是驾轻就熟。他很快就熟悉了这里的公务和民情。他要采取一些措施，简化政事，减轻穷苦百姓的赋税和工役负担，让他们得到一些休养生息的机会。

其间，作为一郡之主，白居易当然也少不得常常参加各种应酬酒会。这日，恰逢公假日，他命人摆下宴席，来招待朋友和属僚们。

郡府衙内洒扫一新，各种生鲜果品、水陆珍馐，少不了的当然是佐欢的歌舞乐妓，"风流吴中客，佳丽江南人。歌节点随袂，舞香遗在茵"。

酒就是李谅曾寄给他的箬溪酒。他从早至晚，应酬了整整一天。就在人人已喝得满面春色，客人准备起身告辞，属僚们也察看着他的眼色准备退席时，他起身来，告诫大家说："衙府内的公务，有忙有闲，忙时就要尽心尽责，休闲时就要放松欢饮。我是要用这一天的欢饮，来犒劳大家九日的辛勤，如果没有你们九日的辛勤，怎么能治理好一郡之民；如果没有一日的欢饮，又怎么能愉悦好自己的身心？所以，一定要辛勤工作、快乐生活，劳逸结合才好呀！"

一番话，说得众人齐声叫好。

由于前两个月过于操劳，原本就身体虚弱的白居易病倒了，病中的人对什么事都懒散，打不起精神，睡到日上三竿还不想起床。

这时，杨氏却笑吟吟地进来，轻声叫他道："老爷，三弟来信了，听说又升官了呢。"

白居易闻听，振作起精神来接过白行简的书信。果然，信中告诉他，近日圣上恩赐绯色朝服，迁主客郎中！

白居易精神为之一振，说："好啊，想当年，我也是这个年龄位加朝散。我要给他写信。"

他强撑着身子来到书案前。杨氏连忙为他研墨铺纸，还将一件夹衫披

酒狂引诗魔　悲吟到日西——白居易传

279

在他身上。

白居易写下了《闻行简恩赐章服，喜成长句寄之》：

吾年五十加朝散，尔亦今年赐服章。
齿发恰同知命岁，官衔俱是客曹郎。
荣传锦帐花联萼，彩动绫袍雁趁行。
大抵著绯宜老大，莫嫌秋鬓数茎霜。

3

虽是年衰体弱，毕竟皇恩浩荡，白居易不忘尽职守责，身体刚刚好一点，他就照常去衙府办公。

正值苏州城的橘子成熟之季，洞庭橘是太湖边洞庭山上的橘果，因果皮较薄，橘络易剥离，橘肉入口不留渣，其味甘美爽口而成为当地的贡品。

白居易早就知道，洞庭橘以贡品名满宫廷，往年的此时，大臣们纷纷献作新橘赋邀功，极力夸赞洞庭橘的珍贵难得。在京都时，白居易曾揭露过宦官僭享洞庭橘的行径，还在《有木诗》中，对以枳树冒充洞庭橘的伪君子给予辛辣的讽刺。白居易也得到过圣上的赏赐，品味过洞庭橘甘甜的滋味。

贡品的挑选、包装、运送都是郡守的职责。白居易不敢怠慢，他带领衙吏们到采摘园地去巡查。这天天还未亮，白居易就早早地出门了，洞庭湖上也早已备好了十几艘官船。他下马登船，听得一声号令，船工们众桨齐划，头船上一只巨大的龙头高昂着引领，船身旗帜招展，船船首尾相连，形成一支喧腾的船队长龙，大张旗鼓地向湖山进发。

旭日东升，湖水荡漾，碧水倒映着青山，层峦点缀着金黄。站在船头的白居易环顾湖光山色，心情舒畅。

船队驶向湖心，宽阔的湖面前方有一座湖心岛，那就是群山环绕的太湖心。船队在湖心岛前慢慢靠岸，只见漫山遍野的橘农们正在忙碌地采摘橘子，然后沿着蜿蜒的山路，一担担，一筐筐地搬运到山脚下的湖岸，远远望去，那搬运的人流，恰似一条条游动的彩龙。人们见到船队，纷纷挥手欢呼，船上、山坡上互相应答，好一派丰收景象。

这时，一个衙吏将满满一筐橘子搬到白居易所在的船舱，说道："白大人，这是头筐橘，请您品尝查验。"

白居易捡起一颗来，并邀请左右人等一起品尝。剥开那还带着两片绿叶与露水的橘果，放入口中，一股带着奇异清香的甘甜沁入肺脾。他心情大悦，连声说道："好，好！"随行的周从事、张从事也连声道好。白居易拿起桌上的笔来，信手写下《拣贡橘书情》：

> 洞庭贡橘拣宜精，太守勤王请自行。
> 珠颗形容随日长，琼浆气味得霜成。
> 登山敢惜驽骀力，望阙难伸蝼蚁情。
> 疏贱无由亲跪献，愿凭朱实表丹诚。

众人皆鼓掌称好。白居易吟罢，对左右人等笑道："来来来，你们也不要辜负了这天下美味，乘兴来上一首吧！"

从事周元范说："那我就献丑啦！"他提笔写下《和白太守拣贡橘》：

> 离离朱实绿丛中，似火烧山处处红。
> 影下寒林沈绿水，光摇高树照晴空。
> 银章自竭人臣力，玉液谁知造化功。
> 看取明朝船发后，馀香犹尚逐仁风。

从事张彤也笑着说道："不才让大人见笑了！"说罢，谦逊地提笔写下了《奉和白太守拣橘》：

> 凌霜远涉太湖深，双卷朱旗望橘林。

树树笼烟疑带火，山山照日似悬金。

行看采掇方盈手，暗觉馨香已满襟。

拣选封题皆尽力，无人不感近臣心。

众人又一番掌声鼓励。

一筐筐的橘子经过仔细检验后被抬上了船，船只就被压得低低的，一只船装满后再装另一只船。虽然忙碌，但人们的脸上都堆满了笑容。

早有当地的县官搭起了凉亭，安排了丰盛的佳宴恭候在岸边，白居易登岸与知县下属们同庆丰年。乐工奏起了欢快的丰收舞曲，一时间，船上、岸边鼓乐齐鸣，白居易高兴地举起了酒杯，邀请众人同饮。

听着吴地的民间乐曲，看着舞娘们的轻盈舞姿，白居易又一次想到了在宫中禁苑里欣赏到的《霓裳羽衣曲》。

这湖心岛上的歌舞，虽不及宫廷中的舞蹈《霓裳羽衣曲》的华丽、排场，却有民间的烟火气息，更亲切、朴实。

此时此刻，岸上和船上的歌舞正酣，太阳已偏西，碧波泛金，阳光透过树林照耀过来，霞光万道。慢慢地，夕阳西沉，冷月清辉，湖水流银。白居易看着变化莫测的湖光山色，心潮起伏，就着亭中书案，他提笔写道：

水天向晚碧沉沉，树影霞光重叠深。

浸月冷波千顷练，苞霜新桔万株金。

幸无案牍何妨醉，纵有笙歌不废吟。

十只画船何处宿，洞庭山脚太湖心。

望着眼前那些圆圆的橘子，白居易想起了在忠州吃荔枝时，一位身边的老果农告诉他说，杨玉环生于蜀地，从小就喜爱荔枝，她被册封为贵妃后，唐明皇便谕令沿途郡县，将刚摘的荔枝装入竹篓中，上面盖上新叶，挑选出最好的骏马和骑术精湛的骑手，向京城飞奔，骑手们到一个驿站，便换马换人，一日千里，日夜兼程向京城飞奔！有的马累死在路上，当抵达长安时，骑手刚刚跳下马背，便倒在路边了！

贵妃娘娘尝到家乡的新鲜荔枝时，不禁笑了起来！

他们在太湖心盘桓了三日三夜，将贡橘采验完毕，十只画船全部装满后，便满载而归了。

4

虽然苏州也有众多乐工和舞娘，但却没有人知道《霓裳羽衣曲》。白居易曾给写过一封信询问此曲，元稹很快便给他寄来了他记忆中的曲谱，并且详细记录了他在禁苑中欣赏《霓裳羽衣曲》时的感受，正是："一曲霓裳醉月宫，依稀仙子起舞鸿。大唐天子梦中忆，遂成人间仙乐名。此曲只应天上有，人间哪得几回闻？"让白居易颇受启发。但是，元稹认为要复原再现这《霓裳羽衣曲》只能是倾国倾城的绝色美人才可为，而吴妖小玉，或越艳西施，都只能算是泥土了。但是，白居易却告诉他说，若求国色天香才复原传播，那么人间恐怕再也不会有此舞曲了啊！所以，不在于美丑优劣相差多远，而只在于众人的抬举与否呀。

元稹的来信，更坚定了白居易要将《霓裳羽衣曲》复原再流传下去的想法。一连几日，他都沉浸在对这支绝妙的舞曲的回忆之中，弄得杨氏不知所措，总以为老爷是不是哪里不舒服，或中了什么邪，不然怎么总是一人独自沉思，嘴里叽里咕哝，或者还莫名其妙地手舞足蹈起来。她担心他虚弱的身体受不了这样的折腾。但是，白居易如着魔般沉浸在他自己的心思里，琢磨着那如梦似幻的舞曲。

很快，周从事就找来了民间能歌善舞且容貌娇好的佳丽十几个人，还带来了十几个颇具资历的乐工。白居易在城中找到了一处空阔的闲置道观，将他们安置在那里，专门排练《霓裳羽衣曲》，他常亲自去指导督促，甚至还示范讲解。渐渐地，那舞曲就有模有样起来。有了乐曲，有了舞蹈，白居易要为记忆中的神曲填词，他早就胸有成竹了，于是，一首极尽描绘

酒狂引诗魔　悲吟到日西——白居易传

与模拟的《霓裳羽衣舞歌》产生了：

我昔元和侍宪皇，曾陪内宴宴昭阳。
千歌万舞不可数，就中最爱霓裳舞。
舞时寒食春风天，玉钩栏下香案前。
案前舞者颜如玉，不著人间俗衣服。
虹裳霞帔步摇冠，钿璎累累佩珊珊。
娉婷似不任罗绮，顾听乐悬行复止。
磬箫筝笛递相搀，击恹弹吹声逦迤。
散序六奏未动衣，阳台宿云慵不飞。
中序擘騞初入拍，秋竹竿裂春冰坼。
飘然转旋回雪轻，嫣然纵送游龙惊。
小垂手后柳无力，斜曳裾时云欲生。
螓蛾敛略不胜态，风袖低昂如有情。
上元点鬟招萼绿，王母挥袂别飞琼。
繁音急节十二遍，跳珠撼玉何铿铮！
翔鸾舞了却收翅，唳鹤曲终长引声。
当时乍见惊心目，凝视谛听殊未足。
一落人间八九年，耳冷不曾闻此曲。
湓城但听山魈语，巴峡唯闻杜鹃哭。
移领钱塘第二年，始有心情问丝竹。
玲珑箜篌谢好筝，陈宠觱栗沈平笙。
清弦脆管纤纤手，教得霓裳一曲成。
虚白亭前湖水畔，前后只应三度按。
便除庶子抛却来，闻道如今各星散。
今年五月至苏州，朝钟暮角催白头。
贪看案牍常侵夜，不听笙歌直到秋。
秋来无事多闲闷，忽忆霓裳无处问。

闻君部内多乐徒，问有霓裳舞者无？

答云七县十万户，无人知有霓裳舞。

唯寄长歌与我来，题作霓裳羽衣谱。

四幅花笺碧间红，霓裳实录在其中。

千姿万状分明见，恰与昭阳舞者同。

眼前仿佛睹形质，昔日今朝想如一。

疑从魂梦呼召来，似著丹青图写出。

我爱霓裳君合知，发于歌咏形于诗。

君不见我歌云"惊破霓裳羽衣曲"，

又不见我诗云"曲爱霓裳未拍时"。

由来能事皆有主，杨氏创声君造谱。

君言此舞难得人，须是倾城可怜女。

吴妖小玉飞作烟，越艳西施化为土。

娇花巧笑久寂寥，娃馆苎萝空处所。

如君所言诚有是，君试从容听我语。

若求国色始翻传，但恐人间废此舞。

妍媸优劣宁相远，大都只在人抬举。

李娟张态君莫嫌，亦拟随宜且教取。

　　白居易生动传神地描述了这种舞蹈的表演服饰、伴奏乐器和舞蹈动态的情状。优美的文辞、精妙的比喻、贴切的用典，除使这首长诗具有很高的文学价值外，包括自注在内的许多材料，使其音乐史料价值也极其重要。

　　《霓裳羽衣舞曲》排练完成，白居易组织了盛大的观摩会，邀请了四方名流墨客、方士达人都来观演。

　　婉转悠扬的乐曲响起，将人们带入了神仙境界，序曲的轻柔舒缓、婉转流云；间奏的秋竹坼裂、春冰进碎；神女们眉黛有姿，风袖传情，飘若流风雪回，疾如游龙受惊。一切都如当初的表演一般，余音绕梁，

酒狂引诗魔　悲吟到日西——白居易传

三日不绝。

众人都被这闻所未闻、见所未见的天音仙舞的神境震撼了！他们发出由衷的欢呼，感谢刺史大人带他们领略了这神界仙境的美妙。从此以后，《霓裳羽衣舞曲》在江浙一带保留并流传下来。

白居易虽然也高兴，但总是觉得东吴古城里的《霓裳羽衣舞曲》比当年梨园弟子们演奏的《霓裳羽衣舞曲》还是逊色不少。

5

道教是中国土生土长的宗教。到了唐朝，道教兴盛，遵奉老子为宗祖，还以唐高祖、唐太宗、唐高宗、唐玄宗、唐睿宗五帝画像陪祀老子，各地广建宫观，全国共有 1687 处，且规模宏大，金碧辉煌，帝王祭祀泰山、衡山、华山、恒山和嵩山，并尊为道教的圣地。

回到苏州城内的第二天，忽有衙吏来报，在虎丘山下的洗剑池边，有个银须道人对人说，东海崂山的近海有个徐福岛，当年秦始皇吞并六国当了秦朝的皇帝后，东巡到东海崂山时，方士徐福上本说，东海之中有蓬莱、方丈、瀛洲三座仙山，山上住有仙人，岛上生有仙草，制成仙药，服食可长生不老！谁知徐福出海后，再未回来，他出海的那个近海小岛，后人称为徐福岛，众人听了，不知真假。

银须道人还说，玄宗朝的李白，曾在崂山遇到过神仙安期生，已有八百多岁的人了，还在大街上卖药呢！

他怕众人不信，还拿出一首李白的诗来做证，念了一遍之后，便将那张写了诗句的纸，贴在了千人石上。衙吏以为是江湖郎中卖假药骗人钱财，才来向刺史大人禀报的。

白居易听了，连忙叫衙吏带路，匆匆离开衙府，直奔千人石而去。

当二人到了后，见有一群人围拢在一起，认真看着贴在千人石上的一张诗笺，上面写着：

崂山寄王屋山人孟大融

李　白

我昔东海上，崂山餐紫霞。

亲见安期公，食枣大如瓜。

中年谒汉主，不惬还归家。

朱颜谢青辉，白发见生涯。

所期就金液，飞步登云车。

愿随夫子天坛上，闲与仙人扫落花。

　　白居易命人取来纸笔抄了下来，带回来放在书桌上，又反复读过，收藏在书架上，难道他就是在路途中遇见过的那位道人？

　　其实，他当年在符离的书馆中读书时，就听大人们说过，大海里有三座仙山，山上住着神仙，他们住的宫殿是黄金做的，耀人双眼，园中的花草不是翡翠就是玛瑙，异香扑鼻……他虽然年幼，却记得清清楚楚。这也成了他创作《长恨歌》的灵感。

第二十九章　树碑立传，得偿夙愿敬前贤
　　　　　依红偎翠，醉嗜诗酒怜娇娃

1

这天，白居易收到了刘禹锡的来信，信中说，他于长庆四年（824）八月，从夔州转历阳，历阳郡又称和州郡。刘禹锡与元稹也是多年的至交，三人的书信唱和非常多。白居易在给他的回信中直抒胸臆，又写了一首诗《答刘和州禹锡》，表达了他的思退之心：

> 换印虽频命未通，历阳湖上又秋风。
> 不教才展休明代，为罚诗争造化功。
> 我亦思归田舍下，君应厌卧郡斋中。
> 好相收拾为闲伴，年齿官班约略同。

白居易与刘禹锡年龄、官阶都差不多，多年后，他们也的确如愿，一起成为老来的玩伴。

长年的案牍阅卷，让白居易的身体越来越虚弱，早起时对镜洗漱，就见白发如霜、眼无光彩。他强打精神处理完公务，坐在衙府大堂内独处时，思退之心就泛滥而起，他写了一首《自咏》：

> 公私颇多事，衰惫殊少欢。
> 迎送宾客懒，鞭笞黎庶难。

老耳倦声乐，病口厌杯盘。

既无可恋者，何以不休官。

——《自咏》

为什么不主动休官呢？他在思谋怎么办。

属僚们体察到了刺史的精神疲惫，周从事劝他多看看苏州的山光湖泊，兴许于健康有益。于是，白居易趁着闲暇时日，游走在苏州的湖光山色中。这天，他信马由缰地来到了太湖边。岸边一块巨石是他前不久让人刻录后竖立的。那是他专为自己年幼时的崇拜者韦应物刻立的石碑。他下马走近石碑，再次仔细查看起石碑上的铭文，正面刻着韦应物所写《郡斋雨中与诸文士燕集诗》：

兵卫森画戟，宴寝凝清香。

海上风雨至，逍遥池阁凉。

烦疴近消散，嘉宾复满堂。

自惭居处崇，未睹斯民康。

理会是非遣，性达形迹忘。

鲜肥属时禁，蔬果幸见尝。

俯饮一杯酒，仰聆金玉章。

神欢体自轻，意欲凌风翔。

吴中盛文史，群彦今汪洋。

方知大藩地，岂曰财赋疆。

韦应物是白居易少年时的偶像，他为苏州刺史时，出巡的排场，给白居易深刻的印象，白居易也喜欢他的诗。石碑的背面，就是白居易亲自精心撰写的《吴郡诗石记》：

贞元初，韦应物为苏州牧，房孺复为杭州牧，皆豪人也。韦嗜诗，房嗜酒，每与宾友一醉一咏，其风流雅韵，多播于吴中，或目韦房为诗酒仙，时予始年十四五，旅二郡，以幼贱不得与游宴，尤觉其才调高而郡守尊，以当时心，言异日苏、杭苟获一郡足矣。及今自中书舍人间领二州，去年脱杭印，今年佩苏印，既醉于彼，又吟于此，酬歌狂什，亦往往在人口中，则苏、杭之风景，韦、房之诗酒，兼有之矣。岂始愿及此哉！然二郡之物状人情，与曩时不异，前后相去三十七年，江山是而齿发非，又可嗟矣！韦在此州，歌诗甚多，有《郡宴》诗云："兵卫森画戟，燕寝凝清香。"最为警策。今刻此篇于石，传贻将来，因以予旬宴一章，亦附于后，虽雅俗不类，各咏一时之志，偶书石背，且偿其初心焉。宝历元年七月二十日，苏州刺史白居易题。

虽不得为京官近侍，能为苏杭二州刺史，白居易还是颇为自得的。

2

又是一年重阳节，郡中闲暇，白居易感觉无聊，且重阳节总让人怀旧感伤，这天，周、殷二位从事判官来报，说已在郡楼前摆下了菊花宴。

本来有些伤感的白居易，听说摆了菊花宴后，不免来了兴趣，随二人策马扬鞭来到湖边郡楼之上。

只见湖中楼船上都挂满了彩旗，郡楼上已洒扫并装扮一新，楼门正中摆放着巨大的花篮，以菊花造型的飞禽走兽也随处可见。楼内各个茶几上摆满了酒樽果盘。白居易知道，又是一场笙歌燕舞等着他开始了。

在前呼后拥中，他步上楼台，坐在了居中处。酒至半酣，白居易凭栏四顾，城郭内外，尽收眼底。在这棋布间里、脉分水道中生活的千万百姓，他们就是刺史的臣民，刺史就是他们的郡王。可是，我又何德何能，稳居高厅阔馆的中央呢？忽然又有了一种"重裘每念单衣士，兼味常思旅食人"的感慨。虽然心有惭愧，但是转念一想，壮年已逝，还能有多少这样的好时光呢？所以又心安理得地泰然处之。

这时夜幕降临，周、殷二从事判官也喝得差不多了，他们怕再喝下去酒多误事，便来请示是否返程。白居易正想着"对酒当歌，人生几何"呢！他拉住二人说道："你们二人醒着回去可不行！我醉倒了又有何妨？来来，再给我倒酒！"

周、殷二人劝道："再喝嫂夫人会怪罪啦！"

白居易掐指一算，如有神助般笑道："人啊，活到五十多就不算夭折啦！常言道人活七十古来稀，我即便活到七十多，顶多也不过还有二十次登高喝菊酒的机会呀。来吧，一醉方休！干了这杯酒，我为你二人写首诗可好？"

周、殷二从事判官忙点头称是，抢着干了杯中的酒，白居易也乘兴拿起桌上的纸笔写起诗来：

> 前年九日馀杭郡，呼宾命宴虚白堂。
> 去年九日到东洛，今年九日来吴乡。
> 两边蓬鬓一时白，三处菊花同色黄。
> 一日日知添老病，一年年觉惜重阳。
> 江南九月未摇落，柳青蒲绿稻穗香。
> 姑苏台榭倚苍霭，太湖山水含清光。
> 可怜假日好天色，公门吏静风景凉。
> 榜舟鞭马取宾客，扫楼拂席排壶觞。
> 胡琴铮鏦指拨刺，吴娃美丽眉眼长。
> 笙歌一曲思凝绝，金钿再拜光低昂。
> 日脚欲落备灯烛，风头渐高加酒浆。
> 觥盏艳翻菡萏叶，舞鬟摆落茱萸房。
> 半酣凭槛起四顾，七堰八门六十坊。
> 远近高低寺间出，东西南北桥相望。
> 水道脉分棹鳞次，里闾棋布城册方。

酒狂引诗魔 悲吟到日西——白居易传

人烟树色无隙罅，十里一片青茫茫。

自问有何才与政，高厅大馆居中央。

铜鱼今乃泽国节，刺史是古吴都王。

郊无戎马郡无事，门有棨戟腰有章。

盛时偿来合惭愧，壮岁忽去还感伤。

从事醒归应不可，使君醉倒亦何妨。

请君停杯听我语，此语真实非虚狂。

五旬已过不为夭，七十为期盖是常。

须知菊酒登高会，从此多无二十场。

——《九日宴集，醉题郡楼，兼呈周、殷二判官》

白居易果然预料十分准确，以他活到七十五岁寿终来算，他预计的二十场菊酒，刚刚好。不过，这是后话。

3

白居易的酒喝高了，周、殷二从事判官将他搀扶回家。杨氏见他已醉眼蒙眬，也不便说什么。就照顾他睡下了，这一觉便睡到了次日太阳偏西。杨氏端着熬好的粥进来，说道："老爷昨天的酒喝多了！这么大年纪了，怎么也不知道爱惜自己的身体呢？"

白居易叹口气，道："年老体弱，不胜酒力了。"

杨氏说："老爷不自爱，也不替我们考虑了吗？万一有个好歹，我和阿罗靠谁呀？要不，老爷再娶一房吧，有个男丁，我们将来也有了指望啊！"

白居易一听，笑了，对杨氏说："看你，是不是跟微之妻商量好的？"

杨氏不明白。白居易笑说："微之听了妻子裴氏弹'别鹤操'，表达双鹤分离时的哀痛，他很是悲伤，他安慰裴氏，说商瞿是孔子七十二弟子贤人中，对《易经》最有研究的传人，他知道自己年到五十也无儿，却将精力全都付与了琴书与学问了。"

杨氏道："想不到，微之兄弟也与我们一样没有男丁啊！裴妹也是苦命之人，她是要离开微之么？老爷的意思……"

白居易拉过杨氏的手，道："我依其韵加四句回复微之，你听听。"

> 义重莫若妻，生离不如死。
>
> 誓将死同穴，其奈生无子。
>
> 商陵追礼教，妇出不能止。
>
> 舅姑明旦辞，夫妻中夜起。
>
> 起闻双鹤别，若与人相似。
>
> 听其悲唳声，亦如不得已。
>
> 青田八九月，辽城一万里。
>
> 裴回去住云，呜咽东西水。
>
> 写之在琴曲，听者酸心髓。
>
> 况当秋月弹，先入忧人耳。
>
> 怨抑掩朱弦，沉吟停玉指。
>
> 一闻无儿叹，相念两如此。
>
> 无儿虽薄命，有妻偕老矣。
>
> 幸免生别离，犹胜商陵氏。

这是他写的《和微之听妻弹别鹤操，因为解释其义，依韵加四句》。杨氏听后，放下心来，问道："那商陵是谁？"

白居易说："商陵牧子娶妻五年，没能得子，父兄命其改娶。其妻闻此，深夜靠着门悲伤哭泣。牧子听后心中悲伤，怆然作《引鹤操》。后来，人们就以商陵用作伤别的典故了。"

酒狂引诗魔 悲吟到日西——白居易传

4

转眼到了宝历二年（826），因群臣上言多称裴度贤良，不应弃于藩镇而不用。敬宗屡遣使至兴元（今陕西汉中）劳问裴度，并密告还朝日期。裴度因而奏请入朝，宰相李逢吉等人大为恐惧。正月廿四日，裴度自兴元入朝，李逢吉等人百般诋毁，敬宗不听。二月九日，裴度拜为司空、同平章事。

而二月的苏州水乡，阴雨天多，白居易带着小蛮和吴中美女桃叶一起骑马出行，桃叶是他前不久在一次酒宴上看中的吴娃，她温柔大方，善吹竹笛，一首乐曲中，有了她的笛声，会显得高远空灵，让白居易大为动心。而她也对大诗人白居易的才华倾慕不已。他们准备到太湖中的蓬莱岛上去游玩。三人带着几个随从，还有几个乐工、舞娘，高高兴兴地出发了，路过一个小水沟，白居易一不小心从马上坠落下来。把脚摔伤了，慌得身边随行的歌伎们扶的扶、抬的抬，小蛮和桃叶更是心疼地亲自出手，把白居易送回家中，就此，桃叶也就住在了白居易的官邸，帮助照料他的起居。

郎中来开了方子，叮嘱只可卧床静养，不可走动。于是，白居易告病假休息了一个多月。其间，周、殷二判官时常来问候病情，也向他请示、报告衙内诸事。一个月后，尚未痊愈，他又犟着出行了，去听曲赏花。这天，有朋友相邀宴饮，他也不顾杨氏的劝阻，一定要去。到了那里赏春色，看美人，不觉又是一番感叹：

日渐长，春尚早。
墙头半露红萼枝，池岸新铺绿芽草。
蹋草攀枝仰头叹，何人知此春怀抱。
年颜盛壮名未成，官职欲高身已老。
万茎白发真堪恨，一片绯衫何足道。
赖得君来劝一杯，愁开闷破心头好。

——《日渐长赠周殷二判官》

这天，周、殷二从事（判官）告诉白居易，按照他的要求，已造好了一艘轻巧的小舫，浅水低桥都能过，可通达小桥流水的深坊静岸。白居易听罢高兴了，便随他们到了一弯水岸，果见一轻巧小舫停在岸边，油光的青篾织成密如鱼鳞的船篷，精致的红窗衬着人家酿酒的香气，煞是诱人。"阔狭才容从事座，高低恰称使君身。舞筵须拣腰轻女，仙棹难胜骨重人。"白居易非常满意，那些高大的楼船画舫，虽然宽敞气派，却也张扬显露，且只可在水阔的湖面行走，这小巧的船舫却能随意而行。

　　舱内虽窄小许多，却一点也不简陋，反倒更加温馨宜人。两个青春靓丽的歌伎衣着素雅，眉眼含情地笑着上前搀扶，待白居易坐定，小舫悄然开启，水道蜿蜒曲折，水巷两岸花红柳绿，茶楼酒馆掩映其间，随时可以停泊上岸。粉衣女子手执胡琴，轻启朱唇开唱：

> 汴水流，泗水流。流到瓜洲古渡头，吴山点点愁。
> 思悠悠，恨悠悠。恨到归时方始休，月明人倚楼。

　　原来，她唱的竟是白居易的《长相思》！缠绵的琴声和哀怨的声音，一下子勾起了白居易的思归之心。

　　白衣女子怀抱琵琶，玉指纤纤。她唱的也是白居易的作品《啄木曲》：

> 莫买宝剪刀，虚费千金直。
> 我有心中愁，知君剪不得。
> 莫磨解结锥，徒劳人气力。
> 我有肠中结，知君解不得。
> 莫染红丝线，徒夸好颜色。
> 我有双泪珠，知君穿不得。
> 莫近红炉火，炎气徒相逼。
> 我有两鬓霜，知君销不得。

刀不能剪心愁，锥不能解肠结。

线不能穿泪珠，火不能销鬓雪。

不如饮此神圣杯，万念千忧一时歇。

白衣女子的歌唱，声音圆润柔美，一张精致而丰满的小嘴，尤其勾人魂魄，白居易完全陶醉在她的歌声中了。

一曲唱完，她抱着琵琶静静地坐着发呆。白居易想起了浔阳江上的琵琶歌女，他心生怜爱，不觉捏住她的纤手，问道："你贵姓芳名？"

女子低头颔首答道："小女姓樊名素。"说完又低头不语。

周从事说："她从小被卖到教坊学艺，不愿再受教坊主的盘剥和虐待，想找个好人家收留她。"说着给白居易面前的酒杯斟满了酒。

白居易一饮而尽，道："那就随我回家吧，我那儿的私家乐坊正缺一位善歌者呢！"

白衣女起身跪拜。

周、殷二人相视而笑。

白居易接过周、殷二人敬献的酒，一杯又一杯地喝开了。他完全陶醉在了江南的美好风光中。

到了五月，白居易越发感觉眼睛模糊，视物不清了，同时，食欲越来越小，睡眠也越来越不好，呼吸也感觉紧促，远近高低的郎中开的药方吃了一剂又一剂，就是不大见好！郎中们都说他是太过劳累，须得静养。

躺在家中，虽有桃叶、小蛮、樊素轮流照看，白居易还是感觉百无聊赖。杨氏抱着包裹和一封信进屋来，打开包裹，里面除了京城小吃外，还有一件长袍。白居易看到是行简的来信，精神为之一振，展笺阅览，得知三弟白行简身体有病正在服药，十分怀念兄弟常聚的日子。

白行简告诉他，女儿腊子已会裁剪衣服了，给他寄来了腊子为伯父做的衣衫，还告诉他，龟儿已会作咏灯的诗了。白居易高兴之余，又不免要叮嘱他们，儿女不需要太能干，因为能者多劳，倒是憨人可能有憨福啊，他笑着吟道：

已知腊子能裁服，复报龟儿解咏灯。
巧妇才人常薄命，莫教男女苦多能。
——《见小侄龟儿咏灯诗并腊娘制衣，因寄行简》

看了行简的信，白居易思归之心更甚。况且，作为一郡之主，迎来送往、鞭笞黎民的事，也不是他愿做的。他请了三个月的病假，三个月病假休满后，按惯例，白居易被罢官。他好似鸟儿冲出了牢笼，重新获得自由，当即写了一首《百日假满》：

心中久有归田计，身上都无济世才。
长告初从百日满，故乡元约一年回。
马辞辕下头高举，鹤出笼中翅大开。
但拂衣行莫回顾，的无官职趁人来。

酒狂引诗魔　悲吟到日西——白居易传

第三十章　庆贺寿诞，沿惯例三教对簿
　　　　酬答友文，依韵和二英创新

1

这一次的回京之路，白居易走得比任何一次都从容，他只随身带走了他心爱的白莲花、太湖石、华亭鹤。一路上，遇山游山，逢水玩水，官虽罢免，资财还是有的，没有饥寒之忧，总能睡到日头高升时。

十一月，来到了扬州。

扬州是大唐帝国重要的港口城市，农、工、商都相当发达，又是南北粮、草、盐、铁等的运输枢纽和海内外交通的重要港口，侨居着数以千计的波斯、大食、暹罗、日本、高丽等国的商人，可谓夜夜歌舞升平，处处人头攒动。白居易自然要在这里登岸游历一番。又听说刘禹锡也正在扬州驻足，同到一城，哪有不见之理？

二人都是朝廷命官，又都有赫赫诗名，所以稍一打听，就有人指给他刘禹锡的下榻处。

二人见面，好不欢喜，刘禹锡说："我正在纳闷是哪位要员驾临，惹得码头上众人驻足观看，没想到，你乐天老弟却找上来了！"

刘禹锡，字梦得，与白居易同岁，但成名却早。他二十一岁就进士及第，初在淮南节度使杜佑幕府中任记室，后入朝，为监察御史。与韩愈、柳宗元结为好友。贞元末，参与以王叔文为首的永贞革新。其才华志向很受王叔文器重，被任为屯田员外郎、判度支盐铁案，参与对国家财政的管理。他和柳宗元一道成为革新集团的核心人物。"二王刘柳"集团在短短的执政期间采取了不少具有进步意义的措施。永贞革新失败后，他成为那

"二王八司马"中司马之一。其间他也短暂地回过洛阳，与白居易有交集，但不久就又被贬出京地。此次是因了裴度的援手，奉调回洛阳，任职于东都尚书省。从初次被贬到这时，前后共历经二十三年。

白居易虽未赶上那场革新，但他对当时的永贞革新是同情的，而且他也欣赏刘禹锡的豪爽大气。

刘禹锡先到扬州，先到为主，后到为宾。刘设宴欢迎白居易一家。

欢宴气氛热烈，刘禹锡频频举杯，两家人喝得轻松，聊得也融洽，还有刘禹锡所带的歌舞伎表演助兴，其中一位眉眼含情的女子尤为引人注目。刘禹锡介绍说，是在武昌与她认识的，因为二人情投意合，就收了她作小妾，就称她为鄂姬。

刘禹锡喝到高兴处，对白居易道："乐天，你为忠州使君时，应该知道竹枝词吧？"

白居易当然知道，那是在巴蜀一带流传甚广的民歌，他还特地仿此民歌写过一些竹枝词，表达了对当地百姓悲苦生活的同情，也特别表达了对被贬通州的好友元稹的思念！

瞿塘峡口水烟低，白帝城头月向西。

唱到竹枝声咽处，寒猿暗鸟一时啼。

竹枝苦怨怨何人？夜静山空歇又闻。

蛮儿巴女齐声唱，愁杀江楼病使君。

巴东船舫上巴西，波面风生雨脚齐。

水蓼冷花红簇簇，江篱湿叶碧凄凄。

江畔谁人唱竹枝？前声断咽后声迟。

怪来调苦缘词苦，多是通州司马诗。

此时此刻，白居易的心中默记着自己写过的竹枝词，但他明白，毕竟刘禹锡驻扎此地的时间更长，刘禹锡在这方面的造诣比自己更高，所以当他听刘禹锡这样说时，只笑着点头称："略知一二。"刘禹锡也知白居易是在谦虚，但仍兴致很高地说："来，我来为你歌一曲！"说罢就起身唱道：

> 杨柳青青江水平，闻郎江上踏歌声。
>
> 东边日出西边雨，道是无情却有情。
>
> 瞿塘嘈嘈十二滩，此中道路古来难，
>
> 长恨人心不如水，等闲平地起波澜。
>
> 日照澄洲江雾开，淘金女伴满江隈，
>
> 美人首饰侯王印，尽是沙中浪底来。

唱到高潮处，白居易不禁拿起桌上的筷子，随着节拍，敲起了杯盘碗盏，为他击节喝彩。不知不觉间，众人兴致都高涨起来。他借着酒兴，起身说道："今日与梦得幸会，我也为他吟唱一首。"

众人皆道"好"。于是，乐工奏起轻柔舒缓的音乐，白居易端起酒杯，手舞足蹈地唱道：

> 为我引杯添酒饮，与君把箸击盘歌。
>
> 诗称国手徒为尔，命压人头不奈何。
>
> 举眼风光长寂寞，满朝官职独蹉跎。
>
> 亦知合被才名折，二十三年折太多。

这是他即席作的一首《醉赠刘二十八使君》。白居易是在为刘禹锡感叹、惋惜，可是，刘禹锡却爽朗地笑了，他一口干了杯中之酒，也就着白居易的声调，慷慨高歌起来。他的情绪也引导着乐工们将沉郁的节奏逐渐加快，音调也慢慢高昂，唱起了《酬乐天扬州初逢席上见赠》：

> 巴山楚水凄凉地，二十三年弃置身。

怀旧空吟闻笛赋，到乡翻似烂柯人。

沉舟侧畔千帆过，病树前头万木春。

今日听君歌一曲，暂凭杯酒长精神。

众人皆道："好诗，好诗！"

白居易又给他斟满一杯酒道："好一个'沉舟侧畔千帆过，病树前头万木春'。妙！妙！梦得真诗豪！诗、情俱佳，来来来，我们干了这杯酒，再长长精神！"

杨氏原本想拦住白居易不让他再喝了，可是，见他二人如此兴致，也不便去阻拦了。

两家人在扬州携手共游了瘦西湖，又登上了栖灵寺。栖灵寺又名大明寺，栖灵塔共九层。他们一起登上最高层，彼此佩服对方的腿脚尚健，能登高望远。他们共怀古人，同赋诗文，在扬州流连了半月之久，游遍了扬州城及周边的名胜古迹。

2

次年的春天，白居易回到了洛阳，就在他一路逍遥回洛阳的途中，大唐宫廷却发生了天翻地覆的事件。

宝历二年（826）十二月初八日辛丑，敬宗又一次出去"打夜狐"，还宫之后，兴致盎然，又与宦官刘克明、击球将苏佐明等二十八人饮酒。敬宗酒酣耳热，入室更衣，此时大殿上灯烛忽然熄灭，黑影闪动，随着一阵凄厉的呼喊声，唐敬宗这个少年皇帝被人杀死在宫中！时年十八岁，在位仅三年。

击球将苏佐明等杀死敬宗，宦官刘克明等矫称敬宗旨意，命翰林学士路隋起草遗旨，以绛王李悟（宪宗子）继承帝位。刘克明等欲乘机撤换当政宦官。

酒狂引诗魔 悲吟到日西——白居易传

裴度与宦官王守澄、杨承和、梁守谦、魏从简等密谋，迎立江王李涵（穆宗第三子，敬宗之弟）为天子。最终尽杀刘克明等人，绛王李悟亦为乱军所害。

十二日，李涵即位，更名昂，是为文宗，改元大和。

裴度因功加授门下侍郎、集贤殿大学士、太清宫使，其他职位依旧；他因辅佐导引的功勋，进阶为特进。

所以，白居易到达洛阳时，其实已是大和元年。

直到回到洛阳后，白居易才得知，三弟白行简已于去年年底病逝于长安。白居易最后一位亲兄弟也离开了人世，终年刚刚五十岁。从此以后，他将孤身一人活在世上，白居易痛彻心扉，仰天一号，心骨破碎。

此后，白居易开始为行简编辑《白郎中集》，真是"每开一卷，刀搅肺肠，每读一篇，血滴文字"，累计二十卷。两年后，行简葬在老家下邽祖茔地。白居易写下了《祭弟文》，在行简灵前祭奠。

大和元年（827）三月十七日，白居易被征为秘书监，赐金紫。在白首之年，还能加官晋爵，虽说他明知"金章紫绶堪如梦，皂盖朱轮别似空"，着紫色袍，挂金腰带，实在是人生幸事。当年衣青衫跟在紫袍人群后面，亦步亦趋进入宫殿，多少有些自惭形秽的心情，一去不复返了。他啜饮着杨氏递过来的酒盅，通体舒泰。虽说膝下无儿，却也颇为享受这样的功名利禄，口中念道：

紫袍新秘监，白首旧书生。

冀雪人间寿，腰金世上荣。

子孙无可念，产业不能营。

酒引眼前兴，诗留身后名。

闲倾三数酌，醉咏十余声。

便是羲皇代，先从心太平。

——《初授秘监，拜赐金紫，闲吟小酌，偶写所怀》

他第三次回到了京城长安，居住在了长安新昌里的宅第里。而三度拜相的裴度，此时已是权倾朝野，门庭若市。白居易自然常去其家中拜见，也受邀参与宴饮。

裴度的长安兴化坊第，在朱雀门街西第一街，府院内有一水池，亭台楼阁置于其间，裴度甚是喜爱。他常招文人雅士游览于此。在文学上，裴度主张"不诡其词而词自丽，不异其理而理自新"，反对在古文写作上追求奇诡。这与白居易平实的文风不谋而合，加之他对文士又多有提掖，所以颇受时人敬重。能得到他的邀请，不失为一种殊荣。所以白居易总是怀着学生般谦恭的心态来到裴府赴约的。在众人的恭维声中，白居易也与其他来宾一样，心怀感激地赋诗一首《酬裴相公题兴化小池见招长句》：

> 为爱小塘招散客，不嫌老监与新诗。
> 山公倒载无妨学，范蠡扁舟未要追。
> 蓬断偶飘桃李径，鸥惊误拂凤凰池。
> 敢辞课拙酬高韵，一勺争禁万顷陂。

谈笑之中，刘禹锡对池中美景叹道："此中美不胜收，只可惜少了一点清雅灵物啊！"众人皆惊异，裴度也问少了何物？刘禹锡道："前段下官在洛阳时，常去乐天老弟府中观赏，见有一双白鹤，堪称尤物，不禁为之兴叹！"说着，刘禹锡兀自吟起了给白居易的诗：

> 寂寞一双鹤，主人在西京。
> 故巢吴苑树，深院洛阳城。
> 徐引竹间步，远含云外情。
> 谁怜好风月，邻舍夜吹笙。
> 丹顶宜承日，霜翎不染泥。

爱池能久立，看月未成栖。

一院春草长，三山归路迷。

主人朝谒早，贪养汝南鸡。

——《鹤叹二首》

刘禹锡吟完给白居易的诗后，白居易也来了兴致，他说，你们且听我和梦得的诗：

辞乡远隔华亭水，逐我来栖缑岭云。

惭愧稻粱长不饱，未曾回眼向鸡群。

荒草院中池水畔，衔恩不去又经春。

见君惊喜双回顾，应为吟声似主人。

——《有双鹤留在洛中忽见刘郎中依然鸣顾刘因为

鹤叹二篇寄予予以二绝句答之》

众人皆称好，并说："乐天，'惭愧稻粱长不饱，未曾回眼向鸡群'，这是说鹤宁愿挨饿也不与鸡争食啊，好！可你久不在东都，也亏了那双白鹤呀！"

说者无意，听者有心。刘禹锡的话勾起了白居易对洛阳府第中华亭鹤的思念，而裴度便留心了。

宴饮后，裴度笑对白居易道："乐天老弟向来对三教教义颇有研究，或许可以与高人论道一番呢！"

白居易谦恭地应道："只是偶有兴致，不敢班门弄斧啊！"裴度笑言："不必过谦！"

果然，不久，白居易接到诏书，命其在大和元年（827）十月十日，文宗寿诞之日，他代表儒教在麟德殿与释、道高人进行对簿。

举行佛教与儒、道二教在学说及行事方面的三教论战，在大唐已成为惯例。

从唐德宗皇帝时起，每年朝廷都把此事作为皇帝诞辰庆典上的重要仪式。后来，宋朝准许僧人上朝祝圣，大概也是始于此吧！

这天，麟德殿的道场庄严肃穆，白居易第一个入场升座，另二位分别是安国寺引驾沙门义林、太清宫道士杨士元。三人开始就各自教义进行阐述，然后，便是你来我往、唇枪舌剑，抬高本教，贬损其余。

白居易凭着多年对儒法的研习和对佛、道的广泛涉猎甚至喜好，旁征博引，侃侃而谈。对方二位也据理力争、毫不示弱，经一番激烈辩论，三方逐渐和缓，最终，针锋相对的论战，归为各得其所的皆大欢喜。论战圆满结束，白居易也声誉大涨。

一个多月后，白居易即奉诏使洛阳。他骑着他惯常喜爱的小白马往洛阳而去。傍晚时分，来到稠桑驿站。驿吏将小白马牵到马槽去饮水食料；白居易也到馆室歇息。

次日一早，他去马槽牵马时，那小白马却躺在地上不能起身了。它望了一眼故主，便永远地闭上了眼睛！这匹让主人在它的背上观景、冥想、吟诗、做梦的小白马、驮着白居易走过多少春夏秋冬与山水庙观的小白马，终于也走完了自己孤傲的一生，昨天还任劳任怨地辛苦奔走，今天就这样远离了故主，这让白居易陡生伤感。他让人将它好好地打理清爽，含泪将它埋在了驿站的门外。

白居易到达东都洛阳时，刘禹锡已为主客郎中分司东都，这样，白居易到后，将朝廷交办的差使很顺利地完成后，又常与一帮新朋老友聚会宴饮、诗词唱和。

在洛阳的时日，他就住在自己履道里的家中，闲暇时，便欣赏他从苏州带回来的太湖石、白莲花，饲养他的一双华亭鹤。特别是看着一双鹤，白羽丹顶长颈瘦胫，在水池边轻盈地或自在行走、或引颈嗷鸣，白居易无

酒狂引诗魔 悲吟到日西——白居易传

论遇到怎样的不爽事，心情总能豁然开朗，他被它们冰清玉洁的姿态、孤傲独立的性格深深吸引了，不觉口中吟道：

> 高竹笼前无伴侣，乱鸡群里有风标。
> 低头乍恐丹砂落，晒翅常疑白雪消。
> 转觉鸬鹚毛色下，苦嫌鹦鹉语声娇。
> 临风一唳思何事，怅望青田云水遥。
>
> ——《池鹤二首·其一》

白居易游览着被春雨滋润后的自家花园。雨后初晴，春光和煦，微风吹拂着池面显得特别干净，斜斜的阳光照在花瓣上，花影让花心看上去好像裂开了一样。雾气更加浓重了，水面也更加碧绿了。心情舒畅的白居易不禁要弹琴自娱了，取来五弦琴，就在园中当花一坐，便开始了自弹自吟，又想起了当年陶渊明，也是在悠闲自得时弹琴自娱，但陶渊明却根本不会弹琴，所以，他让人做了个无弦的琴，每到想弹琴时，就抱出那无弦的琴来，他弹的是无弦的"心琴"，他让虚拟的琴声将自己带入到空灵的世界去抒发心中的情志。而白居易自己则是真实地弹奏着五弦琴。想到此，白居易暗自笑了："我可不如他那样省事啊，我得借助真实的琴声来抒发心中的闲适。"于是便幽默地边弹边唱：

> 微雨洒园林，新晴好一寻。
> 低风洗池面，斜日拆花心。
> 暝助岚阴重，春添水色深。
> 不如陶省事，犹抱有弦琴。
>
> ——《履道春居》

大和二年（828）早春时节，白居易从洛阳返回到长安。二月十九日，由秘书监除刑部侍郎，封晋阳县男。

每有升迁变动，白居易都会想起与元稹联络，这次也似心有灵犀，元稹的信不期而至。杨氏虽不识字，却也看熟了那熟悉的字迹，笑道："可是你盼望的微之贤弟？"

白居易颔首而笑，接过书信到了书房。此时元稹已加检校礼部尚书，仍在浙东观察使任上。他给白居易寄来了四十三首新近创作的诗歌，请白居易继和。

白居易仔细读过之后，只觉得篇篇皆"韵剧辞殚，瑰奇怪谲"。白居易既佩服元稹的才气，又担忧自己能否继和得好，但是，元稹的挑战，也激起了他的迎战热情，他废寝忘食、夜以继日地苦心吟和，终于完成。因为元稹在两年前将他们二人在长庆年间的来往酬唱之诗编辑成《白氏长庆集》五十卷、续编《后集》五卷，这次，白居易又续编了二人的唱和集《因继集》，还写有《因继集重序》。现在，《因继集》已完成十六卷，共千余首。综观二人的诗、和，无论是质量还是数量，白居易都颇为满意，他给元稹的信中自夸道："其为敌也，当今不见；其为多也，纵古未闻。所谓天下英雄唯使君与操耳！戏及此者，亦欲三千里外一破愁颜，勿示他人以取笑诮。"他把二人诗歌唱和中的质高量多，比若当年曹操与刘备论天下英雄时所说一样，唯有他们二人堪称。除了真的是想让千里之外的元稹在愁闷之时一展笑容外，也是他颇为自得的写照。

白居易的自得不是毫无根据的，因为前人作诗唱和，没有和韵的，自从白居易在杭州作刺史，元稹为浙东观察使，二人诗书往来，才开始依韵和诗，多的达千言，少的也有百数十言，篇章丰富，所以白居易自称诗人中的英雄，也算不得是诗人的豪气矜夸。

二人的唱和惹得刘禹锡也技痒难耐，他也同用家花车斜四韵，编写了《同乐天和微之春深好二十首》。

此时的刘禹锡也因裴度的提携已回到长安，以主客郎中充集贤学士。而他在武昌所纳的爱姬却因病而逝，他将一腔悲情写进了《有所嗟二首》：

庾令楼中初见时，武昌春柳似腰肢。

相逢相笑尽如梦，为雨为云今不知。

鄂渚濛濛烟雨微，女郎魂逐暮云归。

只应长在汉阳渡，化作鸳鸯一只飞。

白居易读罢，不觉也为之伤感，因为鄂姬的美艳和她轻盈的舞姿，白居易都已见识，在扬州同游的时日，她也常常陪伴在刘禹锡的左右，让白居易好生羡慕。想不到年纪轻轻，她就遽然香消玉殒了。那种痛失所爱的悲伤，白居易也曾有过，他写了一首《和刘郎中伤鄂姬》：

不独君嗟我亦嗟，西风北雪杀南花。

不知月夜魂归处，鹦鹉洲头第几家。

白居易与刘禹锡同为元稹的好友，二人均已在长安，也想念远在浙东的元稹，就趁着在京城的方便，时不时地在裴度耳边为元稹纾解一番，其实在裴度内心，也是不相信元稹会谋害自己的。那件案子虽然惊动了圣上，亲自指定了人马去调查，最终却是查无实据，只能各打五十大板，将裴、元二人同时贬出京城。事情已过去多年，念在白居易与刘禹锡的面上，裴度也不想再计较。

大和元年（827）九月，元稹加检校礼部尚书，白居易非常高兴，他立即给元稹去信表示祝贺，盼望他能回京的心情溢于言表，还附上一首《微之就拜尚书居易续除刑部因书贺意兼咏离怀》：

我为宪部入南宫，君作尚书镇浙东。

老去一时成白首，别来七度换春风。

簪缨假合虚名在，筋力销磨实事空。

远地官高亲故少，些些谈笑与谁同？

他想象着元稹看到这诗时的心情，会不会勾出他的伤感甚至眼泪？至少也是与自己现在的心情一样吧？唉，本来是祝贺的意思，怎么就伤感了？人老了就是这样多愁善感了么？

第三十一章　亲情友情，终难耐众议纷争
咏鹤赠鹤，唯不舍孤傲独行

1

白居易的妻兄杨汝士现在已回京，他因为其弟杨殷士科举应试舞弊被贬开江令，后入户部员外郎，再迁为职方郎中。

多年过去，仿佛隔阂消弭，或是亲情关系，白居易与杨氏兄弟联系渐多，免不了时常家宴赏乐。

杨家四兄弟：杨汝士、杨虞卿、鲁士、汉公兄弟的宅院在长安朱雀门街东第五街靖恭坊，兄弟并列门戟，甚是隆伟。其夹街对门，就是牛僧儒的新昌里宅第。杨虞卿在院里垒起了高台，称为南亭。南亭就紧依着牛僧儒的东墙，两家往来频繁，夜间灯烛排列，被人称之为"半夜客"，而南亭多为杨、牛两家及其朋党中人的议政、聚集之地，被人称为"行中书"。

这样的舆论让白居易很担心，他不想掺和其中，但他作为杨氏兄弟的妹夫，缘于亲情，又不得不应邀常往来于杨宅，也会常常见到他那一帮朋友。白居易不想与他们走得太近。

时逢户部侍郎杨嗣复主持贡试，已发放两榜。杨嗣复与牛僧儒、李宗闵都是同门贡举，情义相投。其父杨于陵从洛阳来长安，杨嗣复率其生徒到潼关迎接其父，然后在长安新昌里府第中大宴宾客。刘禹锡、白居易及杨汝士兄弟都被邀在列。杨于陵端坐于堂上，杨嗣复率门生们分侍在两边；以前，杨于陵也曾主持功考，他提擢及第的浙东观察使李师稷也在座中。于是，人们都称道："杨氏上下门生，世以为美！"酒酣耳热时，大家纷纷赋诗称颂。白居易当然也即席赋诗，座中唯有刑部郎中杨汝士诗成时间

最长。刘禹锡走到正摇头晃脑地在自鸣得意的杨汝士身边去，拿起他面前的诗稿来看，这　看不打紧，当即就脸红了。他把这诗稿递给白居易，白居易正看着自己面前早已书成的诗还在斟酌，看了杨汝士的诗，当即也红了脸。都知道再不能更好了。杨汝士的诗是：

> 隔坐应须赐御屏，尽将仙翰入高冥。
>
> 文章旧价留鸾掖，桃李新阴在鲤庭。
>
> 再岁生徒陈贺宴，一时良史尽传馨。
>
> 当时疏广虽云盛，讵有兹筵醉绿醽。
>
> ——《宴杨仆射新昌里第》

当即众人都来看杨汝士的诗，都称好，杨嗣复也大喜，过来给他敬酒，大家纷纷举杯来敬，杨汝士兴奋地一杯接一杯，最后醉倒在席上。席散后，杨汝士被人扶回家中，见到家中子弟们，杨汝士高声道："我今日压倒元白了！"其实这个时候元稹还只在遥远的浙东，并未回京，但当时的人们已将元稹与白居易连在一起并称"元白"。在杨汝士看来，既然压过了白居易，那么也就是压倒了"元白"！这话迅速传扬开了，"压倒元白"也变成了一句成语。

然而，正如他自己所说，白居易最看重的是自己的讽喻诗和闲适诗，他认为讽喻诗即为兼济之志，闲适诗为独善之义。正可抒发他的"达则兼济天下，穷则独善其身"的人生态度，而这一类的杂律诗，则不过因一事一物，发于一笑一呼而已。

回到家中的白居易安歇一夜。

两天后，白居易正在书房埋头编辑三弟白行简的文集。此时，家童进来，递给他一封信，展开读来，原来是宰相裴度给他的诗一首：

> 白二十二侍郎有双鹤留在洛下，予西园多野水长松可以栖息遂以诗请之——

闻君有双鹤，羁旅洛城东。

未放归仙去，何如乞老翁。

且将临野水，莫闭在樊笼。

好是长鸣处，西园白露中。

原来，裴度听说了白居易在洛阳府第中，养有两只白鹤的事，有心向他索求来了。白居易心中实在是不舍得将白鹤送人，他已视它们为自己的精神伴侣了。当即，他写了首诗来婉拒宰相：

警露声音好，冲天相貌殊。

终宜向辽廓，不称在泥涂。

白首劳为伴，朱门幸见呼。

不知疏野性，解爱凤池无。

——《答裴相公乞鹤》

白居易把这事告诉了刘禹锡，刘禹锡感觉这样拒绝裴相，似有不妥，多少人求之不得地要巴结呢，怎么可如此扫其兴致呢，何况，双鹤长期禁在洛阳也未跟随你乐天来长安，不如就此送个人情呗。于是，也给白居易写了首诗劝他：

皎皎华亭鹤，来随太守船。

青云意长在，沧海别经年。

留滞清洛苑，裴回明月天。

何如凤池上，双舞入祥烟。

——《和裴相公寄白侍郎求双鹤》

白居易细细品读这诗中之意，感觉他说得有道理，又仿佛语涉双关。

何况自己的确一直得力于裴相的提携，而且，前不久，自己还在裴相的兴化池亭住宿游玩，当时都以为这裴相的池馆如平津要塞了，那么宽广，究竟是相府豪门呀。裴相对自己十分青睐，连一向不借人的船舫也慷慨地让自己乘坐泛游，何必不舍这一双鹤呢！而且，到了相府，它们不是能有更大更好的天地起舞吗？于是，便差人去洛阳带了双鹤来送给裴度，还附上一诗：

> 司空爱尔尔须知，不信听吟送鹤诗。
> 羽翮势高宁惜别，稻粱恩厚莫愁饥。
> 夜栖少共鸡争树，晓浴先饶凤占池。
> 稳上青云勿回顾，的应胜在白家时。
>
> ——《送鹤与裴相临别赠诗》

好像是一位慈父，临别时，反复叮咛即将远行的孩子一样。刘禹锡也有同感，便送他一诗《和乐天送鹤上裴相公别鹤之作》

> 昨日看成送鹤诗，高笼提出白云司。
> 朱门乍入应迷路，玉树容栖莫拣枝。
> 双舞庭中花落处，数声池上月明时。
> 三山碧海不归去，且向人间呈羽仪。

白居易送走了一双华亭鹤，心上若有所失。后来他以太子宾客分司东都，回到洛阳履道里府第时，见到开花的白莲、太湖石都在原处，唯独少了一双华亭鹤时，他禁不住心中的思念，提笔写下了《问江南物》：

> 归来未及问生涯，先问江南物在耶。
> 引手摩挲青石笋，回头点检白莲花。
> 苏州舫故龙头暗，王尹桥倾雁齿斜。

酒狂引诗魔 悲吟到日西——白居易传

313

别有夜深惆怅事，月明双鹤在裴家。

　　而刘禹锡得知后，也十分理解白居易的失落，总想着有一天能弥补一下他。终于在几年后，当他到苏州任刺史时，他想方设法觅得一只白鹤送给了白居易。白居易高兴地给他赋诗一首：

老鹤风姿异，衰翁诗思深。

素毛如我鬓，丹顶似君心。

松际雪相映，鸡群尘不侵。

殷勤远来意，一只重千金。

——《刘苏州以华鹤亭一远寄，以诗谢之》

第三十二章　避祸东都，晚得子嗣空欢喜
　　　　　　中隐洛阳，痛失挚友常悲泣

　　大和二年（828）十二月，宰相韦处厚突然病亡，紧接着，半个月的时间内，有京兆尹孔戡、吏部尚书钱徽、华州刺史、镇国军潼关防御使崔植的死讯接连传来，白居易十分悲痛。特别是韦相，他的年龄比白居易还小一岁，对白居易也多有提携，他死后，白居易在朝中少了一种依靠。而且不久，李宗闵将入相，王涯又自山南西道节度使入为太常卿，此二人，都与白居易有隙，特别是王涯，白居易首次被贬江州刺史后改为司马，就是王涯在皇帝面前的诟言。白居易感觉继续在京城待下去，结果不妙。他参与祭奠韦处厚，写下祭文，心中也在为自己寻找退路。

　　接连的不幸消息，让白居易感觉这个冬天异常寒冷惨淡，"从来恨人意，不省似今朝"，甚至太阳都失了光辉。尤其看到西院中孤儿寡母的弟媳、侄儿，想到行简已病亡两年多，心中更是悲痛万分，常常在半夜时醒来，眼睛愈加视物不清，白发已经满头，但这样的愁苦也只有元稹能够体谅。所以，只有在与元稹的书信交流中，才能一吐心中的愁苦。

　　白居易又一次请假百日，这是他第二次请百日假，他深知假满后就会罢官。虽然确是体衰有病，但他也希望能尽快致仕后改任别职，能远离是非之地，回到洛阳，洛阳是他最想回去的地方。假期中他专心在家编撰《和微之诗》，《刘白唱和集》，还有《行简文集》，小侄龟儿也能帮忙整理了。

　　大和三年（829）三月，令狐楚以户部尚书为东都留守，白居易与刘禹锡置酒为其送行，白居易在席上吟道"龙门即拟为游客，金谷先凭作主人"。刘禹锡听出了白居易想回洛阳去的决心已定，他能理解他。

　　白居易的百日假满，罢刑部侍郎，以太子宾客分司东都。离开长安，

酒狂引诗魔　悲吟到日西——白居易传

也就离开了是非和人情的繁杂，他有一种解除束缚的轻松感："从今且莫嫌身病，不病何由索得身。"临行前，宰相裴度在自己的兴化里宅第中置酒宴为白居易送行。四月初，白居易从长安出发，经陕州，在那里，受到陕州司马王建和陕虢观察使王起的热情招待。四月底到达洛阳，居住在履道里的府第中。

当家童打开竹门，小吏抬着藤轿，一家老老少少几十口人进入到白府宅院时，白居易心中有一种预感，那就是：从前多次回洛阳来居住，都是暂住，这次归来，应该是长住了。虽然是自己主动请的百日长假，也是自己希望回到洛阳，但总归是出于一种无奈，他难免有一些失落与心灰意懒。他只能自我安慰："眼下有衣食，耳边无是非"，这样无论贫富，饮水也能肥美了。

履道里从隋时起就一直是达官文士的聚居地。在洛阳城东南，占地十七亩，"屋室三之一，水五之一，竹九之一"，白居易按照自己的心思，又筑池塘、岛、桥于园中。后又在池东筑粟凛，池北建书库，池西修琴亭，园中又开环池路，置天竺石、太湖石等，池中植白莲、折腰菱，放养华亭鹤，池中有三岛，先后作西平桥、中高桥以相连通。园中环境优美，亭台水榭，竹木掩映，白居易自誉其园云："都城（指洛阳）风土水木之胜在东南隅，东南之胜在履道里，履道里之胜在西北隅。西闬北垣第一第，即白氏叟乐天退老之地。"他对自己的园子十分满意，为此专门写下《池上篇并序》，其诗曰：

> 十亩之宅，五亩之园。
>
> 有水一池，有竹千竿。
>
> 勿谓土狭，勿谓地偏。
>
> 足以容膝，足以息肩。
>
> 有堂有庭，有桥有船。
>
> 有书有酒，有歌有弦。

有叟在中，白须飘然。

识分知足，外无求焉。

如鸟择木，姑务巢安。

如龟居坎，不知海宽。

灵鹤怪石，紫菱白莲。

皆吾所好，尽在吾前。

时饮一杯，或吟一篇。

妻孥熙熙，鸡犬闲闲。

优哉游哉，吾将终老乎其间。

　　崔玄亮此时入为秘书少监，改曹州刺史兼御使中丞不就，称病回到洛阳。白居易到达洛阳后，崔玄亮府中新开掘一水池，邀白居易到其府中宴饮，席间谈笑，气氛轻松，说到崔玄亮不就御使中丞一事时，崔玄亮又谈起自己的一段往事：

　　元和十一年（816），时任监察御史段文昌和崔植同时进入御史台。先前御史崔玄亮是监察院的长官，看到崔和段是后来的，又都不是科举出身，接待他们时较为轻慢，引起了段文昌和崔植的反感。几年后，元和十五年（820）春天，穆宗皇帝即位，任命他两人为宰相。段文昌从翰长中书舍人提升，崔植从御史中丞提升，同入中书省。这时崔玄亮被解除了密州刺史职务，来京城拜见宰相。两位宰相互相看看，指着崔玄亮的名字说："这个人不久就要将他支得远远的，现在还想来求当京官！"当时两位宰相的学生侍郎萧俯也在长安，问两位宰相。两位宰相将前因后果都说给他听了。萧俯说："既然这样，就让他闲个三年五载。"不几天，宣州报告歙州刺史出缺。当天相印在段文昌的家里，段文昌便随手任命了崔玄亮为歙州刺史。第二天，段文昌上朝，将昨天的事全忘了。回到中书省大发雷霆，责问吏房主事阳述说："你这样有权威，还需要宰相干什么？必然是这个贼子给你行贿才被任命，要不是人事官员收了钱，崔玄亮怎么当上了歙州刺史？"阳述胆战心惊地检讨说："公文本来都不传到本房，昨天是宰相您亲笔写的推荐公文，报送给皇帝的。"段文昌还不相信，等到检查核对，才忽然想起来，确实是自己写的批文。崔植想要改变人选重新请示皇帝，段文昌说："怎么知道不是上天假借我的手呢？"就这样把任命文书发下去了。

白居易和众人都哈哈大笑。

崔玄亮对白居易说："乐天老弟，听说你也常弹琴自娱，你的《琵琶行》把琵琶的声音形容得十分到位。你深谙音律，我有一张五弦琴，就送你了！"白居易刚听着崔玄亮弹琴，直觉琴音清亮悦耳，是张好琴，想不到崔玄亮竟割爱相送了，白居易高兴地就抱着五弦琴回家了。

此后，白居易便时常在自家园中酒后抚琴独吟。这天，新酿的黄醅酒已醇，白居易掐指算来，元稹应该来洛阳了，可是却还不见人，他只好开瓮后独自品尝，酒后又在池中小岛上独自抚琴，想起前天崔玄亮给自己的诗，对自己现在的生活颇为知足，不觉伴随着琴声自吟起来：

> 不种一陇田，仓中有余粟。
>
> 不采一株桑，箱中有余服。
>
> 官闲离忧责，身泰无羁束。
>
> 中人百户税，宾客一年禄。
>
> 樽中不乏酒，篱下仍多菊。
>
> 是物皆有余，非心无所欲。
>
> 吟君未贫作，同歌知足曲。
>
> 自问此时心，不足何时足。
>
> ——《知足吟（和崔十八未贫作）》

知足常乐、随遇而安，成为现在白居易的生活常态。九月，元稹除为尚书左丞，返长安的途中，洛阳是必经之路，白居易从得知消息开始，就盼望着元稹的到来。

直到九月，元稹终于从浙东观察使任，征为尚书左丞，在回长安时，路过洛阳，两位分别两年的挚友终于又见面了。元稹的续弦妻裴氏柔之已有孕在身，正好杨氏也身怀六甲，两个女人见面就有说不完的悄悄话。

两个久未谋面的挚友，再次相见，好一番唏嘘感叹，岁月在他们的头上都染上了霜花，本来就清瘦的白居易更显苍老了。但是听到房中传来二位夫人的低语浅笑，他们还是对未来充满希望。白居易带元稹在园中浏览，带他看自己的粮仓、酒坊，还有池中的太湖石，讲述送给裴度的华亭鹤。元稹说："乐天兄，这园子布置得恰适你意，你费了不少心事哦。"

白居易笑道："这可是我养老的中隐之地，当然要尽心而为！"一番话勾起二人对朝中事态的忧虑。

元稹说："牛李争风已久，现在，李德裕出为义成军节度使，这就意味着李派失势；而李宗闵同中书门下平章事，即为宰相，乐天兄的妻兄弟——杨汝士知制诰，杨虞卿为左司郎中，乐天兄你却回到洛阳，我知道你是不愿与他们走得太近！"

白居易道："知我者，微之也！我若继续待在西京，必免不了来往密切！即便不参与其中，也会被人认为同派！"他们二人都不愿卷入这样的纷争，但往往却事不如人愿。

元稹明知故问："大隐于市，小隐于朝！乐天兄的中隐是何意？"

白居易笑了，他让元稹看他的《中隐》诗，只见诗中写道：

> 大隐住朝市，小隐入丘樊。
>
> 丘樊太冷落，朝市太嚣喧。
>
> 不如作中隐，隐在留司官。
>
> 似出复似处，非忙亦非闲。
>
> 不劳心与力，又免饥与寒。
>
> 终岁无公事，随月有俸钱。
>
> 君若好登临，城南有秋山。
>
> 君若爱游荡，城东有春园。
>
> 君若欲一醉，时出赴宾筵。

洛中多君子，可以恣欢言。

君若欲高卧，但自深掩关。

亦无车马客，造次到门前。

人生处一世，其道难两全。

贱即苦冻馁，贵则多忧患。

唯此中隐士，致身吉且安。

穷通与丰约，正在四者间。

元稹道："乐天兄现在就安排致仕后的生活啦？太远了吧！"白居说："人无远虑必有近忧！微之，谁也料不到明天会发生什么呀！"果然，这次进京，元稹也如上次一样抱有大的希望，可事情依旧不如人意。

所幸的是，元稹奔长安不久，杨氏就分娩了，当婴儿的啼声传出时，白居易也听到了稳婆高声道喜："恭喜老爷，夫人给你生了个小官人！"在房外等待的白居易，听到这一声喊，犹如听到了天籁之音，他不敢相信，再三询问证实后，才确定自己有了一个继承人。儿子的降生，给白居易的生活带来了新的希望，他给儿子取名阿崔。阿崔一百天时，白居易欣然赋诗：

谢病卧东都，羸然一老夫。

孤单同伯道，迟暮过商瞿。

岂料鬓成雪，方看掌弄珠。

已衰宁望有，虽晚亦胜无。

兰入前春梦，桑悬昨日弧。

里闾多庆贺，亲戚共欢娱。

腻剃新胎发，香绷小绣襦。

玉芽开手爪，酥颗点肌肤。

弓冶将传汝，琴书勿坠吾。

未能知寿夭，何暇虑贤愚。

乳气初离壳，啼声渐变雏。

何时能反哺，供养白头乌。

——《阿崔》

　　杨氏馨儿听了这首诗，怪他写得不好，说："老爷这么早就想他反哺供养啊？还说'未能知寿夭，何暇虑贤愚'这是什么话？！我儿一定会长命百岁，还贤能胜父的！"白居易笑说："好好！"结果，他们谁也未料到，真的天不从人愿。

　　与此同时，元稹的妻子裴氏柔之也生了个儿子，白居易得知消息后高兴地给元稹赋诗：

　　予与微之老而无子，发于言叹，著在诗篇。今年冬各有一子，戏作二诗，一以相贺，一以自嘲

常忧到老都无子，何况新生又是儿。

阴德自然宜有庆，皇天可得道无知。

一园水竹今为主，百卷文章更付谁。

莫虑鹓雏无浴处，即应重入凤凰池。

五十八翁方有后，静思堪喜亦堪嗟。

一珠甚小还惭蚌，八子虽多不羡鸦。

秋月晚生丹桂实，春风新长紫兰芽。

持杯祝愿无他语，慎勿顽愚似汝爷。

　　在洛阳的白居易，与一帮好友常到龙门、玉泉寺、天宫阁、香山寺等处游玩。还到石楼潭夜浴清潭消暑，对照朝中官员和田间农人，"仕有职役劳，农有畎亩勤"而自己则是"优哉分司叟，心力无苦辛"，过着"新酒始开瓮，旧谷犹满囷"的富足悠闲生活，逍遥自在。

　　不久，又有两个消息，让白居易心中感到忧伤。一是年底崔玄亮将赴长安就任太常少卿，虽然长安与洛阳相隔一步地，但白居易看来，却相隔

酒狂引诗魔 悲吟到日西——白居易传

十分遥远。今日一别，不知何时何地再见。白居易与众友人在临都驿为崔玄亮饯别，诗中满含伤感：

> 勿言临都五六里，扶病出城相送来。
> 莫道长安一步地，马头西去几时回。
> 与君后会知何处，为我今朝尽一杯。

——《临都驿送崔十八》

崔玄亮离开洛阳，白居易少了个随时来往交游的好友。而另一件事则更让白居易心痛，那就是元稹自尚书左丞除武昌军节度使，代替牛僧儒。太和四年（830）正月六日，武昌（今湖北武汉）节度使牛僧儒因宰相李宗闵的引荐入朝。十六日，拜为兵部尚书，同平章事。于是二人共同排斥李德裕之党派。这且不论，倒是元稹，他并不介入任何一方，却也被牵连，他满怀着希望入朝来，仅只待了三个月，板凳还没坐热，便又要离京远赴武昌了。元稹自叹"自恨风尘眼，常看远地花"。白居易也为至交感叹着命运的不济。元稹来洛阳与他告辞，他很想多待些时日，不忍与白居易分别，可是，世事由不得自己。白居易为元稹设宴饯别，看着元稹憔悴的面容和失神的眼光，白居易也心痛不已。就这样，笙歌燕舞，却总难摆脱曲终人散的阴影，竟夜醉饮，也不免天晓即别的惆怅，他含泪写下《夜宴惜别》：

> 笙歌旖旎曲终头，转作离声满坐愁。
> 筝怨朱弦从此断，烛啼红泪为谁流。
> 夜长似岁欢宜尽，醉未如泥饮莫休。
> 何况鸡鸣即须别，门前风雨冷修修。

白居易又过起了不问世事的日子。

转眼到了腊月间，这天正下着雪，白居易像往常一样起床洗漱后，家仆便为他端来温好的酒菜。这时，另有家仆来报说，园中酒坊里将要新开一瓮酒，问老爷何时去品尝。白居易兴致大好，说"这就去"，说着，就来到自家园中的酒坊，果见几个家仆已抬出了一瓮新酒，正等着他的到来。白居易将泥封在瓮口的藤竹条揭去封纸，这还是他在忠州刺史任上学得的当地农家汲酒的方法。他嘴含藤竹深吸一口，一股醇香的绿醅新酎就溢满了他的嘴中，慢慢地咽下，正是他期待的回味，心里想着："唉，这么香醇的好酒，若是微之在，一并品尝该有多好！"他命家仆将菜肴端到这里来就酒，这一喝，就又有点高了。迷糊中，就听到大门外一阵锣鼓喧嚣，家仆来报说吏部的宣旨官已到。

白居易不知何事，赶忙整衣冠出迎，宣旨官见面就道喜。白居易还没完全清醒过来，等到他酒醒后，那一拨人马早已离开了。杨氏告诉他说，朝中又下敕文了，吏部的宣旨官见他正在醉中，留下敕文就走了。他心下还迟疑，不确定是怎么回事，等细读那黄纸中的敕文，才想起来，是任命自己接替韦弘景为河南尹的任命书。河南尹就是河南郡的最高行政长官，三品大员。虽然自己也盼望着能够有新的升迁，但能除为河南尹，却也是一次意外的惊喜，俸禄自然又要高出很多，白居易心中十分满足。

再过几天，就是白居易的六十岁生辰了，他很高兴在他年已六十时，就任河南尹。可是，他上任不久，才三岁的崔儿就因病夭折了，这让白居易痛彻心扉，他哭得肝肠寸断，却是再也听不到崔儿的笑声和哭声了：

> 悲肠自断非因剑，啼眼加昏不是尘。
> 怀抱又空天默默，依前重作邓攸身。

西晋怀帝永嘉年间，邓攸（字伯道）任河东太守。后赵石勒起兵叛乱，攻陷了河东，邓攸全家被俘，由于邓攸写得一手好文章，石勒就免他一死，留他在随营听候宣唤。不久，石勒渡泗水作战，夜间急行军，邓攸趁机带着妻子和儿子、侄子逃往江南。不料，两匹马终因劳累而倒毙在路旁，邓攸只得用箩筐挑着儿子和侄子南逃。但这样太慢，逃不出石勒的范围，于是与妻商量说："我兄弟死得早，只留下这一个侄子，我们要为他保留下后代，要想脱身，只能丢下儿子，背着侄子走，只要我们能保住性命，日后还会有儿子的。"妻子含泪同意了。邓攸逃到江南后，晋元帝知道他历经艰辛、忠于晋朝，一直很重用他，邓攸一生衣食无忧，可是，他再也没有子嗣了。时人都说："老天爷不长眼啊，让邓伯道这样的好人无后！"

白居易以邓攸自喻，既是怨命运不公，也是自我安慰！

白居易的悲痛无以解脱，他只得把这噩号告诉两位好友元稹和刘禹锡："蝉老悲鸣抛蜕后，龙眠惊觉失珠时。文章十帙官三品，身后传谁庇荫谁。"再多的文章、再高的官位，却是身后无人继承。这样的悲痛，让白居易不能听到一个与"崔"相同的声音，白家上上下下，说话都不敢发这个"崔"音，以免刺激白老爷伤心流泪。

然而，丧子之痛还未平抚，给白居易又一沉痛打击的消息来了。元稹于大和五年（831）七月二十二日，在武昌军节度使任上突遭暴病身亡，终年五十三岁。八月的炎天，白居易遽然闻听噩耗，如一股冰水从头浇下，全身僵住了，心猛烈地突突，头脑也一阵眩晕，身边家仆赶忙将他扶到床上，半晌，白居易才回过神来，不觉老泪纵横。

一连多日，白居易茶饭不思、夜不能寐。与元稹交往的往事一件件一桩桩重现在眼前。他感叹元稹"家积善庆，天锺粹和，生为国桢，出为人瑞，行业志略，政术文华，四科全才，一时独步"，看着书案边堆放的元稹诗集，想到前次他在洛阳与自己相聚时所言："君应怪我留连久，我欲与君辞别难。白头徒侣渐稀少，明日恐君无此欢。"仿佛就在昨天，他甚至还说："自识君来三度别，这回白尽老髭须。恋君不去君须会，知得后回相见无。"仿佛一语成谶，他真的就一去不回了！白居易泪如雨下。元稹的离世，让白居易感觉失了魂魄一般。他撑着虚弱的身子，为元稹写祭文、写墓志铭。

八月凉风吹白幕，寝门廊下哭微之。

妻孥亲友来相吊，唯道皇天无所知。

文章卓荦生无敌，风骨英灵殁有神。

哭送咸阳北原上，可能随例作埃尘。

——《哭微之二首》

他在《祭微之文》中感叹：

……呜呼微之！贞元季年，始定交分，行止通塞，靡所不同，金石胶漆，未足为喻，死生契阔者三十载，歌诗唱和者九百章，播于人间。……爵禄患难之际，寤寐忧思之间，誓心同归，交感非一，布在文翰……呜呼微之！始以诗交，终以诗诀，弦笔两绝，其今日乎？呜呼微之！三界之间，谁不生死，四海之内，谁无交朋？然以我尔之身，为终天之别，既往者已矣，未死者如何？呜呼微之！六十衰翁，灰心血泪，引酒再奠，抚棺一呼。《佛经》云："凡有业结，无非因集。"与公缘会，岂是偶然？多生以来，几离几合，既有今别，宁无后期？公虽不归，我应继往，安有形去而影在，皮亡而毛存者乎？呜呼微之！言尽于此。尚飨。

次年七月，元稹葬在了咸阳北原祖茔上，元家人给白居易送来了撰写墓志铭的润笔费——各种收藏、马轿、绫帛、银鞍、玉带等物，价值六七十万钱，念在与元稹的至交情分上，白居易觉得"文不当辞，赆不当纳"，将这些都送了回去，可是元家又送了过来，往返三次，实在难以推辞，白居易想着要把这笔钱用在最适合的地方。他想到了布施修香山寺。

酒狂引诗魔 悲吟到日西——白居易传

第三十三章 缅怀至交，重义捐修香山寺
辞别官爵，疏财醉吟花酒诗

元稹的离世，让白居易悲恸欲绝。而此时的朝廷之中，裴度年迈而又多病，他也为避祸，自文宗即位后便上疏恳请辞去军政机要之职。大和四年（830）六月，文宗下诏褒奖裴度，任他为司徒、平章军国重事，允许病愈后每三、五日前往中书省一次。裴度上表辞让，文宗依从他的请求。同年九月，裴度以加守司徒、兼侍中、襄州刺史之职，任山南东道节度使、观察使、临汉监牧等使。刘禹锡一向受知于裴度，现在，裴度已离开京机要地，刘禹锡也由礼部郎中、集贤学士出为苏州刺史，实际上是明升暗降，被排挤出了朝廷。

刘禹锡赴任途中来洛阳与白居易相会。白居易远远地望到刘禹锡的车马进得城来，二人刚一见面，就各自流下了伤感的眼泪。刘禹锡青年时代最好的朋友是"二十年来万事同"的柳宗元，柳宗元已离世多年，他中年以后最知心的便是白居易；而白居易此生最好的朋友，并称"元白"的元稹也已病逝，剩下的朋友中，最好的当属刘禹锡。刘白二人相见，都为失去了共同的挚友元稹而悲伤。白居易将他迎进府衙，二人谈起元稹的离世，都同感突然而悲痛不已。

刘禹锡的到来，多少给遭受双重打击和悲伤中的白居易带来了一些安慰。当时北方正遇冰灾，南下的道路已经阻断，正好白居易也希望刘禹锡能多待些时日。二人朝觞夕咏，谈诗论文，在洛阳城相伴豪饮狂欢了十五天。

临别前两人难分难舍，白居易冒着大雪在洛阳东郊福先寺为刘禹锡饯行，席间两人留下多首诗作。白居易《福先寺雪中饯刘苏州》，开头写道"送

君何处展离筵，大梵王宫大雪天"。刘禹锡对白居易的盛情款待既感动又凄楚，回赠诗《福先寺雪中酬别白乐天》，最后写道"才子从今一分散，便将诗咏向吴侬"，表达出他即将与好友分别，赴吴就任的惜别之情，同时，也告知白居易，他今后要将笔触关注到苏州文化的意愿。

酒过三巡，白居易在醉意中吟咏《醉中重留梦得》诗：

> 刘郎刘郎莫先起，苏台苏台隔云水。
> 酒盏来从一百分，马头去便三千里。

这次一别，不知何日才能再相见！三千里路途遥远迷离！白居易不忍与刘禹锡就此分别，希望他"莫先起"，最好能再待些时日！刘禹锡也感动非常，他劝白居易，此时只是暂时别，他日还要再相见，那时咱们就能自由地"云间相逐飞"了。他随即吟道：

> 洛城洛城何日归，故人故人今转稀。
> 莫嗟雪里暂时别，终拟云间相逐飞。
>
> ——《醉答乐天》

纷纷扬扬的大雪中，二人挥泪而别。

白居易回到家中，心中空落落的，他将散放在书案上的诗篇收拢来重读、回味，然后开始编辑与刘禹锡的往来畅和诗集。与此同时，他开始着手用元稹家人送来的润笔费重修香山寺。白居易已三次退回了这笔资费，但元家人却又三次从咸阳送到洛阳来，实在不能拒收，白居易就想到了用这笔钱来修葺香山寺。

"洛都四野山水之胜，龙门首焉。龙门十寺观游之胜，香山首焉。"但是，香山寺却多年失修已破败不堪，楼阁亭台崩坏倒塌，寺庙里的佛像僧人都暴露在露天里。士人君子为香山可惜，白居易也为之可惜；佛门弟子以这种破败为耻，白居易也以之为耻。

白居易爱好游山玩水，自到洛阳后，这里的名胜古迹都去了个遍，每次到香山寺，都会对这种破败的情况感慨不已，总希望能把这个寺修复完整。到现在已经七八年了，现在终于可以实现愿望了。

白居易请悲知和尚清闲做主，招来一批得力的人，修葺香山寺。从寺前开始，修亭一所，登寺桥一座，连桥廊七间，接着修石楼一所，连廊六间，次东佛龛大屋十一间，次南宾院堂一所，大小屋共七间。有倒塌的地方重新建起，缺角的地方补起，筑起石墙，盖住漏雨的地方。所有工程，工艺精湛，装饰美好。白居易时常到施工现场去查看、督促，这样，历经三个月时间，终于将香山寺修缮完毕。

就像老人的破房子变成城郭一样。从此以后佛龛佛像不用担心淋雨受潮，寺里的僧人可以安心坐禅生活，游人有了休息的地方，赏景的人有了美景可看。边关的气色、龙潭的景色、香山的泉水怪石、石楼的清风雅月，游人络绎不绝。士人君子和佛门弟子都舒展胸怀，一雪前耻。

清闲上人与元稹、白居易都是交往多年的朋友、长久的知己。站在修缮完美的寺门前，追忆过去，展望未来，清闲上人赞道："大凡这种有益的善举，都叫做功德，而这个功德，应该属于元稹，他肯定会消弭宿业，积下阴德。"

白居易点头道："啊！乘这个功德，怎么知道在以后的轮回里不会与元稹在这里结缘？又怎么知道来生不会和元稹一起再次游玩这里呢？"说到这里，白居易的泪水流了下来。他多么希望微之就在眼前啊！

也许从这时起，白居易就对自己的归宿有了新的筹划。

白居易将这前后的事由经过，都录在了《修香山寺记》里。

从香山寺回家的途中，白居易又专门让抬着轿舆的家仆绕道去元稹住过的履信坊宅第看看，却见那里人去楼空，一片荒凉。想到元稹与韦丛曾经在这里居住，一对恩爱的鸳鸯是多么令人羡慕，自己也曾在这里与他饮酒吟诗，而如今，那一起喝过酒的船也在风中破漏了，那一起吟过诗的楼阁也在雨中倾斜了，白居易伤心不已，泪流满面。家仆们见状也都知他的悲伤，都劝他快快回家，却听得轿中的白居易悲泣地吟道：

鸡犬丧家分散后，林园失主寂寥时。

落花不语空辞树，流水无情自入池。

风荡宴船初破漏，雨淋歌阁欲倾欹。

前庭后院伤心事，唯是春风秋月知。

——《过元家履信宅》

大和六年（832）十二月，牛僧孺罢为淮南节度使，李德裕自西川节度使入为兵部尚书，李宗闵、杨虞卿百般阻拦未果。而白居易在洛阳河南尹任上，远离了政治纷争。他埋头在诗书中，他笑说自己病体衰弱年纪渐老。"五欲已销诸念息，世间无境可勾牵"，这些争斗再也引不起他的兴趣了。

牛僧孺出京城赴任淮南节度使，路经洛阳，作为地方官的白居易设宴为他饯行。那种盛大的排场是空前的。红旗招展，旌节猎猎，武士开道，锣鼓喧天，八抬大轿中坐着的牛僧孺正值盛年，红光满面，虽然是被贬的路途，却仍旧威风八面。几百名吏从列队相迎，洛阳城里万人夹道观瞻，让牛僧孺风光无限。

白居易早有所闻：西川（今四川成都）监军王践言入朝为枢密使，屡次在文宗皇帝面前，言说上年度吐蕃维州守将悉怛谋降唐之事。当时，朝廷令将悉怛谋遣还吐蕃，吐蕃人当即以残忍方式杀死了悉怛谋，以致唐朝失却了本可收回的维州，还断绝了后来的降唐者。此处置失当。文宗怨怪宰相牛僧孺失策。朝官中有拥护时任西川节度使李德裕的，便说牛僧孺与李德裕不合，有意阻坏李德裕立功。文宗由此疏远牛僧孺。牛僧孺亦感到不安。某天文宗皇帝在延英殿召大臣言事，文宗问时任宰相的牛僧孺："天下何时可致太平，卿等亦有意于此乎？"僧孺奏称："今四方夷狄不相交侵，百姓不致流散，虽非天下大治，亦可谓小康。陛下别求太平，非臣等所及。"退朝后，牛僧孺便多次上表请求罢官。所以才有了今天的过洛阳，赴淮南节度使。

酒狂引诗魔 悲吟到日西——白居易传

宴席中，白居易颇感自豪，赋诗赞叹牛僧儒：

> 北阙至东京，风光十六程。
> 坐移丞相阁，春入广陵城。
> 红斾拥双节，白须无一茎。
> 万人开路看，百吏立班迎。
> 阃外君弥重，尊前我亦荣。
> 何须身自得，将相是门生。
>
> ——《洛下送牛相公出镇淮南》

　　秋高气爽的时候，因刑部员外郎舒元舆，改授著作郎分司东都，来洛阳，白居易便邀张宾客（张仲方）、舒著作（舒元舆）一同游龙门。一路上秋阳和煦、秋风轻柔。城中商贾贩夫往来忙碌，城外庄户罗列。

　　他们一行人鞍马轻袂，直奔城南十八里之外的龙门。其间，也下马换船，在湖中汀州绕行。看过了龙门的绝胜美景，一路走走停停。荷叶已枯，岸柳尚绿。孔雀在岸边开屏，大雁在天空飞行。这样的好景致，一定要有酒助兴。夕阳西下时，白居易拿出了自酿的醇酒，与大家欢饮，船家用河塘的鱼虾藕莲供他们酌酒，樊素唱起了她最擅长的《杨柳枝》曲。白居易顿觉心胸旷达，无所牵挂。饮到高兴处，大家停杯吟咏，白居易感叹：

> ……
> 丈夫一生有二志，兼济独善难得并。
> 不能救疗生民病，即须先濯尘土缨。
> 况吾头白眼已暗，终日戚促何所成。
> 不如展眉开口笑，龙门醉卧香山行。
>
> ——《秋日与张宾客舒著作同游龙门醉中狂歌凡二百三十八字》

　　实在是不得"兼济"，只好"独善"呀！那么就好好享受这眼前的美好生活吧！大家拍手欢呼，再向香山行。

可是行至半途，府衙内有差人来报："狱囚众多亟须处理。"白居易只好带樊素打道回府，还不忘派了英英和蒨蒨两妓女陪同舒员外同游。

一连三日，舒元舆乐不可支地在香山游玩，看过绝胜美景，美人美食相伴，他高兴地差人送来他即兴写的赞美诗，而白居易则在府衙中为堆积的案牍和狱囚费神劳力，早上上衙刚结束，下午衙门又有事催促，池塘边的草也长高了，五弦琴和竹笛都蒙了尘，他也无暇顾及。对比舒员外的逍遥自在，白居易笑怼舒员外称："你有美人相伴乐不思蜀，我这里，月夜清辉中，却无人来劝一杯酒！"他羡慕无拘无束的生活。

正在羡慕嫉恨时，有衙吏来报，说崔常侍回洛阳了，在别墅宴请宾客，请白居易赴宴。原来，崔玄亮以病告长假，得以罢官归洛阳。白居易感慨道：时人求荣争宠乱纷纷，只有崔常侍脱弃了虚荣啊。

崔玄亮的身体果然不太好，而不久前对他多有提携的崔群也已去世，崔群与自己同岁；还有与自己同年进士及第的杜元颖也在年底去世了；裴度也因举荐李德裕入朝，引起李宗闵的不满而遭到排挤，为避祸，他以年老体弱为由，请求罢官离开了京城；自己的视力也越来越差了，白居易也要思谋避祸，远离政治了。

大和七年（833）的新年刚过，白居易就递交了五旬的病假请表，到四月二十五日，他便因头风病被罢免了河南尹，再授太子宾客分司东都。散骑常侍严休复接替他任河南尹。

白居易又回到了他的府第履道居，过着"庐舍自给，衣储自充，无欲无营，或歌或舞，颓然自适"自由自在且丰衣足食的生活。他提笔写下了这样的诗句：

优稳四皓官，清崇三品列。

伊予再尘忝，内愧非才哲。

俸钱七八万，给受无虚月。

分命在东司，又不劳朝谒。

既资闲养疾，亦赖慵藏拙。

宾友得从容，琴觞恣怡悦。

乘篮城外去，系马花前歇。

六游金谷春，五看龙门雪。

吾若默无语，安知吾快活。

吾欲更尽言，复恐人豪夺。

应为时所笑，苦惜分司阙。

但问适意无，岂论官冷热。

——《再授宾客分司》

　　秋末冬初，种满樱桃树的履信岛上，樱桃树叶都掉落了，白居易带了家妓乘船上岛，与宗正卿李仍叔、考功郎中崔龟从等人在岛上饮酒欢歌，为舒元舆赴长安任右司郎中送别。他们在洛阳欢娱游宴已三年多时间，白居易料定他日后必定飞黄腾达，虽然也希望朋友鹏程万里，却又担心他们从此不得空闲，所以不知道将来还能不能在一处饮酒欢歌，看着眼前的落叶，想起去年春天草长莺飞时，大家也是在这里欢歌豪饮，不禁心生怨咽，把酒赋诗，又是一场不醉不休。

　　这舒元舆日后果如白居易所料，位高权重。

　　但令白居易感到高兴的是，同时还有李绅与皇甫镛、张仲方俱以太子宾客分司东都。同游者中又多了三位老友。到七月，因李德裕的推荐，李绅除为检校左散骑常侍，兼越州刺史、充浙东观察使。

　　一日，邮差在白府门外高声报说白老爷邮件到，家仆接过来送给白居易，原来分别是苏州刺史刘禹锡给他寄来的糯米酒酿和浙东观察使李绅寄来的用丝绸做成的杨柳枝舞衫。白居易喜滋滋地试穿那绸衫，又尝一口米酒，感慨被故人惦记的欢欣。

　　柳枝谩蹋试双袖，桑落初香尝一杯。

　　金屑醅浓吴米酿，银泥衫稳越娃裁。

舞时已觉愁眉展，醉后仍教笑口开。

惭愧故人怜寂寞，三千里外寄欢来。

——《刘苏州寄酿酒糯米，李浙东寄杨柳枝舞衫，

偶因尝酒试衫，则成长句寄谢之》

朋友间的牵挂关爱，是白居易晚年最大的乐事。不久，裴度为东都留守兼侍中，也到了洛阳。在集贤里府第内筑山穿池，白居易常去其府第与之聚会。在这里，又遇到了太子宾客分司、左散骑常侍张仲方，还有皇甫曙——白居易未来的亲家翁，白居易侄龟儿迎娶了皇甫曙的女儿。白居易与他也多有诗和往来。

大和八年（834）七月，有敕令白居易为汝州刺史，白居易称病不就，改为刘禹锡自苏州刺史移任汝州刺史，杨汝士为同州刺史。到十月，李宗闵同平章事，罢李德裕为山南西道节度使，改兵部尚书，后除国检校右仆射、充镇海军节度使、浙江西道观察等使。年底，杨虞卿自常州刺史迁兵部侍郎，次年（大和九年，公元835年）四月，拜京兆尹。

李宗闵拜相后，有意请白居易出任新职。白居易感谢他的抬举，写诗回他：

渐老只谋欢，虽贫不要官。

唯求造化力，试为驻春看。

——《寄李相公》

这年六月，一个恐怖的谣言在京城传播开来，说太仆卿、御史大夫郑注为皇帝炼金丹，须用小儿的心肝，皇帝下密旨四处捕捉小儿，全城的百姓都将自家孩子严密地锁藏起来，紧张无比。文宗得知后，非常恼怒，郑注也十分不安。

御使大夫李固言一向嫉恨杨虞卿之朋党，他对文宗说，这样的谣言，是从京兆尹杨虞卿的家人那儿传出来的。文宗马上下旨将杨虞卿关进了大

狱。虞卿弟汉公率其子知进等八人，将自己捆绑了到衙府击鼓喊冤，文宗便让人当晚放杨虞卿回到家中，次日，就将他贬为虔州司马，后又贬为虔州司户。杨虞卿最终死在贬所。

杨虞卿下狱时，李宗闵上奏救援，文宗又贬李宗闵明州（今浙江宁波）刺史。郑注又揭发李宗闵为吏部侍郎时，通过驸马都尉沈仪，交结女学士宋若宪与知枢密杨承和得拜为相之事。七月九日，再贬李宗闵处州（今浙江丽水）长史。

白居易闻知妻弟被贬消息，不由得也为他委屈，这时他也未料到杨虞卿会屈死在贬所，所以他只是对比着虞卿的被贬，而自我庆幸着写下了《何处堪避暑》：

> 何处堪避暑，林间背日楼。
> 何处好追凉，池上随风舟。
> 日高饥始食，食竟饱还游。
> 游罢睡一觉，觉来茶一瓯。
> 眼明见青山，耳醒闻碧流。
> 脱袜闲濯足，解巾快搔头。
> 如此来几时，已过六七秋。
> 从心至百骸，无一不自由。
> 拙退是其分，荣耀非所求。
> 虽被世间笑，终无身外忧。
> 此语君莫怪，静思吾亦愁。
> 如何三伏月，杨尹谪虔州。

九月，又有敕令白居易代替杨汝士为同州刺史，白居易仍称病不赴任，由刘禹锡代替白居易自汝州刺史移任同州刺史。而白居易则改授太子少傅分司东都，进封冯翊县开国侯。杨汝士自同州刺史入为户部侍郎。舒元舆、李训同中书门下平章事（即为宰相）。正应了白居易送舒元舆的诗"不论崔李上青云，明日舒三亦抛我"。舒三指舒元舆，只是，白居易当时的意思是预祝舒元舆日后加官晋爵。不料，到后来却应了祸福相依那句话。

白居易的年龄渐老，官职也渐高，现在已是月俸百千（十万）的二品大员。但却并无任何公务，真是"月俸百千官二品，朝廷雇我作闲人"，他记下这样的感慨：

> 头上渐无发，耳间新有毫。
> 形容逐日老，官秩随年高。
> 优饶又加俸，闲稳仍分曹。
> 饮食免藜藿，居处非蓬蒿。
> 何言家尚贫，银榼提绿醪。
> 勿谓身未贵，金章照紫袍。
>
> ——《宾客迁太子少傅分司》

秋冬之季，白居易在龙门送别皇甫曙赴泽州刺史任，此时，白居易的侄子阿龟已迎娶了皇甫曙的女儿，两家结为儿女亲家。皇甫曙在元和十一年（816）进士登弟，宝历年间为淮南节度使崔从的行军司马。白居易叮嘱皇甫曙，希望他在泽州不要待得太久，以免自己在洛阳游历无伴。

酒狂引诗魔 悲吟到日西——白居易传

第三十四章　除宦患，鹬蚌争利皆失利
　　　现兵戈，甘露化血众喋血

　　大和九年（835）十一月，宫中又一次发生了惊天变故。二十七岁的唐文宗不甘为宦官控制，和李训、郑注策划诛杀宦官，以夺回皇帝丧失的权力。

　　李训本出身宰相之门，是肃宗时宰相李揆族孙，其叔父是宝历年中宰相李逢吉。

　　郑注本姓鱼，绛州翼城（今山西省翼城县）人，出身微贱，以医术游历江湖。得宠于襄阳节度使李愬，结交监军王守澄。后进入京师，交结朝臣。因治愈唐文宗的风疾，深得圣眷，拜太仆卿、御史大夫。

　　虽然李、郑二人的共同目标是消除宦官专权，但二人开始争功，发展成势不两立的局面。九月李训升为宰相后，把郑注派到外地任凤翔节度使，表面上是作为除宦的外援，内里却另有打算，如果清除宦官的计划成功，下一个目标便是郑注。

　　按郑注和李训原来的商议，待郑注到凤翔上任后，挑选几百名壮士，作为亲兵。在太和九年（835）十一月戊辰（二十七日），朝廷在浐河边埋葬王守澄时，由郑注奏请唐文宗批准率兵护卫葬礼，于是便可带亲兵随从前往。同时奏请文宗，命神策军护军中尉以下所有宦官都到浐河旁为王守澄送葬。届时，郑注下令关闭墓门，命亲兵用利斧将宦官全部诛除。

　　计划已经约好，李训又召集了他的亲信大理卿宁节度使郭行余、河东节度使王璠、左金吾卫大将军韩约、京兆少尹罗立言和御史中丞李孝本在一起密谋。李训对他的这些同党说："如果这个计划成功，那么，诛除宦官的功劳就全部归于郑注，不如让郭行余和王璠以赴宁、河东上任为名，

多招募一些壮士，作为私兵，同时调动韩约统领的金吾兵和御史台、京兆府官吏和士卒，先于郑注一步，在京城诛除宦官，随后，把郑注除掉。"这些人都是李训所信用的官员，所以，任命他们担任要职，李训只和这几个人以及宰相舒元舆密谋，其他朝廷百官都一概不知。

于是，一场诛杀宦官的行动，在李训的密谋下，提前开始了。

壬戌（二十一日），唐文宗御临紫宸殿。百官列班站定后，左金吾卫大将军韩约不按规定报告平安，奏称："左金吾衙门后院的石榴树上，昨晚发现有甘露降临，这是祥瑞的征兆，昨晚我已通过守卫宫门的宦官向皇上报告。"说完下拜称贺，宰相也率领百官向唐文宗祝贺。李训、舒元舆乘机劝唐文宗亲自前往观看，以便承受上天赐予的祥瑞。唐文宗表示同意。于是，百官退下，列班于含元殿。

辰时刚过，唐文宗乘软轿出紫宸门，到含元殿升朝，先命宰相和中书、门下两省的官员到左金吾后院察看甘露，过了很久才回来。李训奏报说："我和众人去检查过了，不像是真正的甘露，不可匆忙向全国宣布，否则，全国各地就会向陛下祝贺。"

唐文宗故作惊讶，说："还有这种事！是韩约撒谎吗？"随即环视左右，对左、右神策军护军中尉仇士良、鱼弘志说："你俩去看看。"

仇士良、鱼弘志率领诸位宦官再次前往左金吾后院察看。宦官走后，李训急忙召郭行余、王璠，说："快来接陛下的圣旨！"王璠紧张得两腿发抖，不敢前去，只有郭行余一人拜倒在含元殿下接旨。

这时，二人招募的私兵几百人都手执兵器，立在丹凤门外等待命令。李训已经先派人去叫他们来含元殿前，接受文宗皇帝下达的诛除宦官的命令。结果，只有郭行余率领的河东兵来了，王璠率领的宁兵竟没有来。

而此时仇士良率领宦官到左金吾后院去察看甘露，陪同他一起来察看的韩约紧张得浑身流汗，脸色十分难看。仇士良觉得很奇怪，问："将军为什么这样？"

韩约双腿颤抖，支吾不清。

这时，一阵风把院中的帐幕吹起来，仇士良发现很多手执兵器的士卒，又听到兵器的碰撞声音。仇士良等人大惊，急忙往外奔跑，守门的士卒正想关门，被仇士良大声呵斥，门闩没有关上。仇士良等人急奔含元殿，向文宗报告发生了兵变。

李训看见，急呼金吾士卒，说："快来上殿保护皇上，每人赏钱百缗！"

宦官则对文宗说："事情紧急，请陛下赶快回宫！"随即抬来软轿，搀扶文宗上轿，冲断后殿的丝网，欲向北急奔而去。李训拉住文宗的软轿大声说："我奏请朝政还没有完，陛下不可回宫！"这时，金吾兵已经登上含元殿。

罗立言率领京兆府担负巡逻任务的士卒三百多人从东边杀来。

李孝本率领御史台随从二百多人从西边杀来。

三股人马一齐登上含元殿，击杀宦官。

跑得慢的宦官血流如注，死伤十几个人。

文宗的软轿被宦官抬着一路向北进入宣政门，李训拉住软轿不放，呼喊更加急迫。文宗呵斥李训，宦官乘机挥拳奋击李训的胸部，李训被打倒在地。

文宗的软轿被仇士良等挟持进入宣政门后，大门随即关上，宦官都大呼万岁。

这时，正在含元殿上朝的百官都大吃一惊，四散而走。

李训见文宗已入后宫，知道大事不好，脱下紫袍，换上随从官吏的绿色官服，骑马而逃。一边跑一边喊："我有什么罪过，把我贬到那么远的地方？"路上看到的人都没疑心他。

王涯、贾𫗧、舒元舆回到中书省，他们认为皇帝会立即召集他们讨论此事。中书、门下两省的官员纷纷来问王涯三人，到底发生了什么事？三人都说："我们也不知怎么回事，诸位各自随便先去吧！"

仇士良等宦官知道文宗参与了李训的密谋，十分愤恨，在文宗面前出语不逊。文宗羞愧惧怕，不再作声。

仇士良等人命令左、右神策军副使刘泰伦、魏仲卿等各率禁兵五百人，持刀露刃从紫宸殿冲出反扑。

这时，王涯等宰相在政事堂正要用餐，忽然有官吏报告，说："有一大群士兵从宫中冲出，逢人就杀！"

王涯等人狼狈逃奔。中书、门下两省和金吾卫的士卒和官吏一千多人争着向门外逃跑。不一会儿，大门被关上，尚未逃出的六百多人全被杀死。

仇士良下令分兵关闭各个宫门，搜查南衙各司衙门，逮捕"贼党"。各司的官吏和担负警卫的士卒，以及正在里面卖酒的百姓和商人一千多人全部被杀，尸体狼藉，血流遍地。各司的大印、地图和户籍档案、衙门的帷幕和办公用具被捣毁、抄掠一空。

前岭南节度使胡证是京城的巨富，禁军士卒想掠夺他的财物，借口说贾餗藏在他家，进行搜查，把他的儿子抓住杀死。禁军又到左常侍罗让、詹事浑、翰林学士黎埴等人的家中掠夺财产，扫地无遗。京城的恶少年也乘机报平日的私仇，随意杀人，剽掠商人和百姓的财物，甚至相互攻打，以致尘埃四起，漫天蔽日。

仇士良等人又命左、右神策军各出动骑兵一千多人出城追击逃亡的"贼党"，同时派兵在京城大搜捕。

宰相舒元舆换上民服后，一人骑马从安化门逃出，被骑兵追上逮捕。

王涯步行到永昌里的一个茶馆，被禁兵逮捕，押送到左神策军中。王涯这时已年近七十，被戴上脚镣手铐，遭受毒打，无法忍受，因而违心地承认和李训一起谋反，企图拥立郑注为皇帝。

王璠回到长兴里家中后，闭门不出，用招募的私兵防卫。神策将前来搜捕，到他的门口时，大声喊道："王涯等人谋反，朝廷打算任命您为宰相，护军中尉鱼弘志派我们来向您致意！"王璠大喜，马上出来相见。神策将戏谑地再三祝贺他升迁，王璠发现被骗，流着眼泪跟随神策将而去。

神策军又在太平里逮捕了罗立言，以及王涯的亲属奴婢，都关押在左、右神策军中。户部员外郎李元皋是李训的远房表弟，李训并没有提拔重用他，也被逮捕杀死。

贾餗换了官服以后，潜藏在百姓家里。过了一夜，感到实在无法逃脱，于是，换上丧服，骑驴到兴安门，说："我是宰相贾𫗧，被奸人所污蔑，你们把我抓起来送到左、右神策军去吧！"守门人随即把他押送到右神策军中。

李孝本改换六品、七品官员穿的绿色官服，但仍旧系着只有五品以上官员才能穿戴的金带，用帽子遮住脸，一个人骑着马直奔凤翔，打算投靠郑注。到了咸阳城西，被追兵逮捕。

李训向来和终南山的僧人宗密关系亲近，于是，前往投奔。宗密想为李训剃发，装扮成僧人，然后藏在寺院中。他的徒弟们都认为不妥。李训只好出山，打算前往凤翔投靠郑注，被周至镇遏使宋楚逮捕，戴上脚镣手铐，押送到京城。走到昆明池，李训恐怕到神策军后被毒打污辱，便对押送他的人说："无论谁抓住我都能得到重赏而富贵！听说禁军到处搜捕，他们肯定会把我夺走。不如把我杀了，拿我的首级送到京城！"押送他的人表示同意，于是，割下李训的头送往京城。

左神策军出兵三百人，以李训的首级引导王涯、王璠、罗立言和郭行余，右神策军出兵三百人，押贾𫗧、舒元舆和李孝本，献祭太庙和太社，接着，在东、西两市游街示众，命百官前往观看。在京城独柳树下把他们腰斩，首级挂在兴安门外示众。

李训等人的亲属不管亲疏老幼，全部被杀。妻子女儿没有死的，没收为官奴婢。观看的百姓都怨恨王涯主持茶叶专卖，有的人大声怒骂，有的人拿瓦块往他身上打。

京城的人心逐渐安定，禁军诸军开始各回军营。

癸亥（二十三日），百官开始上朝。直到太阳已经出来时，大明宫右侧的建福门才刚刚打开。宫中传话说，百官每人只准带一名随从进门。里面禁军手持刀枪，夹道防卫。到宣政门时，大门尚未打开。这时，由于没有宰相和御史大夫率领，百官队伍混乱，不成班列。

唐文宗亲临紫宸殿，问："宰相怎么没有来？"

仇士良回答："王涯等人谋反，已经被逮捕入狱。"接着，把王涯的供词递呈文宗，唐文宗召左仆射令狐楚、右仆射郑覃上前，让他们观看王涯的供词。唐文宗既悲伤又气愤，几乎难以自持，问令狐楚和郑覃："是不是王涯的笔迹？"二人回答说："是！"唐文宗说："如果真的是这样，那就罪不容诛！"于是，命令二人留在政事堂，参与决策朝廷大政方针。同时，又命令狐楚起草制书，将平定李训、王涯等人叛乱宣告朝廷内外。

令狐楚在制书中叙述王涯、贾𫗧谋反的事实时，浮泛而不切要害，仇士良等人对此很不满，由此令狐楚未能被擢拔为宰相。

这时，京城街坊和集市中的剽掠仍未停止。朝廷命左、右神策军将领杨镇、靳遂良等人各率五百人分别把守街道的主要路口，敲击街鼓加以警告，同时斩首十几个罪犯，这才平息下来。

京城的人心逐渐安定，禁军诸军开始各回军营。

此前，郑注按照事先和李训的约定，率亲兵五百人已经从凤翔出发，到达扶风县。扶风县令韩辽知道他和李训的密谋，因此，不加接待，携带县印和下属胥吏、士卒逃往武功。

郑注得到李训失败的消息，于是，又返回凤翔。仇士良等人派人携带唐文宗的密敕授予凤翔监军张仲清，命令他诛除郑注。

张仲清疑惧不知所措。押牙李叔和劝张仲清，说："我以您的名义用好言好语招来郑注，然后设计退下他的亲兵，在座席把他杀死，叛乱即刻就可平定！"张仲清同意，于是，设下伏兵等待郑注。郑注依恃他的亲兵，因而也不怀疑，径直进入凤翔城来见张仲清。

李叔和把郑注的亲兵引到门外予以款待，只有郑注和几个随从进入监军使院。郑注刚刚喝完茶，被李叔和抽刀斩首。随即关闭外门，将郑注的亲兵全部诛杀。接着，张仲清出示唐文宗的密敕，向将士宣布。然后，杀死郑注的家眷，以及节度副使、节度判官等人和他们的同党，总共一千多人。

这时，朝廷还不知道郑注已经被杀，丁卯（二十六日），文宗被迫下诏，免去郑注的职务和爵位，命令与凤翔邻近的藩镇按兵不动，观察凤翔城中的动静。同时，任命左神策大将军陈君奕为凤翔节度使。戊辰（二十七日）夜晚，张仲清派李叔和等人前往京城献上郑注的首级，朝廷命挂在兴安门

酒狂引诗魔 悲吟到日西——白居易传

上示众。

此次事变史称"甘露之变"。

"甘露之变"后，宦官一直牢固地掌握军政大权，君主的废立、生杀也是掌握在宦官手中，为中国历史的第二次宦官时代的开始。"天下事皆决于北司，宰相行文书而已"。宦官"迫胁天子，下视宰相，陵暴朝士如草芥"。

此后很长一段时期，中书省、门下省官员入朝都与家人辞别，因为说不定何时就会被杀。文宗皇帝更受到宦官欺凌，一次问当值学士周墀："朕可比前代何主？"

周墀答："陛下尧、舜之主也。"

文宗叹道："朕岂敢比尧舜，何如周赧汉献耳！"

周墀："彼亡国之主，岂可比圣德？"

文宗说："赧、献受制于强诸侯，今朕受制于家奴，以此言之，朕殆不如！"因泣下沾襟，从此不复视朝。

唐朝的宦官势力，直到朱温在唐昭宗天复三年（903）大杀宦官后，才终告消失，然而，唐朝不久也因朱温建后梁篡位而灭亡。

在洛阳过着逍遥自在生活的白居易，得知了这次事变，他刚刚携樊素从香山寺独游回来。他感叹自己的选择正确，记录下这一历史时刻：

九年十一月二十一日感事而作

祸福茫茫不可期，大都早退似先知。

当君白首同归日，是我青山独往时。

顾索素琴应不暇，忆牵黄犬定难追。

麒麟作脯龙为醢，何似泥中曳尾龟。

坐在书斋，重温过往宫中点滴，又想起多年前自己一贬再贬到江州司马之事，还有不久前与舒元舆在洛阳的往来故事，悲叹命运之不测，庆幸自己对宦官之祸的预知正判，选择了明哲保身。

奉磨利刀斩李斯，齐烧沸鼎烹郦其。

可怜黄绮入商洛，闲卧白云歌《紫芝》。

彼为菹醢机上尽，此为鸾皇天外飞。

去者逍遥来者死，乃知祸福非天为。

——《咏史（九年十一月作）》

到开成二年（836），皇甫曙罢泽州刺史回到洛阳；刘禹锡以太子宾客分司，回到洛阳；牛僧孺自淮南节度使，加检校司空、判东都尚书省事、东都留守，裴度移北都留守；太原尹、河东节度使。白居易身边总有一帮好友来来去去，生活自在又逍遥。与众人宴饮欢歌，正如他写给裴度的诗中所描写：

前日魏王潭上宴连夜，今日午桥池头游拂晨。

山客砚前吟待月，野人尊前醉送春。

不敢与公闲中争第一，亦应占得第二第三人。

十一月二十二日，白居易正在院中欣赏裴度派人送来的马，这马昨日就送到了，白居易因为与刘禹锡等一帮好友到香山寺赏雪几日，这才回到家中，看到裴公送来的马，非常高兴，却听得白府大门外一阵车马喧嚣。

一会儿，就见家仆引着女婿谈弘暮，谈弘暮身后带着一队人马进到了院中，就忙不迭地将马车上的各种包裹礼品往下搬卸。谈弘暮见到白居易，立即上前来，躬身施礼道喜说："岳父大人，恭喜您做外公了，阿罗刚刚生了个千金小姐！"

白居易高兴地叫出杨氏，白府上下，欢天喜地！杨氏眼中流出了欢喜的泪水，她叹道："要是崔儿还在多好！"

白居易道："早夭的孩子是来讨债的，阿罗这样就挺好。"

白居易逢人就告知，他有了小外孙女了，朋友邻居也都向他祝贺。

转眼，外孙女到了满月，谈弘暮请外公给外孙女起名字。白居易捻着下颔已经半白的胡须，笑道："就叫引珠吧，希望她引来一串孩儿！"

终于见到了孙辈孩儿，白居易喜不自胜，他题笔写下一首诗，表达自己心中的喜悦：

> 今旦夫妻喜，他人岂得知。
>
> 自嗟生女晚，敢讶见孙迟。
>
> 物以稀为贵，情因老更慈。
>
> 新年逢吉日，满月乞名时。
>
> 桂燎熏花果，兰汤洗玉肌。
>
> 怀中有可抱，何必是男儿。
>
> ——《小岁日喜谈氏外孙女孩满月》

到了新年，太子宾客刘禹锡、河南尹李珏、太子宾客李仍叔等一帮文友们相约在元日雅集于梁园。他们多次相约来此吟诗饮酒。

春天的梁园河柳依依，姹紫嫣红；夏天这里浓荫处处，藕荷田田；秋天则桂香阵阵，果实累累。而此时，纷纷扬扬的雪花将亭台楼阁覆上了皑皑白雪，一片白茫茫的银装素裹、冰清玉洁。

早有仆侍布置了一处暖阁，冰天雪地中却有梅兰竹菊盛开在室内，又有一队乐工奏响了笙箫琴瑟。馨香悠悠，仙乐飘飘，仿佛置身于春天的暖阳。

即景赋诗，借景抒情，大家纷纷献技。侍者给大家端上了佳肴蔬果，还有屠苏酒。

屠苏酒是元日家家户户必备的酒品。传说是由汉末名医华佗创制而成，其配方为大黄、白术、桂枝、防风、花椒、乌头、附子等中药，将其入酒浸制而成。屠苏酒具有益气温阳、祛风散寒、避除疫疠之邪的功效。

屠苏酒由名医"药王"孙思邈传播开来。每年腊月，孙思邈总是要分送给众乡亲一包药，告诉大家以药泡酒，除夕进饮，可以预防瘟疫，孙思邈还将自己的屋子起名为"屠苏屋"。以后，饮屠苏酒便成为过年的风俗。现在，人们以为屠苏酒不但能防治百病，甚至可赐吉祥、降福祉。

众人举杯正欲依次饮酒，白居易狡黠地笑着示意刘禹锡暂停。他问刘禹锡："我与你同甲子，喝这新年屠苏酒到底该谁先饮呢？"

一句话提醒了大家，从前他们在一处饮酒，总是从年长者饮起；刘禹锡与白居易同年同月，只早几日出生，所以总是他先饮，但是饮屠苏酒却正好相反，是从最年少的饮起。也就是说合家欢聚，喝饮屠苏酒时，先从年少的小儿开始，年纪较长的在后，逐人而饮。

"以小者得岁，故先酒贺之，老者失时，故后饮酒！"刘禹锡岂有不知？他笑道："与君同甲子，寿酒让先杯！"

白居易道："岁酒先沾辞不得，被君推作少年人！"于是，先干了手中的屠苏酒。

众人皆笑！

白居易一时兴起，又举杯吟道：

> 暮齿忽将及，同心私自怜。
> 渐衰宜减食，已喜更加年。
> 紫绶行联袂，篮舆出比肩。
> 与君同甲子，岁酒合谁先。
>
> ——《新岁赠梦得》

刘禹锡也干了手中的酒，起身吟道：

> 渐入有年数，喜逢新岁来。
> 震方天籁动，寅位帝车回。
> 门巷扫残雪，林园惊早梅。
> 与君同甲子，寿酒让先杯。
>
> ——《元日乐天见过因举酒为贺》

众人鼓掌叫好。

刘禹锡做苏州刺史在白居易之后，做汝州、同州刺史又因白居易辞病不就，现在同在洛阳，刘、白二人的话题常常言及江南的风土人情。酒酣耳热后，侍者撤下杯盘，换上笔墨纸砚。白居易饱蘸墨汁，提笔写下了《忆江南》。

江南好，风景旧曾谙。日出江花红胜火，春来江水绿如蓝。能不忆江南？
江南忆，最忆是杭州。山寺月中寻桂子，郡亭枕上看潮头。何日更重游？
江南忆，其次忆吴宫。吴酒一杯春竹叶，吴娃双舞醉芙蓉。早晚复相逢？

从美景，到美味、美酒、美人、美乐，样样都在勾引着你的魂魄。当然还有这抑扬顿挫的音韵、炫丽斑斓的色彩、浓郁淳厚的馨香，无不刺激着你的视觉、听觉、味觉神经，更有诗人那深沉而浓烈的情感，引导着你，支配着你！

他不知道，千百年后，这首诗仍流传着，并勾起无数人对江南的美好向往。

白居易的笔锋刚一收束，刘禹锡就鼓掌称："好！"

众人也都惊呼赞叹起来。

乐工奏起了轻缓的乐曲，樊素对着墨迹未干的《忆江南》，依韵唱了起来……

尽兴而归的白居易回到家中，杨氏又报告给他好消息：继开成元年（836）十二月，哥哥杨汝士以兵部侍郎迁检校礼部尚书、除剑南东川节度使后，现在，两个弟弟——汉公自舒州移刺湖州、充本道团练使，也即转吴兴、鲁士赐章服，都得到升迁。曾经，因受杨虞卿的影响，他们都受到过贬谪，现在一切都过去了。杨汝士在东川节度使府衙中大摆宴席庆贺，白居易都能想象出那种"朱绂宠光新照地，彤襜喜气远凌云"的盛况。

再看杨氏，也是满面春风，喜上眉梢。她对白居易几次辞官也是小有意见的，白居易只是轻描淡写地说："做官这事，我确不如乃兄啊！"

果然不久后，白居易收到妻弟杨汉公的书信，讲述他治下的功绩：疏通四渠，疏浚二池，修建三园五亭，卉木荷竹，舟桥廊室，并自夸抚民、接宾、纵酒、题诗。

白居易回信说："几百年前的谢、柳二人为郡守，寄情于山水，多高尚的情怀，却没听说过他们有美好的政绩；后来龚、黄为郡守，忧心于黎民，有美好的政绩，却没听说过他们拥有美景。兼而有之者，大概只有我的朋友杨君你吧！"夸他"前牧舒，舒人治，今牧湖，湖人康"并赋诗戏谑道：

岂独爱民兼爱客，不唯能饮又能文。
白苹洲上春传语，柳使君输杨使君。

第三十五章　素口蛮腰，鉴前车惜遣美姬
　　　　　参禅礼佛，羡空门欲修浮陀

在闲适逍遥的日子里，白居易自我回顾三十年的宦海生涯，颇为得意。他耽琴淫诗，栖心释氏，结交空门之友、山水之友、诗友、酒友。洛阳城周边的六七十里范围的观、寺、丘、墅，游了个遍。诗酒酣畅时，还亲自操琴奏乐，最喜欢奏的是《秋思》。高兴了，就命私家乐工吹拉弹奏，合演《霓裳羽衣曲》；兴奋时，还让家妓们唱他自填的杨柳枝新词曲。回到家中时，他总是醉意朦胧的样子。

他骑游乡野时，常有两人抬一箱子，里面装着他的一张琴、一睡枕，还有陶渊明、谢灵运的诗数卷，箱子两边还挂着一对酒壶，高兴了随时奏乐饮酒。就这样，十余年时间里，他赋诗千余首，而每一年，家中酿酒差不多几百斛。

他自信才华与德行不输于古人多远，却"富于黔娄，寿于颜回，饱于伯夷，乐于荣启期，健于卫叔宝"，这辈子真是值了！想到此，他骑在马上，放声高歌《咏怀诗》：

> 抱琴荣启乐，纵酒刘伶达。
>
> 放眼看青山，任头生白发。
>
> 不知天地内，更得几年活？
>
> 从此到终身，尽为闲日月。

这样"醉复醒，醒复吟，吟复饮，饮复醉，……陶陶然，昏昏然，不知老之将至"，虽然已是六十七岁的年龄，胡须全白了，头发半秃了，牙

齿也缺落了，但他豪饮和歌咏的兴致却一点未衰减，他志得意满地自称为"醉吟先生"。

开成四年（839）十月，天气一天天渐冷。白居易还在整理他的文集，此前，他已编撰《白氏文集》六十七卷，共三千四百八十七篇诗文，都收藏在苏州南禅院内，现在他还要将自己在洛阳的诗文整理收编成集，将来可以收藏在香山寺内，所以，除了观乐、宴饮、游玩外，他仍孜孜不倦地埋头在书案前。

有侍妾樊素等人的贴身照料，杨氏也乐得轻松，只是担心他的身体哪天会吃不消这样的日夜操劳。

果然，这天就来临了。六日这天，白居易已在书案前坐了整整一上午，樊素将茶水送进书房，白居易接过茶水来喝了几口，突然，杯子就从手中掉落到地上。樊素去捡地上的碎片，却见白居易歪斜在座椅上，嘴角抽搐十分痛苦。

"老爷，你怎么啦？"樊素吓了一跳，一边大声喊"来人呀！"一边想去扶起白居易，却发现他左边身子不能动弹了。

一家人都惊慌失措地跑了过来，还是杨氏沉着冷静，她赶忙叫人去请郎中，一边又吩咐家仆将白居易抬到床上。

郎中给白居易扎了针灸，又给他身上多处进行了按摩，然后开了药方，对杨氏说："白大人得的是风痹症，多休息，按方吃药，慢慢调养会好的。"

白居易吃了郎中开的药，又接受了郎中每天一次的针灸和按摩，渐渐有所好转，身子慢慢恢复了，只是左腿行走还有些不便。他明白这是人老了的原因，所以稍稍好一些时，白居易便开始了他的坐禅和赋诗作文。写作到高兴时，也忘了郎中要多休养的叮嘱。

到开成五年（840）春时，病情渐渐好了。他又开始呼朋唤友、邀酒约诗了。

一日，白居易正在家中为一株芍药剪枝，有朋友浙江观察使李师稷来

酒狂引诗魔 悲吟到日西——白居易传

信。白居易展信读来，不觉心生欢喜，叫过杨氏来，一同再读。

原来，李师稷在信中记录了一件奇事，这事与白居易有关，说的是：

有客商在海上遭遇风暴，在水上飘荡了一个多月，不知飘到了何处。一日，来到一大山边，只见奇花异树、瑞云白鹤，都不是人间见过的。山边有人见到他们道："你们怎么来到此地？"告知，那人便命他们把船系好登岸，说："必须得拜见天师！"便将他们引到一处大寺观前，一条通道进入，见一道士须眉皆白，坐大殿上，身边有侍卫数十人。道士对他们说："你们是中国人，与此地有缘，才能到达这蓬莱山呀，既然来了，就看看吧。"就命左右侍卫带他们四处浏览。

只见玉台翠树，光彩夺目，院宇重重，都有门额名号。来到其中一院，门卫把守很严，于是，就偷偷望过去，只见满庭繁花，厅堂中有床褥，阶下正焚着兰香，客商问这是何处，答说："这是白乐天院，乐天还在中国没有来！"客商暗暗记下了，告别后，回到家中，过了十几天，到越地，把这些情况告诉给了李师稷。李师稷便都记录下来，写在信中告诉了白居易。

白居易大笑，念给杨氏听。杨氏听了，开心地说："老爷坐禅向佛，不就是想成仙么？"

白居易摇头道："不，不，成仙只能自己快活，成佛才能拯救众生。"

杨氏笑道："难道老爷想要成佛？"

白居易也不管杨氏是否明白了，他径直回到书房，提笔给李师稷回信：

其一

近有人从海上回，海山深处见楼台。

中有仙龛虚一室，多传此待乐天来。

其二

吾学空门不学仙，恐君此语是虚传。

海山不是吾归处，归即应归兜率天。

兜率天，又称知足天、喜乐天，是佛教中所说的欲界六天中的第四天。释尊成佛以前，在兜率天，从天降生人间成佛。未来成佛的弥勒，也住在兜率天，将来也从兜率天下降成佛。即兜率天宫内都是即将降生于人世的菩萨。

兜率天的弥勒菩萨住处，有清净庄严的福乐，又有菩萨说法，真是两全其美，成为佛门弟子心目中仰望的地方，成佛前所住之地。

写完回信，白居易再次回到院中，却见杨氏正拿着他刚扔下的剪刀，在剪那株芍药花枝。他想，兜率天宫有我一座吗？

这日宴罢，他送走客人，倚靠在门檐下，望着远去的车马，陷入了沉思。身边的樊素劝他快快回屋，他却叹息了两声，有点为难了。他的眼睛望着西苑的一排瓦屋，沉默不语。樊素明白了老爷的心事。

那里有十几个各怀绝技的美貌佳丽，都是白居易多年巡游江湖收养在家、培育训练的歌舞乐伎，她们中有的是无家可归游荡江湖的孤女，有的是被卖入秦楼楚馆的艺伎。白居易看她们颇为聪慧，又有一定音乐歌舞天赋，就将她们收养在家，进行歌舞培训。现在她们都个个出落得桃红柳绿、花枝招展。她们有的善歌，有的善舞，还有的善琴笛等乐器。

白居易在家中招待来客，都由她们迎客献技、陪侍欢宴。其中最出色的，当数樊素和小蛮，樊素有一张丰满圆润的小嘴，唱起歌来声音清亮、动人心弦；而小蛮则腰肢纤柔，跳起舞来如杨柳摆风、惊艳四座。二人在一处，演绎了不知多少动人的曲章，尤其白居易钟爱的《霓裳羽衣曲》，那是经白居易亲自填词，又亲手教习的歌舞，真是人间的绝响。二人在其中的表现，不知赢得了多少客人的艳羡。多年前，白居易还为她俩写下过"樱桃樊素口，杨柳小蛮腰"的诗，后来"素口蛮腰"就成了形容女子美丽的名词。

这两妓都是当年白居易在苏杭时，就跟随了他，一直跟随他到过长安，然后一起生活在洛阳。

从几年前开始，白居易就陆续地命家仆取了银两，送往西苑，打发那里年长、想离开白家的家妓出去，各奔前程。慢慢地，身边只剩了樊素和

酒狂引诗魔 悲吟到日西——白居易传

小蛮了。

前年，白居易打算卖掉心爱的骆马，并打发樊素和小蛮二人离开。可是二人却说什么也不愿意走，樊素含泪对白居易说："主乘此骆五年，衔橛之下，不惊不逸；素事主十年，中节之间，无违无失。今素貌虽陋，未至衰摧，骆力犹壮，又无虺馈。即骆之力，尚可以代主一步；素之歌，亦可以送主一杯。一旦双去，有去无回，故素将去，其辞也苦；骆将去，其鸣也哀。此人之情也，马之情也，岂主君独无情哉？"一番话，说得白居易感动不已。

白居易长叹道："骆骆尔勿嘶，素素尔勿啼。骆返庙，素返闺，吾疾虽作，年虽颓，幸未及项籍将死，何必一日之内弃骓兮而别虞姬？素兮素兮，为我歌杨柳枝，我姑酌彼金缶，我与尔归醉乡去来！"

就这样，樊素和小蛮又留了下来。

但是，此时的白居易，年近七十岁。看着自己日渐消瘦的身形，连衣衫都挂不住了，真是"金带缇腰衫委地，年年衰瘦不胜衣"，"应须学取陶彭泽，但委心形任去留"。况且，他的左足还行动不便。而樊素则依然青春靓丽、歌喉婉转。他希望年纪正轻的樊素，不要因为自己而耽误了美好年华。她对我有情，我更要为她有个好的归宿考虑，明天，一定要送她出去！为此，他多少有点不舍，白居易又要写下他心中的不舍了：

> 两枝杨柳小楼中，袅娜多年伴醉翁。
>
> 明日放归归去后，世间就不要春风。

> ——《杨柳枝》

樊素和小蛮也知道无法再留下来了，次日，她们含泪走出闺房，向白居易跪拜再三，家仆将她们扶上了马车，随着一声"驾"，马车叮当，缓缓走出了白府大门。白居易心中怅然若失，口中念道：

柳老春深日又斜，任他飞向别人家。

谁能更学孩童戏，寻逐春风捉柳花。

　　　——《前有别柳枝绝句梦得继和云春尽絮飞留不得

　　　　　　随风好去落谁家又复戏答之》

　　白居易第三次以病因请百日假。他开始了他多年向往的礼佛坐禅生活，"中宵入定跏趺坐，女唤妻呼多不应"。在家修行，他戏称自己是个在家的出家人。同时，他仍致力于编辑《白氏洛中集》，收集了在洛阳十二年所写诗文，共十卷，其中格律诗共八百首。全部收藏在香山寺经藏堂内。（今佚失）

　　开成五年（840）正月，自甘露之变失败后，文宗几乎被宦官软禁，自比周赧、汉献，再也不可能有所作为，终日忧郁不乐。二日，文宗病重，诏立颍王瀍（穆宗第五子）为皇太弟，代理国政。以太子成美（敬宗子）年幼，仍封陈王。命枢密使刘弘逸、薛季棱召宰相杨嗣复、李珏至禁中，欲奉太子监国。

　　神策中尉仇士良、鱼弘志认为，如果立太子成美，则功劳不在自己，便称太子年幼多病，当重议所立。当夜，仇士良、鱼弘志率兵迎颍王李瀍赴少阳院。随后，百官进见颍王于东宫思贤殿。四日，文宗李昂卒于太和殿。六日，仇士良颍王建议，赐杨贤妃（安王母）、安王溶（穆宗第八子）、陈王成美死。十四日，颍王李瀍即位，年二十七，是为武宗。

　　八月，分别罢杨嗣复、李珏为湖南观察使、桂管观察使。九月，淮南观察使李德裕同中书门下平章事。九月一日，李德裕至京入朝，四日，拜为门下侍郎、同平章事。后宣武军节度使李绅代李德裕镇淮南，不久也入京，迁中书侍郎、同中书门下平章事。

　　新即位的武宗皇帝李瀍，很早就听闻了白居易的大名，也很喜欢读白居易的诗文，他有意想起用白居易。这天退朝后，他问宰相李德裕："白居易素有诗名，可否担任宰相之职？"

李德裕对白居易是了解的，他知道白居易虽然也同情二王八司马的改革，但他与李宗闵、牛僧儒关系友善，特别是牛僧儒为东都留守后，在洛阳，他们之间往来频繁，时常一处饮酒赋诗。这让李德裕十分反感，而白居易的舅兄杨汝士，则是牛僧儒的同党中坚，也是李德裕所戒备之人。

李德裕沉吟片刻后，对武宗道："白居易为人为诗都不错，只是近来年老体衰，恐难胜任国之重任呀！"

武宗叹道："啊，那太可惜了！"

李德裕转而道："白居易有个同宗堂弟白敏中，辞赋与白居易相当，现居户部员外郎之职，他倒是可以担当此任！"

武宗道："你推荐的人应该没错！"

当下，李德裕便命人拟旨，召白敏中入翰林学士，知制诰、迁中书舍人。

白居易得知此事后，淡淡一笑，口中轻轻念道：

> 巧者焦劳智者愁，愚翁何喜复何忧。
>
> 莫嫌山木无人用，大胜笼禽不自由。
>
> 网外老鸡因断尾，盘中鲜鲙为吞钩。
>
> 谁人会我心中事，冷笑时时一掉头。
>
> ——《感所见》

然后，他进到家中书斋边的佛堂，缓缓坐下，开始参禅悟道。

洛阳城南六十里外山中，有座佛光寺，其禅师如满，曾住五台山金阁寺，年已九十，却仍然精神矍铄。今天一大早，他就特意安排小僧收拾了一间禅房，说有位弟子要来这里"挂单"。

小僧们都心领神会，如满禅师亲自安排吩咐，说的这位弟子，肯定就是洛阳城里有名的大诗人白大人。他时常来这里小住几日，有时带几个文人雅士来这里观景赋诗，多数是带两个仆童来这里参禅悟道。他与禅师名为师徒，却情同手足。

果然，太阳西斜时，一顶软舆上得山来，正是白大人白居易。白居易一身白衣白帽，须发也都白了，与如满禅师站在一处，倒像个真正的出家人一样。

　　禅师将他引进早已收拾好的禅房，二人就再未出门，一待几天。小僧们也都明白，除了更衣、洁身、用斋等生活琐事由他们按常规负责打理外，其余时间都不得打扰他们。

　　七天后，禅师亲自送白居易下山。白居易说："多谢禅师送我下山，我已七十，您更是九十高龄了，此一别，下次见面不知会不会是在来生了。"

　　如满却哈哈笑了，道："善哉，我们还会再见的！"

　　白居易却眼角潮湿地下山了。

第三十六章 开凿石滩，施慈悲悯怜后世
终归香山，留诗魂芳馨千古

到会昌二年（842），七十二岁的白居易以刑部尚书致仕，给半俸。结束了他一生的官宦生涯。他自嘲"人言世事何时了，我是人间事了人"。同时，与他同年的刘禹锡也致仕归洛。

这天，白居易偶然在酒席中认识了一位长者卢贞，字子蒙。卢贞年长白居易几岁，自称与元稹是多年的老友。白居易想起曾在元稹诗歌中，多次看到元稹赠寄卢贞的诗。但一直未与此人谋面，现在，终于认识了卢贞。卢贞把自己珍藏的诗歌拿给白居易看，其中有很多都是写给元稹的。挚友元稹已离世多年，坟上的树都长高几米了。睹字思人，白居易百感交集，老泪纵横。半晌他才缓过气来。他颤抖着双手，铺纸提笔，写下赠卢贞的诗：

昔闻元九咏君诗，恨与卢君相识迟。

今日逢君开旧卷，卷中多道赠微之。

相看泪眼情难说，别有伤心事岂知？

闻道咸阳坟上树，已抽三丈白杨枝。

——《览卢子蒙侍御旧诗多与微之唱和感今伤昔因赠子蒙题于卷后》

这天晚上，回到家中，白居易辗转反侧，从前与元稹的朝朝暮暮又浮现在眼前。迷蒙中，元稹来到眼前，携起了白居易的手，二人一同游走在曲江头，再上三游洞，又换船同行，同榻而眠，通宵谈论；又换马并驱，在郊外散欢斗诗，诗后畅饮，好不畅快！

突然，白居易正要端杯痛饮时，一阵嘈杂的马蹄声惊散了元、白二人的马匹，白居易恼怒地睁开眼来，原来是大梦一场！他的眼里顿时又溢满了泪水。

却听得屋外人报刘禹锡仙逝，白居易更是伤心欲绝。这位只年长他几天的梦得兄，终于也撇下乐天，独自升天了！他终于可以与微之在地下同游了，却留下我这白须老叟，如折了箭的弓般，孤独地在世上悲叹！

刘禹锡卒年七十一岁，赠户部尚书。白居易含泪写下《哭刘尚书梦得二首》：

四海齐名白与刘，百年交分两绸缪。

同贫同病退闲日，一死一生临老头。

杯酒英雄君与操，文章微婉我知丘。

贤豪虽殁精灵在，应共微之地下游。

今日哭君吾道孤，寝门泪满白髭须。

不知箭折弓何用，兼恐唇亡齿亦枯。

好友的离世，让白居易感到唇亡齿寒，好友的贬谪也让他悲伤痛惜。白居易时时研习《佛经》，独坐参禅，更与高僧清闲时时在一处参禅礼佛修行。

洛阳城东的赵村，有杏花千株，每年春天，河堰冰雪消融时，桃李杏花竞相开放，游人如织、冠盖如云。白居易不知道与朋友们来过多少回赏花赋诗饮酒，这次，他再次来到这里赏花，由衷地发出了感慨："七十三人难再到，今春来是别花来。"颇有一种生命接近尾声的离别伤感意味。

然而，正是在这样的时刻，白居易愈加希望做力所能及的善事。

东都龙门潭之南有八节滩、九峭石，船筏经过这里时，往往撞破或翻覆。总是要人力推拉拖曳，大寒时节，船工们也裸露着腿脚在水中劳作，饥冻的场面，日夜不停。白居易一直有心想帮助他们。

这天，白居易与悲智僧相遇，说到此事，正好，他也有此善心。于是，议定由白居易施与家财，由悲智僧主持，开凿八节石滩，再号召贫者出力，仁者施财。这样的善举，立即赢得了周边百姓的积极参与。

开掘石滩的场面盛大，周边百姓都来助力。一时间，潭面船筏齐聚，众人钎锤，声震四方。随着那些利如剑刃的礁石，都被一一削平，石滩再也不似从前那般艰险了，舟楫可以平安快捷地通行了，船工们再也不用下水去推拉船筏了。白居易为自己做了一件实实在在的好事而高兴地赋诗，记下这一件善举：

> 铁凿金锤殷若雷，八滩九石剑棱摧。
>
> 竹篙桂楫飞如箭，百筏千艘鱼贯来。
>
> 振锡导师凭众力，挥金退傅施家财。
>
> 他时相逐四方去，莫虑尘沙路不开。
>
> 七十三翁旦暮身，誓开险路作通津。
>
> 夜舟过此无倾覆，朝胫从今免苦辛。
>
> 十里叱滩变河汉，八寒阴狱化阳春。
>
> 我身虽殁心长在，暗施慈悲与后人。

——《开龙门八节石滩诗二首》

会昌五年（845）三月二十一日，洛阳履道里白府一片喜气洋洋、热闹忙碌景象。虽然白府常年有宾客来往不绝，但像这样的热闹，还是很久没有过了，何况，今天还不同于从前的雅聚。今天，白居易在家中设宴，邀请到洛阳城中最年长高寿的六位老者来家欢聚一堂，白居易称之为《七老会》。

洛阳城中的八十九岁的前怀州司马胡杲、八十六岁的卫尉卿致仕吉皎、八十四岁的前右龙武军长史郑据、八十二岁的前慈州刺史刘真、八十二岁的前侍史内供奉官卢贞、七十四岁的前永州刺史张浑，白居易今年也正好七十四岁。这都是城中有名的高寿老人，他们个个精神抖擞、容光焕发地来到白府，白居易与他们每人相互拱手作揖。老者们有的有家仆侍候，有的有亲人相伴，大家兴致勃勃地游览了白府的亭台楼阁、小桥流水。然后集中在绿树环绕的楼阁内，按年龄大小，依次入席，听曲观舞、赏花饮酒。白家专门为他们精心准备了适合他们口味的佳肴果蔬。

这样的欢聚也惊动了河南尹卢贞，他与其中一老者——元稹的朋友、字子蒙的同名。他因年未满70，所以虽然到会，却并没与老者同席。他将官府的乐队也带来助兴，一时间，欢歌笑语，济济一堂。白居易赞道："七人五百七十岁，拖紫纡朱垂白须。"

夏日来临，白居易再次请他们来家相聚，这次又增请了一百三十六岁的李元爽，还有九十五岁的如满禅师。如满禅师一见白居易就笑道："乐天，你看看，我说我们还会再见面的吧！"白居易也高兴地向老禅师拱手，道："禅师所言极是！"二人心领神会地笑了。

白居易还请来了几个洛阳城中有名的画师，他们为这次九老会画了一幅精美的九老图，图中老叟们鹤发童颜、笑口常开。

聚会中，大家议论得最多的话题，就是河阳节度使石雄大破回鹘，斩首万级的战事。

原来，会昌初年（841），回鹘进犯，连年抢掠云、朔，把牙帐建在了五原塞下。武宗下诏，令石雄任天德防御副使，兼任朔州刺史，辅助刘沔驻守云州。刘沔召石雄前来商量说："虏人已经离散，早就该扫除了。朝廷由于公主的缘故，不想迅速攻取。我们如果直奔他们的牙帐，他们没有防备来不及行动，一定会丢下公主逃跑，我们就可以迎接公主回宫了。如果不能成功，我就拼死力战。"石雄十分赞同。

石雄随即挑选了三千骑兵，夜间出发，早上登上振武城远望回鹘，看见有十余辆毛毡帷幕的坐车，侍从穿着红色绿色的衣服，探子报说："那是公主所住的帐幕。"石雄悄悄派使者去公主那里晓谕说："天子叫迎回公主，待双方军队交手时，万万不要惊动。"

石雄在城墙上挖了个洞后，黑夜出城，放出牛马，击鼓呼叫，直捣回鹘牙帐。可汗震惊，单人骑马逃跑，石雄追击，斩首万级，生擒五千，获得的马牛羊不计其数，也把公主迎接回来了。因此石雄被加封检校左散骑

酒狂引诗魔 悲吟到日西——白居易传

常侍、丰州刺史兼御使大夫、天德防御使等。

石雄还在另一场讨伐战中，看见水边有只白鹭，他对众人说："假使我射中了这只白鹭的眼睛，这次讨伐就一定能够成功。" 一箭射去，正如他所说，战事也大获胜利。

石雄面对财物非常廉洁，每次朝廷赐给他东西，他都放在军府门前，自己拿一匹细绢，其余的部分给士卒，因而士卒深受感动，无不奋勇。

武宗称赞他说："如今将帅有义节而且勇敢的很少能比得上石雄。"就地拜受石雄为行营节度使。

众叟兴高采烈，纷纷赞誉石雄，议论兴国有望。卢贞老人提议说："白尚书你是大诗人，一定要赋诗赞美大英雄啊！"

已经七十四岁高龄的白居易，一心向佛，不愿关注世事，但是，他也被石雄的英雄事迹深深感染了。他命家人取来文房四宝，就在众人的赞叹声中，写下了《河阳石尚书破回鹘迎贵主过上党射鹭鸶绘画为图，猥蒙见示，称叹不足，以诗美之》：

> 塞北虏郊随手破，山东贼垒掉鞭收。
>
> 乌孙公主归秦地，白马将军入潞州。
>
> 剑拔青鳞蛇尾活，弦抨赤羽火星流。
>
> 须知鸟目犹难漏，纵有天狼岂足忧。
>
> 画角三声刁斗晓，清商一部管弦秋。
>
> 他时麟阁图勋业，更合何人居上头。

白居易因太过兴奋，加之饮酒和劳累，竟目眩神晕起来。强撑到聚会结束，众人散去，他便在家人的搀扶下躺在了床上。

不久后，就传来如满禅师圆寂的消息。

白居易正斜靠在床头强撑着写一首怀念旧友的诗，听到这个消息，并不十分悲伤，反倒陷入了沉思。他已自觉来日不多，衍至次年（会昌六年）八月，白居易已卧床不起，水米不进了。

侄儿阿龟、女儿阿罗，还有侄孙、外孙都回到了家中。

弥留之际的白居易嘴唇颤动着，杨氏含泪凑近他，只听白居易虚弱地出几个字来："我……不去下邽……师傅如满……塔侧……葬。"

杨氏满脸泪水，挨近白居易的耳边，哽咽着说："老爷放心，我们明白！"

白居易安详地闭上了双眼。

一代诗魔永远地离开了人世，享年七十五岁。

白府上下，一片悲泣。

洛阳城中，一片叹息。

十一月，按照白居易遗愿，家人将他安葬在洛阳龙门香山如满师塔之侧。墓侧，是河南尹卢贞为其刻制《醉吟先生传》。

大中三年（862），李商隐为他撰写墓志铭：《唐刑部尚书致仕赠尚书右仆射太原白公墓碑铭并序》，刻石碑立于墓前。已是中书侍郎平章事（宰相）的白敏中上疏宣宗皇帝，为白居易请得谥号曰："文。"宣宗皇帝还写诗吊唁，并赠尚书右仆射。其诗曰：

> 缀玉联珠六十年，谁教冥路作诗仙。
>
> 浮云不系名居易，造化无为字乐天。
>
> 童子解吟长恨曲，胡儿能唱琵琶篇。
>
> 文章已满行人耳，一度思卿一怆然。

相传，千百年来，洛阳士人及四方游客来到诗人的长眠之地祭拜时，必洒酒祭奠，久而久之，他墓前的大片空地上，常年不干。